智慧如海

WISDOM AS THE SEA

Essays in Commemoration of the
140th Anniversary of the Birth of Master Hong Yi

纪念弘一大师诞辰140周年论文集

杭州师范大学弘一大师·丰子恺研究中心 编

上海三联书店

前　言

2020年是弘一大师诞辰140周年,杭州师范大学弘一大师·丰子恺研究中心原定于10月23日至24日在杭州举行第七届弘一大师研究国际学术会议,以缅怀这位中国近现代文化史、艺术史和佛教史上的杰出人物。会议获得了浙江省人民政府的批示,并得到了来自中国(含台湾地区)、日本、韩国、美国等多个国家和地区相关领域人士的支持,收到论文19篇。但是年初突如其来的疫情,让这场筹备已久的会议不得不取消。会议筹备组经过审慎商议后,决定出版《智慧如海:纪念弘一大师诞辰140周年论文集》,以表示对作者的尊重。

本集所收论文涉及弘一大师的佛学思想、生平轨迹、文化活动以及文艺创作等多个方面,代表了近年"弘学"研究的新成果。书名"智慧如海"录自弘一大师所书横幅。大师持戒谨严,弘律不懈,思想精深,襟怀浩荡,研究他的人生与作品永远能启迪智慧,开阔心境。

编　者

2020年9月

目　录

以无常为轴，探弘一法师

释法照

一、前言

"无常"使人不知所措，甚至痛苦。《修行本起经》云："观见老病死，太子心长叹，人生无常在，吾身亦当然。……痛哉有此苦，生老病死患，精神还入罪，经历诸勤苦。"①此经从广义的无常内涵，即生、老、病、死等"八苦"说明人生无常。② 经文提到无常带来的苦不只是身体上，也有精神上的。因为无常的存在，才了解到生命的脆弱，不实在性，进一步体会修行的可贵，所以经文接着说到："今当灭诸苦，生老病死除，不复与爱会，永令得灭度。"③修行能改变生死无常，消除诸苦。对许多人来说，看见无常是修行的起点，如出家修行、成道的释迦牟尼佛就是典型的范例。

弘一法师(1880—1942 年)是清末民初的传奇人物，直到今日，坊间仍可见许多再造的故事，④也有不少关于法师生平传记的电视剧、电影等。⑤ 敏锐聪慧的弘一法师，从小对生老病死有深刻感触，一次的断食因缘，从佛法得

---

① 《修行本起经》卷 2(T03，no. 184，p. 467a16 - b8)。

② 八苦，许多经论皆有说明，且以《出曜经》为例："生苦、老苦、病苦、死苦、怨憎会苦、恩爱别离苦、所欲不得苦，取要言之五盛阴苦。"(T04，no. 212，p. 724c10 - 12)。

③ 《修行本起经》卷 2(T03，no. 184，p. 467b9 - b10)。

④ 《弘一法师全集》(北京新世界出版社)、《李叔同全集》(哈尔滨出版社)收录了许多篇并非弘一法师亲写的文章，如《初到世间的慨叹》《遁入空门的修行》等文，因为文章内容和史实有许多出入。

⑤ 如：1995 年潘霞执导《弘一大师》电视剧、2005 年陈家林执导《一轮明月》电影、2015 年王海执导《弘一法师》微电影。

到启蒙后,进而发心出家。① 当时引起文艺圈、教育圈人士的震撼,许多人无法接受。② 身份的转换也引来许多负面评价、误会,③一位有思想深度的知识分子,不可能不知这带来的效应,因此除了接触佛法外,是什么引发了强大动机而出家? 是否有着内心深层、潜藏的因素? 笔者在读《弘一法师传》与《新谱》过程中,④发现"无常"是一条能串起前后因缘的线索,如上段经文所说,人生无常的真理,带来身心不安,也促使人找到生命的出口。

本文撰写的分析与讨论将照实依据弘一法师亲述或朋友、学生所撰的内容为主,保持学术性客观,不做多余的揣测。⑤ 采用的方法是爬梳弘一法师出家前的无常经历与感触,与其出家之相关联结;进而探索弘一法师在出家修行过程中,如何面对无常、处理无常。

二、出家前的无常感

从五岁到三十九岁(1884—1918 年)约可以分成四阶段,来探讨李叔同⑥(弘一法师)出家前因无常事件引发的心路历程。这四阶段为:无常感的萌发与压抑(5—15 岁)、母亲死亡的无常冲击(16—26 岁)、无常感的沉淀与抒发(26—36 岁)、找寻解决无常的答案(37—39 岁)。

阶段一:无常感的萌发与压抑

五岁那年,李叔同的父亲李世珍因病去逝。临终前,其父曾延请高僧念诵《金刚经》,而后过世的样貌,李叔同描述"毫无痛苦,安详而逝,如入禅

---

① 林子青:《弘一大师新传》,见《弘一大师全集》第 10 册,福建人民出版社 2010 年版,第 53—61 页。
② 高文显:《弘一法师的生平》,见《弘一大师全集》第 10 册,第 189 页。
③ 丰子恺:《为青年说弘一法师》,见《弘一大师全集》第 10 册,第 217 页;李鸿梁:《我的老师弘一法师李叔同》,见《弘一大师全集》第 10 册,第 283 页。
④ 如林子青《弘一大师传》(《弘一大师全集》第 10 册)、陈慧剑《弘一大师传》(台北东大出版社,1982 年)、林子青《弘一大师新谱》(《弘一大师全集》第 10 册)。
⑤ 文献将以福建人民出版社 2010 年版的《弘一大师全集》10 册为主。在此全集第 10 册中,有二篇文章(容起凡《弘一大师出家的研究》、了缘《如何观察弘一大师的出家》)讨论弘一法师的出家原因,但许多观点建立于作者的推测,不见弘一法师所述、所撰的内容。
⑥ 本节将以"李叔同"来称呼弘一法师,以便区隔出家前后的事件说明。

定。"①但也许年纪太小，对父亲死亡并没有提及心情感触，大多描述对僧人的好奇与可敬，甚至小孩间的游戏，也曾模仿僧人做佛事。② 父亲走后，家中的其它亲人也相继去世，无常之感由是而兴。蔡冠洛的文章叙述到："七八岁时，即有无常苦空之感，乳母每诫之，以为非童年所宜。"③从五岁到八岁三年左右，童年李叔同对无常的感触，是父亲与亲人前后过世而加叠起来的，但却被乳母告诫，以为这是错误的，于是又压了下去。这是最初的无常体会，虽在懵懂的幼年时期，但却非常深刻，以致回顾时还能描述出来，甚至幼年时还写出了："人生犹似西山日，富贵终如草上霜。"④若非铭心难忘，一位孩童实难以创作此意境。这一阶段由于年纪过小，李叔同对无常的情绪与想法就随顺大人的说法而隐藏下来。

阶段二：母亲死亡的无常冲击

随着日子过去，年少的李叔同专心于古学、圣贤书。⑤ 十七岁致力于新学，且开始学英文，十八岁与俞氏结婚。⑥ 二十岁，李叔同与母亲从天津南迁上海定居。二十六岁时，母亲王太夫人逝世，李叔同改革了丧礼传统，删去了繁文缛节，社会上一时轰动。⑦ 他曾对丰子恺说："二十岁至二十六岁之间的五六年，是平生最幸福的时候，此后就是不断地悲哀与忧愁，一直到出家。"⑧由此见得，李叔同与母亲的关系亲密，感情甚好，母亲的死亡对他打击严重，所以丰子恺说："丧母后的他，自然像游丝飞絮，飘荡无根。"⑨对于成年的李叔同，这又是一次深刻的无常经历。这一阶段，已有自我独立思想，不像

---

① 胡宅梵：《记弘一大师之童年》，见《弘一大师全集》第 10 册，第 178 页。
② 胡宅梵：《记弘一大师之童年》，见《弘一大师全集》第 10 册，第 178 页。
③ 蔡冠洛：《闽行前一席谈》（原刊于 1943 年《弘一法师生西纪念刊》，而后《弘一大师永怀录》编入，改为《戒珠苑一夕谈》），见《弘一大师全集》第 10 册，第 248 页。
④ 胡宅梵：《记弘一大师之童年》，见《弘一大师全集》第 10 册，第 179 页。
⑤ 胡宅梵：十龄全学圣贤；十二岁至二十，颇类放荡不羁之狂士；二十至三十，力学风流儒雅之文人。见《记弘一大师之童年》，见《弘一大师全集》第 10 册，第 179 页。
⑥ 林子青：《弘一大师新谱》，见《弘一大师全集》第 10 册，第 18—22 页。
⑦ 1905 年 7 月 23 日的《大公报》有详细的报导丧礼细节。见林子青《弘一大师新谱》，见《弘一大师全集》第 10 册，第 34 页。
⑧ 丰子恺：《法味》，见《弘一大师全集》第 10 册，第 171 页。
⑨ 丰子恺：《法味》，见《弘一大师全集》第 10 册，第 171 页。

幼时因他人的想法而压抑对无常的情绪,但面对人生最大的失去,那无常所带来的失落感与冲击是猛烈且深沉的,到日本后没多久,神经衰弱症更严重了。[①]

阶段三:无常感的沉淀与抒发

李叔同的母亲过世后,丰子恺说:"于家庭故乡,还有什么牵挂呢?他就到日本去。"[②]同年八月,前往日本留学。在日本读书时期,李叔同专攻绘画与音乐,还创办话剧社,演话剧,轰动一时。[③] 经过六年左右,三十二岁自东京美术学校毕业回国,并于天津模范工业学堂,担任图书馆教员。隔年秋天,辗转至浙江两级师范学校任教。到三十六岁,李叔同一直在浙江任教,生活大多在学校事务及文学、艺术的推广上。[④] 身为人师的李叔同,特别注重自身人格修养的提升,常说:"应使文艺以人传,不可人以文艺传"[⑤]在这三、四年,看似平淡、一帆风顺,但三十六岁前后却创作许多偏伤感的诗词,如:《早秋》《悲秋》《送别》《忆儿时》《月夜》《秋夜》等。[⑥] 若细读里面的文句,大多是对"无常"感触的舒发。例如《悲秋》:

> 西风乍起黄叶飘,日夕疏林杪。花事匆匆,梦影迢迢,零落凭谁吊。
> 镜里朱颜,愁边白发,光阴暗催人老,纵有千金,纵有千金,千金难买年少。

[①] 1906年李叔同到日本不久后,曾写信给杨白民提及自己困扰于神经衰弱症的加剧,甚至无法着笔。《弘一大师全集》第8册,第269页)关于精神衰弱症何时患得,在给侄儿李圣章的书信中提到:"神经衰弱症,始自弱冠之岁,比年亦复增剧。"(《弘一大师全集》第8册,第335页)所以大约二十岁左右患上神经衰弱,而此后渐剧。但在全集里的诸篇文章中,还没看到关于求医治疗过程的讯息。

[②] 丰子恺:《法味》,见《弘一大师全集》第10册,第171页。

[③] 最为人所知的话剧演出即是1907年的"茶花女遗事",28岁的李叔同男扮女装,饰演茶花女,在当时引起轰动。见林子青《弘一大师新谱》,《弘一大师全集》第10册,第40页。

[④] 除了教学外,还担任过《太平洋报》主笔、参加南社、组织宁社。1914年,又成立"乐石社",专为书法金石的研究,亦讨论文学、艺术等。见林子青《弘一大师新谱》,《弘一大师全集》第10册,第48—50页。

[⑤] 林子青:《弘一大师新传》,见《弘一大师全集》第10册,第14页。姜丹书在《释演音传》一文提及:"上师自为人师以后,刻意于本身之修养。"见《弘一大师全集》第10册,第4页。此外,夏丏尊与丰子恺都有类似的叙述,见丰子恺《为青年说弘一法师》,《弘一大师全集》第10册,第217页;丰子恺《李叔同先生的教育精神》,《弘一大师全集》第10册,第273页。

[⑥] 这些诗词的创作时间点目前无法明确,《弘一大师全集》推定大约三十六岁左右,此外也找不到切确的诗词背景故事,坊间流传的大多是臆测。见林子青《弘一大师新谱》,《弘一大师全集》第10册,第53页。

这明显是对光阴飞逝、人生无常的感叹，这与《忆儿时》①是类似的心情。又或者国际名曲《送别》②也是在感慨人世间的相聚都会有离别之时。这些诗词与另一首《落花》非常呼应：

> 纷纷纷纷纷纷纷纷，纷纷纷纷纷纷纷纷。
> 惟落花委地无言兮，化作泥尘。
> 寂寂寂寂寂寂寂寂，寂寂寂寂寂寂寂寂。
> 何春光长逝不归兮，永绝消息！
> 忆东风之日暄，芳菲菲以争妍。
> 既垂荣以发秀，倏节易而时迁，春残！
> 览落红之辞枝兮，伤花事其阑珊。已矣！
> 春秋其代序以递嬗兮，俯念迟暮。
> 荣枯不须臾，盛衰有常数。
> 人生之浮年若朝露兮，泉壤兴衰。
> 朱华易消歇，青春不再来。③

词中说到，人生盛衰与世代的变迁、生命年华的短暂，亦是感叹无常。关于这首诗词，李叔同的学生曹聚仁说："这是他中年对生命无常的感触，那时期的他是非常苦闷的，艺术虽是心灵寄托的深谷，而他还觉得没有着落似的。"④中年的李叔同确实因无常的种种，自觉得生活过得不踏实。

回顾这一阶段，经历过日本留学、回国任教等诸事，并没有让李叔同忘

---

① 词的内容为："春去秋来，岁月如流，游子伤漂泊。回忆儿时，家居嬉戏，光景宛如昨。茅屋三椽，老梅一树，树底迷藏捉。高枝啼鸟，小川游鱼，曾把闲情托。儿时欢乐，斯乐不可作。儿时欢乐，斯乐不可作。"见林子青《弘一大师新谱》，《弘一大师全集》第 10 册，第 53 页。
② 词的内容为：长亭外古道边，芳草碧连天。晚风拂柳笛声残，夕阳山外山。天之涯，地之角，知交半零落。一瓢浊酒尽余欢，今宵别梦寒。长亭外古道边，芳草碧连天。晚风拂柳笛声残，夕阳山外山。见林子青《弘一大师新谱》，《弘一大师全集》第 10 册，第 53 页。
③ 此处《落花》的词句以《弘一大师全集》第 8 册，第 80—83 页为主，因为在第 10 册第 180 页，曹聚仁的《李叔同先生》一文提及的文句有些错字，例如"东"风变"春"风。感谢中国台湾西莲净苑慧观法师提供的意见。
④ 曹聚仁：《李叔同先生》，见《弘一大师全集》第 10 册，第 180 页。

怀过去的无常,不禁让人想起那句"此后就是不断地悲哀与忧愁"①,甚至他的病更严重了。② 此外,丰子恺曾说:"那时我只十七八岁,正在杭州的师范学校里读书。我的艺术科教师李先生似乎嫌艺术的力道薄弱,过不来他的精神生活的瘾。"③任教时期的李叔同已向往更高层次的精神生活,似乎开始找寻生命的答案。④

阶段四:寻找解决无常的答案

三十七岁时,李叔同经夏丏尊的介绍,从日本杂志得知断食的好处,他想或许神经衰弱可得到改善,⑤于是经丁辅之居士的协助,选定在虎跑寺,11月底进行十余天的断食。由于断食因缘,第一次深度地了解出家人在寺院中的生活型态,却十分欢喜这样的修行生活、饮食模式。回家后,也仍然茹素、供佛像、看佛经等。⑥ 此外,住在虎跑寺,经常和出家人讨论佛法,且因断食后与马一浮的互动因缘,对佛法有深一层的领悟,李叔同的内在世界已经不同了。⑦ 三十九岁(1918 年)的新年,学校放假后并没有回家,仍跑去住在虎跑寺。《我在西湖出家的经过》有这段描述:"那个时候,则更感觉得有兴味了,

---

① 这句话是形容母亲死后的心情。见丰子恺《法味》,《弘一大师全集》第 10 册,第 171 页。
② 1913 年在许幻园的信中谈到病情:今日又呕血。估计与神经衰弱症有关,因为与诸友的互动与通信中,仅见此病被提及,因此一听到断食可以改善,没多久就计划进行。见《弘一大师全集》第 8 册,第 268 页。
③ 丰子恺:《陋巷》。见丰陈宝、丰一吟编《丰子恺散文全编》,浙江文艺出版社 1992 年版,第 202 页。
④ 曹聚仁也说李叔同心灵寄托另一个境界、彼岸。见曹聚仁《李叔同先生》,《弘一大师全集》第 10 册,第 180 页。
⑤ 从最早 1906 年的记录,李叔同患神经衰弱症到此时(36 岁)已有 10 年左右的时间。
⑥ 林子青:《弘一大师新谱》,见《弘一大师全集》第 10 册,第 53—59 页。
⑦ 与刘质平的书信中说到:"不佞自知寿不永(仅十年左右),又从无始以来,罪业至深,故不得不赶紧发心修行。自去腊受马一浮大士之熏陶,渐有所悟。"见《弘一大师全集》第 8 册 279 页,以及第 10 册第 60 页。但此书信记录日期有误,在《弘一大师全集》中写"1917 年",其实应是 1918 年才对。对照丰子恺《为青年说弘一法师》、夏丏尊《弘一法师之出家》等文章,李叔同和马一浮见面是断食之后,也就是 1917 年,而这信是提到:"自去腊受马一浮大士之熏陶,渐有所悟。"也就是去年的事,所以书信的正确日期应是在 1918 年。后来看到陈星《弘一大师致刘质平书信考》的研究,发现与笔者的结论是一致的。请参见陈星《弘一大师致刘质平书信考》,载《四川师范大学学报》2002 年第 5 期。

于是就发心出家，同时就想拜那位住在方丈楼上的出家人做师父。"[1]但后来出家不成，就先皈依佛门。且因有出家的准备，当年夏天宣布辞去学校的任教。[2] 于旧历七月十三日虎跑寺，正式披剃于了悟法师座下。[3]

李叔同的出家因缘，对当时代的人来说确实难以理解，或多误解。离弃自己的妻、孩而出家，在传统文化中是多么违逆的事，所以他的好友姜丹书曾问："君固多情者，忍抛骨肉耶？"而李叔同回答："譬患虎疫死焉，将如何？"[4]亦即，人都将有一死，在那种状况，骨肉也救不了！李叔同挂念的还是"无常"，回答简单却明瞭透彻，李叔同深信佛法能处理无常的问题，所以姜丹书也说："余因知其非厌世、更非欺世，盖由于参透人生，飘然出世，世所谓反朴归真者是也。"[5]其实还有二处证据可以看到李叔同的出家，确实是为了面对无常。首先，李叔同五十二岁时曾回顾说：

> 母殁，益觉四大非我，身为苦本。其后出家虎跑，全仗宿因，时若非即披剃不可，亦不知其所然也。一切无他顾虑，惟以妻子不许为忧，竟亦一叹置之，安然离俗。[6]

原来李叔同早在母亲过世时，心理一直积压着对无常的困惑，若没有遇到佛教，他也根本不知道该如何处理，难怪会说："此后就是不断地悲哀与忧愁，一直到出家。"[7]换句话说，发现佛法与出家修行如同解药，能解长期以来的病惑，这就不难想像他会不顾妻子的意愿与世人的眼光，义无反顾地出家修行去。这可印证另一次46岁闭关时对其师的一段话："师父慈悲，师父慈悲，弟子

---

① 但并没有在当时得到首肯出家，文中说到："可是他不肯我去拜他，而介绍我拜他的师父。他的师父是在松木场护国寺里居住。于是他就请他的师父回到虎跑寺来，而我也就于民国七年正月十五日受三皈依了。"见《我在西湖出家的经过》，《弘一大师全集》第 8 册，第 197 页。

② 请见与刘质平的书信内容："不佞即拟宣布辞职，暑假后不再任事矣。"见《弘一大师全集》第 8 册，第 279 页。

③ 林子青：《弘一大师新谱》，见《弘一大师全集》第 10 册，第 60—61 页。

④ 姜丹书：《释演音传》，见《弘一大师全集》第 10 册，第 4 页。

⑤ 姜丹书：《释演音传》，见《弘一大师全集》第 10 册，第 4 页。

⑥ 蔡冠洛：《闽行前一夕谈》，见《弘一大师全集》第 10 册，第 103 页。

⑦ 这句话是形容母亲死后的心情。见丰子恺《法味》，《弘一大师全集》第 10 册，第 171 页。

出家,非谋衣食,纯为了生死大事,妻子亦均抛弃,况朋友乎?"①这已明显地看出,他认为出家修行可以解决无常生死大事,才会勇于放下俗世的一切。

小结

以上四个阶段,从无常感的萌发到最后在佛法里找到面对无常的答案,都是围绕"无常"去探讨李叔同的处境。许多人对其出家因缘,往往只做推测或想像,没有从李叔同的话或思想找直接的依据。本节四阶段梳理了李叔同一路成长的心路历程,借由以上众多证明与征兆,"无常"成为出家的动机已不言而喻。

三、无常与修行

"无常"为弘一法师出家最重要的因素之一,势必会从出家修行中找到解决的方式与答案。本节将从三个角度来探讨弘一法师如何透过佛法、修行来处理无常的议题。

1. 无常与其相应之佛经

随时间进展推移,每个人学佛的重点与相应的经、论都不同,就无常的情境来说,弘一法师先后引用过三部经典回应。

(1) 无常经

四十一岁时,弘一法师选择在新城贝山掩关,目的是专研律学与念佛。② 日期预定为旧历七月十三日,即出家二周年。旧历七月初二日,因时将筑室掩关,鸠工伐木,先夕诵《无常经》,是日写了此经序的草稿,求消罪业。③ 这部经

---

① 丁鸿图:《庆福戒香记》,见《弘一大师全集》第 10 册,第 86 页。

② 在《四分律比丘戒相表记·自序》(《弘一大师全集》第 7 册,第 609 页)提及此次闭关是为了"穷研律学",但在与杨白民的书信(《弘一大师全集》第 8 册,第 272 页)却说到"一心念佛";另外《手书"南无阿弥陀佛"洪名题记》(《弘一大师全集》第 7 册,第 634 页)也提及"掩关念佛",因此笔者把掩关目的合写在一起。参陈星《楼氏宗谱中的弘一大师贝山之行》,载《湖州师范学院学报》2004 年第 6 期。另外感谢慧观法师的建议与资料提供。

③ 因研究有部律的因缘,看到律中提及此经,且义净法师在《南海寄归内法传》提到印度当时非常重视此经。见《佛说无常经·序》,《弘一大师全集》第 7 册,第 616 页。此次掩关时间并不长,不顺利的原因有二:一、护关的弘伞法师丧母;二、掩关房突遇暴风雨,瓦片纷飞。见陈星《楼氏宗谱中的弘一大师贝山之行》,载《湖州师范学院学报》2004 年第 6 期。

也因为弘一法师的关系，得到过去汉传佛教界没有的重视。在经序的总结中提到："共悟无常。"①弘一法师认为此经能解决无常的疑惑，云："经中数说老病死三种法，不可爱，不光泽，不可念，不称意。诵是经者，痛念无常，精进向道，其利一。"②也就是接受无常的老、病、死是必定的事，然后经常提醒自己无常事大，就能避免放逸而精进佛法修行上，如同经上所说："共舍无常处，当行不死门。佛法如甘露，除热得清凉。"③精进于佛道就能离开无常的苦痛，这是第一个且重要的诵经利益。从幼以来，关切无常苦的弘一法师，看到此经当然特别重视，同年母亲冥诞、隔年父亲忌日，都书写此经为父母资福。④ 此外，笔者认为弘一法师弘扬此经，同时也是再回应大众对其抛妻弃子的言论，如经云：

> 有生皆必死，造罪苦切身，当勤策三业，恒修于福智。
> 眷属皆舍去，财货任他将，但持自善根，险道充粮食。
> 譬如路傍树，暂息非久停，车马及妻儿，不久皆如是。
> 譬如群宿鸟，夜聚旦随飞，死去别亲知，乖离亦如是。
> 唯有佛菩提，是真归仗处，依经我略说，智者善应思。⑤

这世间所有的一切终将离去，包括妻儿都是暂时的，唯有佛菩提，是真实的归依处，为弘一法师的出家因缘做了完美注解。

（2）仁王般若经

出家十年，弘一法师阅览的经论种类自然增加不少。在师五十一岁时，因夏丏尊的四十五岁生日，与好友相聚吃饭，但与好友欢谈过程，想到到过去"良辰美景，赏欣乐事，今已不可复得"，弘一法师竟感性地流下眼泪，并写下了《仁王般若经》的苦、空二偈送给夏丏尊：

---

① 《佛说无常经·序》，见《弘一大师全集》第 7 册，第 617—618 页。
② 《佛说无常经·序》，见《弘一大师全集》第 7 册，第 616 页。
③ 《佛说无常经》（T17，no. 801，p. 745c12 - 13）
④ 林子青：《弘一大师新谱》，见《弘一大师全集》第 10 册，第 66、70 页。
⑤ 《佛说无常经》（T17，no. 801，p. 746a19 - 28）

> 生老病死，轮转无际，事与愿违，忧悲为害；
> 欲深祸重，疮疣无外，三界皆苦，国有何赖？
> 有本自无，因缘成诸，盛者必衰，实者必虚；
> 众生蠢蠢，都如幻居，声响皆空，国土亦如！①

　　此经偈内容说明人生各种的无常皆不从人愿，以致凡夫众生忧恼不已，但这都是因缘所成，一切如幻。此时的弘一法师似乎开始运用"般若的因缘观"来看待无常。另外，虽然能坚毅勇敢面对自己的大病（43 岁患染痢疾相当严重）②，但情感丰富的弘一法师想到过去情景、友情等，仍不免有许多感触，法师对己严律、对人宽厚有情表现无遗，是菩萨的真性情。

　　（3）金刚般若经

　　同样是般若经系统的《金刚般若经》（简称《金刚经》），在弘一法师人生最后阶段，人事无常时多次引用，也曾说："金刚般若，是最上乘，圆顿极谈，实相正印。"③这句话是写给蔡洛冠的父亲墓碣文。五十七岁时，曾特地写《金刚经》回向亡友金咨甫梦畴。隔年正时战乱，弘一法师在上海会面夏丏尊，但见他一脸愁苦神情，便笑着说：

> 世间的一切本来都是假的，不可认真。前回我不是替你写过一幅《金刚经》的四句偈了吗？ 一切有为法，如梦幻泡影，如露亦如电，应作如是观。你现在正可觉悟这真理了。④

　　一切法都是因缘而成，没有实法可得，所以如幻、影、露、电，正是这样的观念，人世间的一切无常容易理解，扫除一切困惑。弘一法师以此般若思想面对无常，也鼓励夏丏尊积极正向。六十岁时，弘一法师亦书写了《金刚经》四句偈为母亲回向菩提。

---

① 《题经亨颐赠夏丏尊画记》，见《弘一大师全集》第 10 册，第 98 页。此偈可对回藏经《佛说仁王般若波罗蜜经》卷 2（T08，no. 245，p. 830b7 - 11）
② 因弘：《恩师弘一音公驻锡永嘉行略》，见《弘一大师全集》第 10 册，第 74 页。
③ 《清故渊泉居士墓碣文》，见《弘一大师全集》第 10 册，第 104 页。
④ 夏丏尊：《怀晚晴老人》，见《弘一大师全集》第 10 册，第 185 页。

2. 面对无常之心态转变

弘一法师出家以来大、小病不断，甚至几次似乎到了濒死阶段。在本节中，笔者试图回顾法师面临将死情境的心态，以此对比出家前面对无常的无奈与悲哀。

出家后没多久，43 岁（1922 年）的弘一法师患染了痢疾，似乎相当严重，因此跟寂山和尚说：

> 小病从医，大病从死，今是大病，从他死好。惟求师尊，俟吾临终时，将房门扃锁，请数师助念佛号，气断逾六时之后，即以所卧被褥缠裹，送投江心，结水族缘。①

大病来临，弘一法师一点都不眷恋生命，只希望助念六时后，将尸体投入江河与众生结缘。面临大病，法师的重心与信心建立在念佛往生上，所以对身后事的处理非常地潇洒，而且还愿与水中众生结缘。还好，最后法师得幸康复起来。

45 岁（1924 年）夏天，在衢州因环境不洁引发寒热，又有血亏之症，之后虽然身体渐好，但神经衰弱却加剧严重，而法师面对的方式是："一意念佛，不复为劳心之业矣。"②之后数年，大小病仍然不断，特别是神经衰弱症更糟糕了。1930 年一次与军队共乘轮船，因种种逼迫、污秽不能真正得到休息，脑神经受到重伤。偏偏居住的庆福寺又常有操兵的活动，喧哗吵乱，法师说到："此种逆恼之境，为生平所未经历者。"③当时的身心衰弱，又有手颤、眼花、神昏、臂痛不易举等状况。在这样的严峻时刻，一般人大多无法承受而逃离，但法师有智慧地将此苦境想成过去的宿业所致，并说到："虽身心备受诸苦，而道念颇有增进。佛说八苦为八师，洵精确之定论也。"④不但没被环境、病苦打倒，修行功夫又进步了。

52 岁（1931 年）春天，在温州患得疟疾严重，当时弘一法师全身热如火

① 因弘：《恩师弘一音公驻锡永嘉行略》，见《弘一大师全集》第 10 册，第 74 页。
② 书信（致李圣章之四、九），见《弘一大师全集》第 8 册，第 334—335 页。
③ 书信（致夏丏尊），见《弘一大师全集》第 8 册，第 309 页。
④ 居住于庆福寺的身心情形，可见书信（致夏丏尊），见《弘一大师全集》第 8 册，第 309 页。

焚。在这时刻,他全心念诵《普贤行愿品偈赞》没有间断,并愿往生西方极乐世界。就在虔诵的过程,突然进入了不一样的境地,弘一法师说:"不知有山河大地,不知有物、我也",也说到身心那时觉得清凉。① 法师再一次面对死亡的威胁,不但不影响求愿西方,还更积极念诵偈赞,以此因缘进入了深层的定境,增加了弘一法师对佛法的信心。

不幸地,隔年八月(53岁)在法界寺患伤寒与痢疾,全身发热不已,甚至严重到不省人事。后来靠自己略懂医理与断食法,经二、三日后,幸好渐渐痊愈。弘一法师说当时虽然病重求愿生西,但由于病前忘记预拟遗嘱,所以并未一心向西,甚至希望病赶快治愈,事后回想深感惭愧。因此法师病愈后,即刻与法界寺住持讨论临终与身后之事。② 这次患病过程,没有看到弘一法师是以念佛还是诵偈赞来面临病危,但非常诚实地反省自己没有全心求生西的心境。也因这次经验,后来不论到哪,遗嘱都会预先交待。

经过此病,同年十二月时,弘一法师写了《人生之最后》,主要是从古德的思想与个人亲身经历提供建议。这篇文章可以看出弘一法师在重病、临终时,如何可以泰山崩于前而色不变。文中提到的最重要的心态:放下。③ 其理由说到:

> 专意念佛,一心希冀往生西方。能如是者,如寿已尽,决定往生。如寿未尽,虽求往生而病反能速愈,因心至专诚,故能灭除宿世恶业也。倘不如是放下一切专意念佛者,如寿已尽,决定不能往生,因自己专求病愈不求往生,无由往生故。如寿未尽,因其一心希望病愈,妄生忧怖,不惟不能速愈,反更增加病苦耳。④

弘一法师从"世缘已尽与未尽"两个角度来说明,一心念佛放下时,若世寿已尽,刚好可以往生极乐;反之,若未尽时,刚好可以消业、转业,重报

---

① 蔡冠洛:《闽行前一席谈》(原刊于1943年《弘一法师生西纪念刊》,而后《弘一大师永怀录》编入,改为《戒珠苑一夕谈》),见《弘一大师全集》第10册,第103、248页。
② 书信(致夏丏尊),见《弘一大师全集》第8册,页312。
③ 《人生之最后》言:"当病重时,应将一切家事及自身体悉皆放下。"见《弘一大师全集》第8册,第188页。
④ 《人生之最后》,见《弘一大师全集》第8册,第188页。

轻受。① 若不这么做，只会心慌忧怖，不但往生不了，更加重了病情。其实病未重时，法师给的建议也一样是一心放下念佛，当可以服药，但不要当治病，其理由是："阿弥陀佛，无上医王，舍此不求，是谓痴狂。一句弥陀，阿伽陀药，舍此不服，是谓大错。"换句话说，不管病的严重性，把身心交给阿弥陀佛，一心念佛、放下是最重要的！若命不该绝自然会消业好转的。

56岁（1935年）时，十二月初弘一法师前往乡间弘法，由于居住地方不干净，引来了一场大病。法师这么描述那场病：

> 内发大热，外发极速之疔毒。仅一日许，下臂已溃坏十之五六，尽是浓血。然又发展至上臂，渐次溃坏，势殆不可止。不数日，脚面上又生极大之冲天疔。足腿尽肿，势更凶恶。观者皆为寒心。因此二症，皆有一种，即可丧失性命，何况并发。又何况兼发大热，神智昏迷，故其中数日已有危险之状。朽人亦放下一切，专意求生西方。乃于是时忽有友人等发心为朽人诵经忏悔……竟能起死回生，化险为夷。②

从这段文字可看出此病症与过往不同，且极为严重！连弘一法师都说："生平所未经历，亦所罕闻。"③此病是内外夹攻，内引重热，甚至热到昏厥；外是四肢发浓溃烂。其中有数日，几乎濒临往生了。然而弘一法师如在《人生之最后》说到的，不管病情如何，尽管放下，一心念佛，熟练用佛法来面对。有个真实故事，法师在得此重病初期，仍视病无物，照常工作，甚至还向探病的广洽法师说："不要问我病好没有，你要问我有念佛没有念佛？"④可见法师对阿弥陀佛强大的信心。后来果然世缘未尽，业消了就转危为安，弘一法师一直到63岁往生前，果然都没有大病。

《人生之最后》文中面对无常的态度，对佛法、阿弥陀佛的信心，不仅可用在病中，连遇到战乱亦能从容面对。58岁（1937年）时弘一法师前往厦门

---

① 《人生之最后》这段话的后面还补充到：若病重时，痛苦甚剧者，切勿惊惶。因此病苦，乃宿世业障。见《弘一大师全集》第8册，第188页。

② 书信（致念西、丰德），见《弘一大师全集》第8册，第485页。

③ 书信（致刘质平），见《弘一大师全集》第8册，第297页。

④ 万泉：《参礼弘一法师以后》，见《弘一大师全集》第10册，第122页。

弘法,但九月值变乱,局势紧张起来,各方劝师避难,但法师却说:"为护法故,不怕炮弹"①、"倘值变乱,愿以身殉。古人诗云:莫嫌老圃秋容淡,犹有黄花晚节香。"②可见法师的人格在乱世中多么亮洁,为佛法牺牲也在所不惜,面对局势无常又是多么轻松,对生命完全不贪恋。

弘一法师59岁时自觉生命不长了,对丰子恺说:"犹如夕阳,殷红绚彩,随即西沉。吾生亦尔,世寿将近,聊作最后之记念耳。"③法师把自己的生命形容成夕阳,很快就消失了。60岁(1939年),已数次对人说有名的临终偈:"问余何适?廓而亡言。花枝春满,天心月圆。"④63岁(1942年),弘一大师旧历五月时写信给在家弟子龚天发,告知命已将尽并做最后训勉。⑤同年,弘一法师十月十三日往生,预知时至,在临终前曾写信告知夏丏尊、刘质平,并留下遗偈。⑥在最后阶段的生命里,法师坦然面对死亡将至,没有遗憾,没有眷恋。

回顾弘一法师出家以来,面对生死关头,一开始以佛号为行持,后来改为《普贤行愿品偈赞》,后又转回阿弥陀佛号,但往生求西的愿一直没变。大病数次不但没有成为障碍,每次都有所进步、有所反省,甚至还有定境的经验。不论任何无常来临,法师不藏私的绝招是:全心放下、念佛、愿往生。法师也说:人生应当时刻都在准备临终的资粮,否则最后将会手忙脚乱,⑦因此能够淡定、从容面对无常,一定是平常就有所练习。最后,弘一法师临终时安定详和、预知时至,可见法师所说的方法信赖可靠,也彻底完成出家前想解决的生死无常。

3. 无常与大悲济世

出离心与无常经常放在一起讨论,需有强烈脱离欲求、烦恼的心,才能

---

① 僧睿:《弘一大师传》,见《弘一大师全集》第10册,第134页。
② 蔡冠洛:《廓尔亡言的弘一法师》,见《弘一大师全集》第10册,第135页。
③ 夏丏尊:《怀晚晴老人》,见《弘一大师全集》第10册,第185页。
④ 李芳远:《普济寺访弘一大师》、林汉忠:《弘一大师在永春》,见《弘一大师全集》第10册,第143页。
⑤ 书信(致龚天发),见《弘一大师全集》第8册,第441页。
⑥ 书信(致刘质平),见《弘一大师全集》第8册,第302页;书信(致夏丏尊),《弘一大师全集》第8册,第324页;蔡冠洛:《廓尔亡言的弘一法师》,见《弘一大师全集》第10册,第220页。
⑦ 《人生之最后》,见《弘一大师全集》第8册,第189页。

解决无常生死问题，而彻底解脱。[①] 但是否代表对众生、对世界漠不关心呢？弘一法师以净土念佛法门为行门依止，他对念佛行者有许多对此议题的建议，本节将从两方面来解说。

（1）念佛与慈善事

首先是净土法门对无常的积极性解说。念佛求愿往生极乐世界，看起来与入世济生是两件事，弘一法师说净土法门常被说成"送死法门"，临终才有用，是消极的，是厌世的，而且"专修念佛之人，往往废弃世缘，懒作慈善事业，实有未可。"[②]很多人以为念佛行者不能用特地行善，这是相当错误的。法师说，实际上净土法门首要就是发大菩提心，并举证《无量寿经》《观无量寿佛经》的叙述，况且"现生能作种种慈善事业，亦可为生西之资粮也"，不然菩提心则沦为空谈。[③] 换言之，菩提心的表现就是慈善度众生。然而，念佛与慈善如何同时运行？弘一法师言：

> 若修禅定或止观或密咒等，须谢绝世缘，入山静习。净土法门则异于是。无人不可学，无处不可学，士农工商各安其业，皆可随分修其净土。又于人事善利群众公益一切功德，悉应尽力集积，以为生西资粮，何可云抛弃耶！

专修净土念佛的人不需要远离人群，各行各业随时随地都可以念佛，从事慈善一样可以念佛，还能积存往生资粮，所以念佛人更该行慈善！另外，慈善与念佛并行的当下，利益不只是众生与整个社会，更多的是修行者本身。弘一法师说到："智者不执着我相，故曰空也。即是以无我之伟大精神，而做种种之利生事业。"[④]服务众生是对治自己的烦恼，断我执的大好机会。

---

① 《杂阿含经》卷3："知出离，是名多闻圣弟子。不随缚生，不随缚死，不随缚从此世至他世，不随魔自在，不入魔所，不随魔所作，非魔所缚，解脱魔缚，离魔所牵；受、想、行、识亦复如是。"（T02，no. 99, p. 19b15－19）

② 《净土法门大意》，见《弘一大师全集》第1册，第305页；《佛法大意》，见《弘一大师全集》第7册，第569页。

③ 《净土法门大意》，见《弘一大师全集》第1册，第305页；《佛法大意》，见《弘一大师全集》第7册，第569页。

④ 《佛法大意》，见《弘一大师全集》第7册，第569页。

能断我执,亦即解脱不再受无常轮回之苦。

（2）念佛与国家事

弘一法师是一位爱国僧人,出家前就曾多次表达对国家的种种看法与情感。[①] 出家后许多行为仍然看得出他爱国的表现,例如丰子恺说到:"有一次我送他些僧装用的粗布,因为看见他用麻绳束袜子,又买了些宽紧带送他。他受了粗布,把宽紧带退还我,说:'这是外国货。'我说:'这是国货,我们已经能够自造。'他这才受了。"[②]可见弘一法师的爱国情操表现在生活细节上。面对1937年日本人侵华,"倘值变乱,愿以身殉"[③],1941年时法师大声疾呼:"念佛不忘救国,救国必须念佛。"[④]面对国家无常灾难,念佛人对国家有修行层面的价值,仍有社会关怀使命,法师说:"佛者,觉也,觉了真理,乃能誓舍身命牺牲一切,勇猛精进,救护国家,是故救国必须念佛。"[⑤]可见念佛亦是救护国家的方式之一。

4. 小结

法师曾说:"般若开解,净土导行。解行相资,犹如头目。"[⑥]般若思想能让人觉悟世间的真相,如"无常"之事,所以上面第一点可见法师经历无常时,常以般若经文句勉励。进一步,弘一法师导向净土念佛为归行,不管经历多严重的无常事件,把身心交给阿弥陀佛,放下与一心念佛是最重要的。若世缘将尽,刚好往生极乐;反之,若世缘未尽,刚好可消业、转业,重报轻受。[⑦] 最后,正因为有般若思想、阿弥陀佛作为依靠,身处无常多变的娑婆世界之念佛行者,更应该积极从事慈善,救济众生,并且关心国家社会。

---

① 由于相关事迹不少,便不在此细述。请见林子青《弘一大师新谱》,《弘一大师全集》第10册;丰子恺《李叔同先生的爱国精神》,《弘一大师全集》第10册,第270页。
② 丰子恺:《李叔同先生的爱国精神》,见《弘一大师全集》第10册,第270页。
③ 蔡冠洛:《廓尔亡言的弘一法师》,见《弘一大师全集》第10册,第135页。
④《弘一大师全集》第10册,第153页。
⑤《弘一大师全集》第10册,第153页。
⑥《清故渊泉居士碣墓文》,见《弘一大师全集》第10册,第104页。
⑦《人生之最后》这段话的后面还补充到:"若病重时痛苦甚剧者,切勿惊惶。因此病苦,乃宿世业障。"见《弘一大师全集》第8册,第188页。

四、结语

出家前的李叔同是潇洒、多情、认真的艺术家、大学教师；出家后的弘一法师是严谨、精进用功，关怀国家、众生的宗教家。如何看待这两种截然不同的身份转换？其实这背后有一条隐约的联结：无常。

综贯弘一法师的前半生，从小对人生无常的即视感一直存在，虽数次的压抑与转移注意力。但成年经历世事后，无常感暴涨，不断探索生命意义的他，一次断食因缘真正了解到佛法与出家生活，他深信这是解决生命无常的方法，加上个性使然，因而完全不顾世俗眼光与期待，毅然绝然"遁入空门"。没看到内在、隐约的心路历程，弘一法师前后身份转变快速，不难想像当时代许多知识分子、文艺圈同好无法接受的反应，甚至批评、指责。

出家后的弘一法师，修行并非一帆风顺，历经数次大病，几乎濒死。面对生死无常大关，弘一法师在般若经典上，从空性实相认知真理，解决无常的困惑；在行持上，以净土念佛法门为依，处处强调念佛在生死无常时的利益：往生极乐（寿尽时）或者消业（世缘未尽）。此外，虽然能坚毅勇敢面对自己的大病或战乱，但感性的弘一法师想到友情、过去情景无常变迁等，仍不勉有所悲伤，法师对己严律、对世间、众生宽厚温暖表现无遗，是菩萨的真性情。因此不难想像弘一法师不断提醒菩提心、慈悲心的重要性，认为出家人积极出离生死而用功，但并非消极避世者，数次强调修行者对众生、国家有慈善济世的义务与责任。

弘一法师是探索生命、实践生命意义的勇者。总结法师的一生，可用他曾书写的彻悟禅师语录："真为生死，发菩提心"；"以深信愿，持佛名号。"[①] 这般信念坚持带来了预知时至、安详往生的弘一法师，同时也印证了遗偈"花枝春满，天心月圆。"祈愿法师早日回入娑婆，渡化仍在无常苦的众生们。

（作者：杭州佛学院教师、澳大利亚悉尼大学佛学研究博士）

---

① 《弘一大师全集》第 9 册，第 240 页。原文在《彻悟禅师语录》可见于《续藏经》(X62，no. 1182，p. 339b13 - 14)

南山律圆教宗戒体探述

释法若

一、前言

弘一大师是南山律中兴之祖,持律精严,对其所编《南山律在家备览略编》①(后文简称《备览》),费时二载,极费苦心,稿凡三易,方得告成②,是晚年呕心沥血之作③,可说是他遗留给后人极珍贵之礼物。

所谓戒体是指受戒时所发得之业体,能持续于未来,产生防非止恶之功能。

大师以极广大之悲愿,深入浅出整理出《备览》之《宗体篇》,将南山律最精湛之戒体让四众弟子均能研习。④

本文以《备览》为主要法本,探讨戒体相状及如何成就、大小乘三宗戒体差异、圆教戒体之发起与妙用影响。

古来对于戒体产生于何处,如何引导身口意之造作,各宗所计不同。

南山律宗以大乘圆义会通《四分律》,以阿赖耶识(第八识)所藏之善种子为戒体,属心法戒体。相较于实法宗执色法、假名宗计非色非心法为戒

---

① 这本著作是大师晚年时,特为在家居士从南山律中应聘掣其为所应学而辑为一部,他谦称自己老病因循,先辑略编,别以流通。虽文不具足,义未详释,而大途略备。计有宗体、持犯、忏悔、别行四篇,其内容主要撷取自南山三大部及灵芝律师对该部的注释。
② 弘一大师:《南山律在家备览略编》,(南投)南林出版社 2001 年版,第 281 页。
③ 弘一大师 1940 年旧历五月十二日致李圆净信中提到:"此次书写《备览》稿,颇为用心。每写一页,须一小时以上乃至两小时。"见《弘一大师全集》第 8 册,福建人民出版社 2010 年版,第 385 页。
④ 释慧观:《〈南山律在家备览略编例言〉探述》,见所著《弘一大师持戒念佛之典范》(台北)弘一大师纪念学会印行,2012 年版第 99 页。

体，更能穷理尽性，究竟决了业体，掌握发业之根本处，生起之戒行就能恒续、有力、成片，行行与断恶、修善、利益众生相应，就能返本心源，超越生死，成就佛道。

笔者希望借由探述南山律圆教宗戒体之因缘，引发大众学习《备览》之兴趣，深解其义，进一步发心受持戒法，以遂大师遗愿。

二、略明戒体

一般经论（化教）所谈善恶业，属"名"。今所述作、无作戒体，是善恶业之"体"。[①]

佛所制定之戒律（制教），有在家出家、声闻菩萨之别，论其戒相，无量无边。依"体"举要统收，唯二种，作戒、无作戒。

由上可知，戒体可以统摄一切善恶业与戒相，是持戒之根本，因此若要明戒行戒相，应先认识戒体，才能掌握戒法之纲领。

（一）略示与正显

戒体是什么？以下试着从远焦模式（见林）、近焦模式（见树）来认识它，希望能见树又见林，以利大家对戒体能有完整又微细之观照。

1. 略示体貌（见林）

《业疏》："所谓纳圣法于心胸，即法是所纳之戒体。然后依体起用，防遏缘非。"[②]戒体是由心领受戒法（圣法）[③]，心法相应，在心中产生了业体（戒体）。戒体受得后，对境界时便有防非止恶之功能，即随行（也称戒行），身口意所显之相即是戒相（行相）。

戒体与戒行，是实践戒法之身心转化过程；戒相是实践戒法之身口意样貌（以行为相，即仪相），或是戒法之标准样貌（以法为相，如戒本所列戒条）。

---

① 《四分律删补随机羯磨疏济缘记》，见 CBETA，X41，no. 728，p. 246b3 - 11//Z 1：64，p. 418b15 - c5//R64，pp. 835b15 - 836a5。

② 弘一大师：《南山律在家备览略编》，（南投）南林出版社 2001 年版，第 57 页。

③ 灵芝律师说明："谓佛出世，制立戒法，禁防身口，调伏心行。……十方诸佛、三乘贤圣，并同修故，名为圣法。"

道宣律祖以这四科掌握戒之枢要,即戒法、戒体、戒行、戒相。法体行相,可视为一个戒法系统,其间有一定关系,相互依存、转化。

行者从始至终,都离不开戒法,所受是戒法,所行也是(戒行与戒相),所检视之标准(法相)也是戒法,最后成就圣道。

其中"戒体"居关键地位,活络了戒法、戒行、戒相间之关系。如果没有戒体,法是法,众生是众生,戒法之清凉无法被及众生,轨凡从圣之美意也无法企及,同时戒法将隐没,因为无人发心承续弘扬,戒行渐失,戒相只剩下戒本之文字相,行相无由得见,佛法随之衰微,因为戒是无上菩提本;根本消失,菩提何以成?

戒能让我们出离三界轮回,步入圣贤之列。戒有二义:有本期誓、遍该生境。① 须要发起誓愿,摄受戒法(得到戒体),并能遍缘法界有情无情,以平等心持守,才能成就戒义。

戒法唯"受、随"乃得——佛欲令众生转凡成圣,但无法强制给予,或无条件给予,所谓"佛种从缘起",唯行者发起想要纳受之心,如法受戒、行持,才能为行有仪,美德光显,趋近圣贤。因此发心受戒,得到戒体是重要之第一步。

2. 正示体相(见树)

《事钞》云:"(1)谓法界尘沙二谛等法。(2)以己要期,施造方便,善净心器,必不为恶。测思明慧,冥会前法。(3)以此要期之心,与彼妙法相应。于彼法上有缘起之义。领纳在心,名为戒体。"②

这段是正显,直陈能领之心相。灵芝律师作科分三(如上引文依次释义):

(1)示戒量

所缘境,即发戒之处。受戒时所面对十法界之有情无情及一切佛之教法,代表持戒之对象是平等广大地包含所有之众生及非众生。

(2)明心相

能受心,即得戒之本。自己许下生命中坚定之誓愿,以种种方便正受戒

---

① 《四分律删补随机羯磨疏济缘记》,见 CBETA,X41,no. 728,p. 252a16 - 17//Z 1:64,p. 424a4 - 5//R64,p. 847a4 - 5。

② 弘一大师:《南山律在家备览略编》,(南投)南林出版社 2001 年版,第 48 页。

法,如身业礼拜、口业陈词等,屏绝妄念,心法相应。测思明慧,誓愿是以思心所为根本,以坚定之意志力随三品心中发何等心,如理称教,与智慧相应。

(3)明纳体

所发业,即无作之体。当誓愿心与法界之有情无情(妙法)相应时,法随心起,揽法归心,心与法合,发生无作即戒体。

"能领之心,发体正要。"①提供行者"考得法之元由,决所受之成否。"②知道自己确实得戒体,才能依体起行,如法持戒。

律祖示体所在,领纳在心,即取圆教义,指"藏识"为所依处。

(二)作戒无作戒

戒是何意?"戒禁恶法。故《涅槃》云:戒者,直是遮制一切恶法,若不作恶,是名持戒。"③断一切恶是戒。

律祖对作戒、无作戒,曾以陶土作家运轮之过程比喻,动轮(作戒);轮盘一发,余力自转(无作戒)。灵芝律师注释,"作"谢,生起"无作",无作与四心(受想行识)三性(善恶无记)同时存在,且任运而起。以下合并二师整理如下表④:

表1　作戒、无作戒

	作	无作
喻	如陶家轮,动转之时,名之为作。	轮盘一发,余力自转⑤
解	作者,身、动身方便⑥	身动灭已,与余识俱,是法随生
短长	一发即谢	一发续现
	一念	始末恒有
俱行	善行心	四心三性
生由	缘构	不借缘办

---

① 弘一大师:《南山律在家备览略编》,(南投)南林出版社2001年版,第49页。
② 弘一大师:《南山律在家备览略编》,(南投)南林出版社2001年版,第49页。
③ 弘一大师:《南山律在家备览略编》,(南投)南林出版社2001年版,第52页。
④ 整理自弘一大师《南山律在家备览略编》,(南投)南林出版社2001年版,第51—52页。
⑤ 灵芝律师《行宗记》三上曰:"陶家即土作者,轮盘一发,余力自转。"
⑥ 可引用《济缘记》:"身是报色;动身方便,即是造作,所谓方便色也。"

弘一大师在《备览》之"戒体章名相别考"中,深入浅出解释二戒,如下列出①:

(1) 作戒

受戒时,如法动作身口意三业。可见闻之业体。

新译曰:表戒。受戒时,受者造作身口,而"表"示受"戒"之相于外。

(2) 无作戒

依作戒之缘,而生于身中不可见闻之业体。

此业体初发之缘,虽由于身口意动作(即作戒)。而一旦生了,则不假身口意之造作,恒常相续,故称无作。

作戒于身口动作息时,即灭。

而无作戒则一生之中,恒常相续,堪发防非止恶功能,是之谓无作戒体。无作戒为能防之体,二百五十戒(以比丘戒为例)等为所防之境。

小结

作、无作虽通明戒体,因作生起无作,无作一发,恒常相续,且任运生起,更能彰显其"体"之功能,因此常以"无作"指称为戒体。

三、南山律最精湛者——显立"戒体"正义

(一) 戒体说是南山律精湛处

灵芝律师在"戒体章"②中说明:"夫戒体者,律部之枢要,持犯之基本,返流之源始,发行之先导。"③可知戒体在整部律学中占有关键之地位,对戒体正确而充分之认识,将会影响行者之修持及感果。

并继续说:"逮于有唐,独我祖师,穷幽尽性,反覆前古,贬黜浮伪,剖判宗旨,斟酌义理,鼎示三宗,诚所谓会一化之教源,发群迷之慧日者也!"④赞

---

① 弘一大师:《南山律在家备览略编》,(南投)南林出版社2001年版,第298页。
② 灵芝律师于南山律祖《羯磨疏》所录出。
③ 《芝园遗编》,见 CBETA,X59,no. 1104,p. 620b13 - 14//Z 2:10,p. 257d7 - 8//R105,p. 514b7 - 8。
④ 《芝园遗编》,见 CBETA,X59,no. 1104,p. 620b13 - 14//Z 2:10,p. 257d7 - 8//R105,p. 514b7 - 8。

叹道宣律祖智慧卓然,对于戒体之领会深入独到,力显三宗,并开显佛意,融空有二宗,决了权乘,同归实道。深契佛心,善开发众生光明心性。

弘一大师在《四分律含注戒本随讲别录》中,介绍其所依四分南山宗"斯宗妙义,赞莫能穷",并略举两点为佐:一、创明圆体。二、包含精博。所谓圆体,即是圆教宗戒体。

并在"宗体篇"中,对戒体有深刻之纂集。其中引《业疏》历示三宗之文,称其为南山撰述中最为精湛者①。嘱学者宜致力穷研,方不负律祖示导之圣意耳。

可知,戒体说是南山律宗道宣律祖之主要理论,律祖对三宗(实法宗、假名宗、圆教宗)戒体之阐明穷幽尽性,尤其根据大乘义所创明之圆教戒体,更是南山撰述中最为精湛之部分。

(二) 律祖显立三宗戒体正义

佛世弟子根器差殊,对于戒体之领悟深浅不同,致使佛灭后依论分宗各计。戒体通大小乘,有三宗见解。

实法宗(有宗),即立一切诸法实有之萨婆多部②等,以色法为戒体。

假名宗(空宗),即立一切诸法唯有假名之经量部等,以非色非心法③为戒体。

圆教宗,即立一切诸法唯有识之唯识圆教等,此宗以受熏于阿赖耶识之善种子为戒体。

以下依《备览》之"戒体章名相别考"中"戒体通大小乘有三种"④,整理成表。

① 弘一大师:《南山律在家备览略编》,(南投)南林出版社 2001 年版,第 69 页。在《业疏》原着起讫处,"夫戒体者何耶……由来涉言语矣!"
② 《四分律删补随机羯磨疏济缘记》卷 3"实法中,萨婆多者,以计标宗,杂心、俱舍、毗昙并同此见。"见 CBETA,X41,no. 728,p. 255a4 - 5//Z 1:64,p. 426d3 - 4//R64,p. 852b3 - 4。
③ 业疏:"言非色者,既为心起,岂尘大成,故言非色。五义来证。一色有形相方所、二色有十四二十种、三色可恼坏、四色是质碍、五色为五识心所得。无作俱无此义、故不名色。""言非心者:体非缘知。五义来证。一心是虑知、二心有明暗、三心通三性、四心有广略、五心是报法。"
④ 弘一大师:《南山律在家备览略编》,(南投)南林出版社 2001 年版,第 299 页。

表2　戒体三宗分别

三宗	所立	作	无作(戒体)
实法宗	小乘俱舍	受戒时身口二业有发显之表色,依四大而生之色声二尘。	按此而有防非止恶的功能、名为无表色(无作色)。四大所生,故为色法,法入中摄,名为假色。
假名宗	小乘成实	色心能造。	非色非心。无形质故非色、无缘虑故非心。
圆教宗	大乘法相	受戒时有发动于思之心所。	(善种子)依思心所的种子相续,而有防非止恶之功能。

　　律祖在《业疏》戒体正义一门,以大乘义显扬戒体,中间引述空宗(成实论)、有宗(萨婆多论)所计著,意在对破决显;能决之文,尽出祖怀,都是戒体正义,唯就二宗所计,更开显其所未知。后立圆教宗,分明指出识藏种子,才是真实。[①]

　　以下参考四明铁翁宗师在《终南家业》中所着"戒体正义直言"[②]一章中所立三项戒体正义特色作阐述。

　　1. 细色决有:有宗谓戒体是身口所成,计体有损益(持则戒盈,犯则戒羸)故判为色(假色)。祖师究体,乃谓善恶业性,天眼所见,历然可分,与中阴同,微细难知,故云细色。

　　2. 分通决空:成实宗(小教空门)谓戒体由心造,且据六识。心不可状,假色以显。所发业量,异前作戒,与心与色两不相应,强名二非(非色非心),以为戒体。祖师考体,即心造业,熏习有用能起后习。今决能造在第六识,起必由八识;所发之体,岂是非二?[③]

　　3. 圆通空有:两宗各随所计论作、无作,终非究竟。故跨取大乘圆成实义,点示戒体乃是赖耶藏识随缘流变造成业种。能造六识即是作戒,作成之

_____

① 《终南家业》,见 CBETA,X59,no. 1109,p. 738a1 - 4//Z 2：10,p. 372b11 - 14//R105,p. 743b11 - 14。

② 《终南家业》卷2:"戒体正义直言(细色决有。分通决空。圆通空有。正显分大)。"见 CBETA,X59,no. 1109,p. 737c24//Z 2：10,p. 372b10//R105,p. 743b10。

③ 《终南家业》卷2:"盖南山[A9]已前。弘律诸师。不达四分宗旨。[A10]但依成实。非二出体。故此决之。"见 CBETA,X59,no. 1109,p. 738b12 - 13//Z 2：10,p. 372d10 - 11//R105,p. 744b10 - 11。[A9]已【CB】,已【卍续】。[A10]但【CB】,佀【卍续】。

业,藏识所持,即号无作,所蕴业因名善种子。

律祖依圆教义理悟得戒体甚深义,并以大乘唯识、涅槃终穷之说,统会异端使归一致,可谓深体佛一代教化始终,止息后学之疑情。

现在所受四分律,"正当成实假宗,非色非心是其法体;约圆以通,即善种也。"①这就是律祖对戒体之创见,以大乘圆教义、唯识种子之隐喻,阐明戒体。

四、圆教戒体

以下就圆教戒体大意、所受体分别、如何纳受及受得后之影响,一一阐述。

(一) 大意五门②

今依灵芝律师《济缘记》中注解律祖"约圆教明戒体",先开大意,略为五门为轴,并恭录律祖《业疏》中所示圆教戒体文,作为说明。

1. 教本

如来为何要制戒?《业疏》云:"戒是警意之缘也。以凡夫无始随妄兴业,动与妄会,无思返本。是以大圣树戒警心,不得堕妄,还沦生死。"

一切戒皆众生心业,世尊知众生业,制戒法以警悟,令止息妄业,生定以发慧,还悟自心。

所以成佛后,在寂灭道场,首制心戒,令息妄缘,名为菩萨心地法门。

小机昧己,力不堪任。而又降迹鹿园,方便提诱;乃于菩萨戒中,摘取少分以为五戒、八戒、十戒、具足戒。

因此,如来唯有一乘圆极妙戒,因应众生根机而直与或曲示,莫不皆欲令众生成佛。③

---

① 弘一大师:《南山律在家备览略编》,(南投)南林出版社 2001 年版,第 72—73 页。
② 《四分律删补随机羯磨疏济缘记》,见 CBETA,X41,no. 728,p. 256c12//Z 1:64,p. 428c5//R64,p. 856a5。
③ 《四分律删补随机羯磨疏济缘记》卷 3:"如来唯有一乘圆极妙戒华严直与鹿苑曲示三世十方莫不皆尔故云于一佛乘分别说三即其意也。"见 CBETA,X41,no. 728,p. 256c19 - 21//Z 1:64,p. 428c12 - 14//R64,p. 856a12 - 14。

2. 释名

圆教之圆,有三义:

A. 圆顿:实法宗、假名宗①,并是小教,圆教是大乘;以大决小,不待受大,即圆顿义也。若能解圆实义,发大心受持,纵受五戒、八戒,就等同受持菩萨戒。

B. 圆融:前二偏计,空有不均;今悟教权,名殊体一;色与非色,莫不皆然,即圆融义也。佛方便说戒体是"色"或"非色非心",以圆教看来,犹如一块美玉,有宗以为是"石",空宗则计"非石",其实所说都是"玉"。

C. 圆满:前二是从权巧所出,为方便接引众生;今此克实究竟显示"玉"体,即是藏识中"善种子",即圆满义也。

具此三意,故名为圆。

3. 显体

一切大乘,皆以常住佛性妙理为体。诸佛悟得后,以种种名为众生开解。持戒也正是为了显发此体。灵芝律师判律祖所示之圆教戒体,是依楞伽、起信、唯识、摄论,以藏识(阿赖耶识)②为体。

今明此识体本真净;随缘妄动,积藏业种,名为第八;转趣诸根为第七;流于心意为第六;遍至五根为五识。所造成业,第七揽归,第八含藏,成熟来果,果有善恶依正差别。今就已成差别法中,了无差别,故云唯识。即知十界依正因果,同一识体,未有一法而非识者。

今明戒体,造虽在六,起必因八,造已成种(善种子),还依于八。受全心起,境缘心作,方显其体乃是识种。

4. 立意

空有二宗,已有完整之戒体说,何须别立圆教?

行门生起必须依教,行是能依,教是所依。"教者以诠表为功,随机为用。"③佛随众生根机不同,所说教有权实之别,生起之修行也有大小不同。

两宗存在之价值:行者可依循自己受戒所依律(教)行持,宗途有致。如:有宗依《十诵律》,受体为色聚,随行但防身口七支。空宗依《四分律》,受

---

① 当分小教,分通大乘。

② 意即含藏识,含藏一切善恶因果染净种子。

③《四分律行事钞资持记》卷1,见 CBETA, T40, no. 1805, p. 157b22。

体为非色非心,随行相同十业。

而两宗存在之限制:所出戒体,教限各殊,辨体不明。

别立圆教以穷理尽性,究竟决了业体,令学者修持有托,发心立行,返本心源,以绍众圣因种,兴隆佛法,超越生死。①

5. 所据

依何教义立圆教?

引《法华》《涅槃》二经为证,《法华》开声闻而作佛,《涅槃》扶小律以谈常。

《法华》会归一乘②┌于一佛乘分别说三,为实施权。
　　　　　　　├开方便门示真实相,开权显实。
　　　　　　　└正直舍方便,但说无上道,废权立实。

《法华经》:十方佛土中,唯有一乘法,无二亦无三。此一乘法即是欲令众生开示悟入佛知见。

《涅槃》开会原有二意:一为未熟者具谈佛性,令具真常。二为末代钝根,于佛法中起断灭见,夭伤慧命,亡失法身,故重扶戒律,会归常住。故《涅槃》云:二乘之人未来毕竟归于涅槃,如流归海。③

《法华》《涅槃》大意,皆令二乘舍权入实,成就佛道。律祖据此,直示大乘圆义以决戒体,故称圆教。

(二) 所受体

《业疏》:"智知境缘本是心作,不妄缘境,但唯一识,随缘转变,有彼有此。"④

一切境(情与非情二谛等)缘(随境所制尘沙等法)皆心所作,一切唯心。随所动用,不缘外境,摄心反照,但见一识。识即心体,随染净缘,造黑白业,成善恶报,故有十法界依正差别。

---

① 弘一大师:《南山律在家备览略编》,(南投)南林出版社 2001 年版,第 61 页。
② 此表汇整自《资持记序解并五例讲义》,见 CBETA,X44, no. 740, p. 301a9 - 12//Z 1:70, p. 96d15 - 18//R70, p. 192b15 - 18。
③ 《资持记序解并五例讲义》,见 CBETA,X44, no. 740, p. 301a2 - 6//Z 1:70, p. 96d8 - 12//R70, p. 192b8 - 12。
④ 弘一大师:《南山律在家备览略编》,(南投)南林出版社 2001 年版,第 62 页。

受戒之前,应开发此圆教大解,明白万法唯心所造,唯识所现。现在要受持戒法,就是翻转此心,于一切境缘起善心,戒发所因,还遍法界。

以下依律祖所明三个角度,来诠释圆教戒体。

1. 约圆义示体相

《业疏》:"欲了妄情,须知妄业。故作法受,还熏①妄心。于本藏识,成善种子,此戒体也。"

(1)禀戒修证

凡夫虽知一切唯心,想尽除惑业,却易受制于惯习,积恶时深,实在是难以调制! 唯仰赖佛慈所制波罗提木叉(别别解脱戒法),静止妄业,发定慧力。所谓:如来功德庄严之身,以受戒为本,持戒为始。因此受戒持戒,是成佛根本,涅槃初门。

(2)如缘纳法

用心承仰戒法,假前胜境,发动胜心,此心反妄,清净无染,即是真心。

由熏成业,业圆满在藏识中成为善种子。此善种有力用,不假施造任运恒熏,妄种冥伏,妄念不起。这就是无作熏。犹如香尽,余气常存也。

前依唯识圆融之义,测思明慧,反妄即真,但了一念圆融微妙,则能缘所缘、能受所受,究竟一相;即于彼此,达无彼此;即于差别,了无差别。则全性成修,所谓"作法受"不从外入;全修是性,现行熏种,善种子即是心。如是开解、受持,才契圆宗纳法究竟。

(3)善种子

善种子,善即简恶,种子是喻。种子略说十义:一从众缘生。二体性各异。三生性常存。四任运滋长。五含畜根条华叶等物。六虽复含畜,相不可得。七遇时开绽。八子果不差。九展转相续。十出生倍多。无作戒体具此。以下表对照说明:

---

① 丁福保《佛学大辞典》:"熏习,身口所现之善恶行法或意所现之善恶思想起时,其气分留于真如或阿赖耶识,如香之于衣也。其身口意所现者,谓之现行法。气分留于真如或阿赖耶识者,谓之种子或习气。因而现行法于真如或阿赖耶识留其种子或习气之作用,谓之熏习。"《起信论》曰:"熏习义者,如世间衣服实无于香,若人以香而熏习故,则有香气。"

表 3　由种子义对应无作戒体相状

外种	喻解：内种（善种子）
1. 从众缘生	由作戒因缘生
2. 体性各异	发心不同
3. 生性常存	一发续现
4. 任运滋长	任运生起
5. 含畜根条华叶等物	含蓄佛智慧功德等庄严
6. 虽复含畜，相不可得	虽含蓄佛种庄严，相不可得
7. 遇时开绽	遇境能忆、持、防
8. 子果不差	受随相应，因果相契
9. 展转相续	受体起随行，随行反资受体
10. 出生倍多	行牵来果，终至佛果

灵芝律师："善则是法体，种是譬喻。谓尘沙戒法纳本藏识，续起随行，行能牵来果。犹如谷子投入田中，芽生苗长，结实成穗。相对无差。故得名也。"①

更指出：此种子，非人天有漏善、非三乘偏权无漏善，正是圆实佛种，所谓菩萨戒体。

善种子，是众生本有佛性？灵芝律师认为："不然！本有之性，蠕动翾飞一切皆具。菩萨戒体，受者方有，不受则无。此则因缘构造，修起之法。性虽本有，非修不发。如摩尼珠具足众宝，不假缘求，终不出现。"②善种子非佛性，却离不开佛性，需假受戒因缘，发心愿求，才能成就。因此以善种子为菩萨戒体，是从缘起差别之角度来分别。

2. 约随行明持犯

《业疏》："由有本种熏心，故力有常，能牵后习，起功用故。于诸过境，能

① 《芝园遗编》，见 CBETA，X59，no. 1104，p. 621a22 - b1//Z 2：10，p. 258c10 - 13//R105，p. 516a10 - 13。

② 《芝园遗编》，见 CBETA，X59，no. 1104，p. 632a4 - 14//Z 2：10，p. 269b7 - 17//R105，p. 537b7 - 17。[A8]已【CB】，巳【卍续】。

忆能持能防,随心动用,还熏本识,如是展转能静妄源。若不勤察,微纵妄心,还熏本妄,更增深重。"

受戒成就戒体,目之是为了持戒净心。《事钞》云:"若但有受,无持心者,受戒不得。"[1]意即如果只有受戒之愿,而无持戒之心,则不发戒体。因此受戒已,必谨慎奉持。

戒体善种子熏心,有力有能,力则运运不息、生生常住;能则未来遇境界时,能忆(不忘受体)、能持(执守不失)、能防(尘缘不侵)。由忆故持、由持故防。

日常一切举动运为,皆能方便修成,顺本受相,不违受体。

依体发行,受体为用。如是,体是起行之体,行是随体之行。体用一如,因果交彻,始本一契,便能彰显圆体德用。

灵芝律师释义,从始至终,随心动用,由无作熏→熏起随行→随中作无作熏→还资本体[2],谨慎受持奉行,便能永尽妄源,圆证三身。

如果慢心故犯,稍纵妄心,续起妄业,则更增生死轮回。

以下图标灵芝律师所释,受体起随行,随行护受体,并且不断滋养无作戒体,等到心识中一切有漏种子净除,无漏种子圆现,便是永尽轮回、成佛之际。

你图解:由❶至❸时间轴由左到右,从受体到随行,其作、无作互相资熏,最右边代表"无漏种子圆现—成佛之际"。上方表示现行,下方是潜藏。

❶ 受"作戒"熏、熏成无作。(星状体即是善种子,受戒过程将无边圣法领纳于心,心与法合,即成无作。)

❷ 无作熏、熏起随行。(善种子不是一颗,而是在阿赖耶识中能产生止恶行善的功能[3],随境而现,断恶修善摄受众生。)

❸ 随行中作戒、无作戒熏,还资本体。(遇境能随顺受体起随行,又会再资助受体,让它更清净、强大,即是防非止恶的力量更自然更大。)

---

[1]《四分律删繁补阙行事钞》,见 CBETA,T40,no.1804,p.30a21-23。

[2]《济缘》云:"初受作戒熏,熏成无作。次则无作熏,熏起随行。三者随中作、无作熏,还资本体。若论所熏,通熏心识。"摘录自蔡念生汇编《弘一大师法集》第2册,第665页。

[3]《成唯识论》卷1:"识变似声生灭相续似有表示。假名语表。于理无违。表既实无。无表宁实。然依思愿善恶分限。假立无表理亦无违。谓此或依发胜身语善恶思种增长位立。或依定中止身语恶现行思立。故是假有。"见 CBETA,T31,no.1585,p.4c22-27。《成唯识论订正》卷1:"……依善边防恶发善之功能,假立善无表色。"

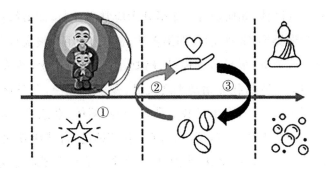

3. 举因果以细劝

《业疏》:"是故行人,常思此行,即①摄律仪,用为法佛,清净心也。

以妄覆真、不令明净。故须修显,名法身佛。

以妄覆真,绝于智用。故勤观察,大智由生,即摄善法,名报身佛。

以妄覆真,妄缘憎爱,故有彼我生死轮转。今返妄源,知生心起,不妄违恼,将护前生,是则名为摄众生戒。生通无量、心护亦尔,能熏藏本、为化身佛。随彼心起无往不应、犹如水月任机大小。"②

弘一大师在《备览》依灵芝律师《济缘记》整理列表如下:

众生识体┬本自清净—离诸尘染————————由妄想故翻成烦恼
　　　　├本来自在—具足方便智慧威神德用—由妄想故翻成结业
　　　　└本来平等—无有彼此爱憎差别———由妄想故翻成生死

今欲反本故立三誓③

┌断恶誓-受摄律仪戒-修离染行-趣无作解脱门-复本清净-证法身佛-断德

├修善誓-受摄善法戒-修方便行-趣空解脱门-复本自在-证报身佛-智德

└度生誓-受摄众生戒-修慈悲行-趣无相解脱门-复本平等-证应身佛-恩德

① 《济缘记》:"即之一字,点小为大,乃是圆宗融会之意。"
② 《四分律删补随机羯磨疏济缘记》,见 CBETA,X41,no. 728,p. 259b17 - 21//Z 1:64,p. 431b4 - 8//R64,p. 861b4 - 8。
③ 弘一大师:《南山律在家备览略编》,(南投)南林出版社 2001 年版,第 68 页。

开圆解,纳受圆体,如何随行?律祖开示应常思此行,即摄律仪,用为法佛清净心。(余聚类推,常思此行,即摄善法、摄众生,用为报佛自在心、化佛平等心)。以杀戒为例,平日看到蟑螂、蚂蚁,随起慈心护念,不杀害它即摄律仪;常念一切众生皆是我无始劫来之父母、爱子(事观),乃至众生就是我法身(理观),即是摄善法;众生是我心所现,与我同体,慈悲自然流露,即摄众生。随众生心起,无往不应,清净、自在、平等具足,自然成就法、报、化三身佛,可知佛菩萨的千百亿化身,非为自求,完全是应众生要求而现。

即因即果,因果一如,故"随举一戒,三聚具足;随举一聚,互具亦然。故知初受圆发三誓,随中奉持圆修三行,成因感果圆证三身。三誓即是三聚三身,三聚亦即三身三誓,三身亦即三誓三聚。心佛无差,因果不二。能如此者,始名圆戒,是波罗蜜,即究竟木叉也。"[1]

圆教戒体,点小成大,不管受持五戒、八戒或具足戒,只要能发起三誓,断恶、修善、度生,二六时中,三业之造作皆能与三聚净戒相应,如是心持即圆行,能够到彼岸,究竟解脱。

因此,行人若发此心,若获此体,当知即是一体三佛之种,应当珍敬保重。

4. 小结

综合以上三点说明所受体,试用同心圆概念图解圆教戒体。

第一圈是核心,戒体即是本藏识中之善种子。

第二圈是从外显之相用——随行,诠释戒体,有"力、能、用"。

第三圈是从因果关系明白圆体之发心、誓愿、起行与果德。

如是从小到大,从微观到整体,让行者对圆教戒体之发起、受持、愿景,有一个立体鲜明且富动态变化之印象。

---

[1]《四分律删补随机羯磨疏济缘记》,见 CBETA, X41, no. 728, p. 259c11 - 15//Z 1:64, p. 431c4 - 8//R64, p. 862a4 - 8。

（三）如何纳受

圆教戒体如此微妙，所缘又如此广大，如何受得？

《资持》云："森然万境，何事非持？若不先发，行自何生？故知受前，预须委学，预习发戒，才能发起增上重心。"预习发戒，先作观想演练，届时就能更加纯熟发起。

《事钞》引《萨婆多论》：若淳重心则发无教，轻则不发。岂可虚滥，理当殷重。①

无教即是无作戒体，可知戒体发起之关键是淳重、殷重心。

灵芝律师对此注释：重轻二心难显其相。非谓徒然恳恻而已，要在见境明白，上品要誓，方名增上重心。"②以下一一详明。

1. 见境明白用心承仰

《业疏》云："将欲受戒，初须说缘境宽狭，令受者志远，见相明白。"③

行者发心要受戒时，戒师先须开导，令其立誓要期，识知所缘境量，遍法界境，尘沙戒法，无量无边。

为何需要明白境量？"众生造恶由迷前境。恶业既因境起，善戒还从境生。是制法之所依，为发戒之正本。若不明境，将何用心？"④戒法深广，非开解不能相应，因此受前须先识境发心。

《芝苑遗编》："心境相应，纳体正要。正作法时，冥心运想，遍缘如上情非情境。由境广故，心亦随遍。念念现前，不得浮散。当想己身，总虚空界，容受法界尘沙戒法。当此之际，深须用意，莫缘他事。差之毫微，则徒染法流，一生虚丧！"⑤纳体时，必须澄心专注，心法相应，方彰领纳不虚。

因此戒师要"随机广略，令其悟解。若不知者，心则浮昧。受戒不得，徒苦自他"⑥。观察戒子根器利钝，所宜广略，令其悟解，使其心不浮不昧，领受

---

① 《四分律删繁补阙行事钞》，见 CBETA，T40，no. 1804，p. 26a20 - 22。
② 《四分律行事钞资持记》，见 CBETA，T40，no. 1805，p. 264c8 - 10。
③ 《四分律删补随机羯磨疏济缘记》，见 CBETA，X41，no. 728，p. 190a7 - 8//Z 1：64，p. 364d11 - 12//R64，p. 728b11 - 12。
④ 《四分律行事钞资持记》，见 CBETA，T40，no. 1805，pp. 218c27 - 219a2。
⑤ 《芝园遗编》，见 CBETA，X59，no. 1104，p. 640b24 - c7//Z 2：10，pp. 277d15 - 278a4//R105，pp. 554b15 - 555a4。[A85]己【CB】，巳【卍续】。
⑥ 《四分律删繁补阙行事钞》卷 1，见 CBETA，T40，no. 1804，p. 26a19 - 20。

戒体。

2. 上品要誓上求下化

深戒上善,广周法界。当发上心,可得上法。

何谓上品心?律祖依据毘跋律所明之下品奭心[①],就义理上开显中、上品[②],上品即是:我今发心受戒,为成三聚戒故,趣三解脱门,正求泥洹果。又以此法引导众生令至涅槃,令法久住。[③]

上品心,即发菩提心,持三聚戒,愿断一切恶(摄律仪戒)、愿修一切善(摄善法戒)、誓度一切众生(摄众生戒),以修离染行、方便行、慈悲行,趋向无作、空、无相解脱门,证入法身、报身、应身。知道众生是我心内之众生,彼我同体,三业修奉恒以慈悲摄受众生[④],任运含摄一切,引导令至涅槃,同归佛道。

3. 开广心怀三番观想

其次,应开广心怀,纳受圆体。

律祖以出家戒在三羯磨圣法得戒体为例,解释:"由尘沙戒法注汝身中,终不以报得身心而得容受,应发心作虚空器量身,方得受法界善法。故论云:若此戒法有形色者,当入汝身作天崩地裂之声。由是非色法故,令汝不觉。汝当发惊悚意,发上品殷重心。"[⑤]戒法既周广,非宿因所感之五蕴色心所能容,必须至诚发起上品心,运心观想虚空无边,身量亦等。心法相称,揽法归心,还依报体藏识成善种子。

引导三番观想,灵芝律师略去三羯磨法事,精简为:初则"鼓令动转",次则"举集在空",后则"注入身心",领纳究竟。

弘一大师则转换运用此三法,令欲受五、八戒之居士,在三说三归誓纳戒体时,可以参考。如下文:

第一遍说归誓时,法界善法,由心业力,翻恶为善,悉皆动转。

---

① 《四分律删繁补阙行事钞》卷 1:"像是跋律曰。发心我今求道。当教一切众生。众生皆惜寿命。以此事受是下品懦心。"见 CBETA,T40,no. 1804,p. 26a23 - 25。

② 《四分律删繁补阙行事钞》卷 1:"余二就义明之。云何中品。若言我今正心向道。解众生疑。我为一切作津梁。亦能自利复利他人受持正戒。"见 CBETA,T40,no. 1804,p. 26a26 - b2。

③ 《四分律删繁补阙行事钞》,见 CBETA,T40,no. 1804,p. 26a28 - b2。

④ 《事钞》引萨婆多论:"令一切境上起慈愍心,便得增上戒。"

⑤ 《四分律删繁补阙行事钞》,见 CBETA,T40,no. 1804,p. 29b29 - c4。

第二遍说归誓时,法界善法,聚集空中,如云如盖。

第三个说归誓时,法界善法,从空中下,注入身心,充满正报。①

三法次第,当发己身总虚空界,心缘救摄三有众生,并欲护持三世佛法,即是揽法归心之过程。心业力不可思议故,随所施为,无非一一成就。

以上所述之发戒缘境及心有增上,律祖特别告诫:必定在受戒前,有教诫师提醒教授。使行者心心相续,见境明净。不得临时才发心,说受则受。若临时起意,教诫师教授法相尚且虚浮,岂能令受者得上品戒?②

(四) 影响及启发

律祖以大乘义诠释戒体,令行者能依己根机,发菩提心受戒,依律行持,知所归趣。此圆教戒体的阐明,对后世有心持戒修行者,产生甚深影响及启发。以下略举三项说明。

1. 即小律仪成大行

弘一大师对于大小乘戒之界定,曾指出:"普通说,菩萨戒为大乘,余皆小乘,但亦未必尽然,应依受者发心如何而定。我近来研究南山律,内中有云:'无论受何戒法,皆要先发大乘心。'由此看来,哪有一种戒法专名为小乘的呢!"③如此融通大小乘戒相之界限,想必是他深入圆教戒体后,所得到之答案。

发大乘心,纳受圆教戒体,犹如漫漫长夜将尽,天边出现之曙光,是轮回已久之生命即将翻转之关键时刻,因为一旦"揽无边圣法,蕴有待凡躯,五分基成,三身体具"④。代表着"超凡入圣",将是成就五分法身、圆满三身之重要的第一步。

2. 典型在夙昔

至于获得圆教戒体,是否有何征兆或感应? 当然,以专注之心念如法观想,心法相应,念念不断是基本特征;而两位律师感应殊胜之事迹,也足以激

---

① 弘一大师:《南山律在家备览略编》,(南投)南林出版社2001年版,第34页。

② 《四分律删繁补阙行事钞》,见 CBETA,T40,no.1804,p.26b10-13。

③ 弘一大师:《律学要略》,见蔡念生汇编《弘一大师法集》,(台北)新文丰出版股份有限公司1976年版,第1521—1522页。

④ 《四分律删补随机羯磨疏济缘记》,见 CBETA,X41,no.728,p.242a15-16//Z 1:64,p.414c9-10//R64,p.828a9-10。

励后学。

道宣律祖依智首和尚受具足戒时，"顶戴宝函①，绕塔行道，感舍利降函。方崇法事"。② 之后听讲《四分律》二十余遍，专心钻研律部。后入终南山潜心述作，并综揽诸部、会通大小以成南山一宗之创见。

而灵芝律师从广慈慧才法师受菩萨戒，正作羯磨时，"观音像顶忽放光辉，初贯宝韬，渐散讲堂，灯炬日色，皆为映夺。"③感得戒光发见，后来博究南山一宗顿渐律仪，大振宗风。

古德以殷重心感得戒体，受后并能如法如律随学起行，受行相资，持戒、学戒、弘戒，精研毗尼，通达律藏，或发心讲学当世，或著述未来；律祖创立南山宗，灵芝律师承继发扬光大，对中国律学发展有划时代的影响。

（3）开圆解尊重己灵

不管是修净土或持戒律，学习次第不外乎是：由解起信，因信起行。圆教戒体之感得，"需有菩萨种姓（多生以来所成就之资格），又能发菩提心。"④因此平日应该多诵读大乘经论以开圆顿解，如此才能信解圆教义理，发起菩提心行。

弘一大师曾勉励青年佛徒：当自己尊重自己。就是自己时时想着：我当作一个伟大之人，做一个了不起之人。比如我们想做一位清净之高僧吧！就拿高僧传来读，看他们怎样行，我也怎样行。所谓：彼既丈夫我亦尔！又比方我想将来做一位大菩萨，就当依经中所载之菩萨行，随力行去，这就是自尊⑤。自尊正是引导我们出离轮回、成就圣道之动力。而圆教戒体之感发，就是让这自尊更加强烈之显化与提醒，犹如阶梯，让末法众生随自根机受持戒法，却又能学习圣者发起无上道心，在本份上老实行持，行功不断，必能突破自我，成就菩提行。

---

① 供奉舍利，以宝装饰的盒函。

② 《四分律行事钞简正记》，见 CBETA，X43，no. 737，p. 30a24 - b1//Z 1：68，p. 83a6 - 7//R68，p. 165a6 - 7。

③ 《新续高僧传》，见 CBETA，B27，no. 151，p. 314b3 - 6。

④ 弘一大师：《律学要略》，见蔡念生汇编《弘一大师法集》，（台北）新文丰出版股份有限公司 1976 年版，第 1531 页。

⑤ 弘一大师：《青年佛徒应注意的四项》，见蔡念生汇编《弘一大师法集》，（台北）新文丰出版股份有限公司 1976 年版，第 1614—1615 页。

五、结语

戒法，是圣人之身语意，由佛大悲心所流出，欲令众生转凡成圣。因此吾人应当发心受持，奉敬守护。

"夫戒者以随器为功，行者以领纳为趣。而能善净身心称缘而受者，方克相应之道。"①佛依众生业，制戒法以警心，因应众生根器有七众戒法差别；究实而言，唯有一乘圆极妙戒。欲得如来真实义，当体佛本怀，开圆教妙解，善净身心，上品要誓，用心承仰，心境相应，发三誓三聚，揽圣法归心，成就善种子，即发得圆教戒体。

由种熏心，有大力用，能起后习，直至成佛，可知圆受微妙，故体无终极。显发体用，要在行力庄严。以体起行，以行成体，当深坚行学，修三行，趣三解脱门，必能清净业种，圆证三身。

弘一大师提示行者："无论受何戒法，皆要先发大乘心。"域心于大乘，则一戒一行当中，三誓三行俱足，圆融观解，就具足一切行，成为大乘妙行。

大师曾书弘律志愿联："南山律教，已八百年湮没无传，何幸遗编犹存东土？晋水僧园，有十数众承习不绝，能令正法再住世间！"幸有大师秉承南山律学，重显圆教戒体微妙，令后人得以受持修学。大师曾说："我很盼望你们有人能发心专学戒律，以继我所未竟之志，则至善矣！"②

言犹在耳，吾人当起珍重想，修学南山律部；发菩提心，受持戒法，修菩萨行，承习不绝，以报师恩，令正法再住世间！

（作者：台北西莲净苑法师）

---

① 《四分律删繁补阙行事钞》，见 CBETA，T40，no. 1804，p. 4b15 - 17。

② 蔡念生汇编：《弘一大师法集》第 3 册，(台北)新文丰出版股份有限公司 1976 年版，第 1521 页。

戒体中"受随同异"与戒行中"受随相资"

——依《南山律在家备览略编》探述

释慧观

一、序论

弘一大师《南山律在家备览略编》于"宗体篇"中,即彰显戒门四科"戒法、戒体、戒行、戒相"。于"持犯篇"中,开头便提及道宣律祖直笔舒之,略分此四。于附录"戒体章名相别考"中,更深入浅出表列"戒之四科"。

(一) 戒门四科

"宗体篇"引《资持》:"圣人制教名法,纳法成业名体,依体起护名行,为行有仪名相。"①

弘一大师精湛说明:为行有仪名相者,戒相有二义:一约行为相,如"宗体篇"所云。二以法为相,如"持犯篇"所示。②

"持犯篇"引《事钞》:"一者戒法,此即体通出离之道。二者戒体,即谓出生众行之本。三者戒行,谓方便修成,顺本受体。四者戒相,即此篇所明,通亘篇聚。"③

弘一大师精湛说明:《事钞》中,标示戒法、戒体、戒行、戒相四种,前后文凡两出。其中戒法、戒体、戒行,前后文义大同,今并编入"宗体篇"内。唯戒相一种,前后有异。前约"行"言,后就"法"辨。就法中,广示持犯,卷帙繁重,故今

---

① 弘一大师:《南山律在家备览略编》,收录于蔡念生汇编《弘一大师法集》第2册,(台北)新文丰出版股份有限公司1976年版,第609页。
② 蔡念生汇编:《弘一大师法集》第2册,第609页。
③ 蔡念生汇编:《弘一大师法集》第2册,第696页。

别立"持犯篇"具明此义。"宗体篇"中第四门戒相,仅明约行一义耳。[1]

"持犯篇"又引《资持》:"戒是一也。轨凡从圣名法,总摄归心名体,三业造修名行,览而可别名相。由法成体,因体起行,行必据相。当知相者,即是法相,复是体相,又是行相,无别相也。"(已上皆见《事钞记》卷十五)[2]

弘一大师在附录"戒体章名相别考"中,制表列出"戒之四科"[3]:

```
┌戒法  如来所制之法。
├戒体  由于授受之作法而领纳戒法于心胸,生防非止恶之功能者。
├戒行  随顺其戒体,而如法动作三业也。
└戒相  其行之差别,即十戒乃至二百五十戒等也。
```

戒门四科,再参照《学佛进路》,列表如下[4],可一目了然:

	戒法	戒体	戒行	戒相	
				宗体篇（约行为相）	持犯篇（约法为相）
《备览》二六四页	如来所制之法	由于授受之作法,而领纳戒法于心胸,生防非止恶之功能者。	随顺其戒体,而如法动作其三业也。		其行之差别,即十戒乃至二百五十戒等也。
《备览》一页	圣人制教	纳法成业	依体起护	为行有仪	
《备览》八九页	轨凡从圣	总摄归心	三业造修		览而可别
《备览》八八页	体通出离之道	出生众行之本	方便修成,顺本受体。（随行）		此篇（持犯篇）所明,通亘篇聚。

(二) 受体随行

"戒体门"中,有戒体相状、受随同异、缘境宽狭、发戒数量等四章。"戒行门"中有正明随行(主要在彰显受随相资)、因示舍戒等二章。

---

[1] 蔡念生汇编:《弘一大师法集》第 2 册,第 696 页。
[2] 蔡念生汇编:《弘一大师法集》第 2 册,第 697 页。
[3] 蔡念生汇编:《弘一大师法集》第 2 册,第 872 页。
[4] 释慧莲谨编:《学佛进路》,(台北)佛陀教育基金会 2009 年出版印赠,第 43 页。

兹从戒体中"受随同异",及戒行中"受随相资",加以探述。受随有何同异？为何须知受随同异？又为何须要受随相资？并举出受随相资典范。俾学戒者于受戒、持戒时，充分了解受随同异，能够作到受随相资，以使戒体光洁，戒行清净。

先明"受随"意义。

受者，《业疏》云："言受戒者，创发要期，缘集成具，纳法在心，名之为受。即此受体能防非义，故名为戒。谓坛场起愿，许欲摄持，未有行也。"《济缘》释云："要期是心，缘集即境。纳法在心，即心境相应。"[1]

受即受体，要期发愿，缘集纳法，防非止恶。如：发愿尽形寿为出家比丘、比丘尼，登坛白四羯磨，纳受上品戒体，终身防非止恶。

随者，《业疏》云："既作愿已，尽形已来，随有戒境，皆即警察护持，无妄毁失，与愿心齐。因此所行，故名随戒。受局净法，兼染不成；随通持犯，皆依受故。"《济缘》释云："警察即能防，护持即能持，无妄即能忆。"[2]

随即随行，尽形已来，随有戒境，能防、能忆、能持，与愿心齐。如：随有淫盗杀妄等境界，能顺本所受，守护戒体，不敢违犯。

由上可知，受者，乃纳受戒法于心胸为戒体。随者，为随顺戒体如法动作身口意三业之戒行。

弘一大师将南山枢要之"业疏三宗"，所举之"受体"与"随行"，精湛列表撮释[3]：

业疏三宗┬实法宗—受体同归色聚—随行但防七支形身口色成远方便

　　　　├假名宗—受体强号二非—随行相同十业重缘思觉即入犯科

　　　　└圆教宗—受体识藏熏种—随行三聚圆修微纵妄心即成业行

业疏三宗，为南山律中之枢要。《资持》所举三宗之受体与随行，文

---

① 蔡念生汇编：《弘一大师法集》第 2 册，第 676 页。
② 蔡念生汇编：《弘一大师法集》第 2 册，第 677 页。
③ 蔡念生汇编：《弘一大师法集》第 2 册，第 615 页。

简义广,初学难解。今撮录诸文,略释如下。

受体者,受戒时所发之业体。

同归色聚者,通指实法宗之作戒及无作戒二体俱色。

强号二非者,别指假名宗之无作戒以非色非心为体。

识藏熏种者,别指圆教宗之无作戒以善种子为体。

(已上三宗受体之义,于后"戒体门"广明。)

随行者,既受戒已,忆持防护。

但防七支者,即十业中之前七,杀、盗、淫、妄言、两舌、恶口、绮语也。多宗,唯具戒防七支,五戒、八戒等但防前四支。若成宗,五戒、八戒等亦防七支。形身口色成远方便者,多宗结犯不约心论,远方便罪亦须动色成犯。

相同十业重缘思觉即入犯科者,成宗虽同大乘通于十业,但大乘约瞥尔,此约重缘,故有深浅不同。瞥尔者,即独头心念,下云微纵妄心即成业行是也。重缘者,谓后念还追前事。故大乘初念即犯,成宗次乃犯。

(已上多宗成宗随行之义,于后"持犯篇持犯总义门成就章"广明。

三聚之义,于后五戒依境发心支释。圆修之义,于后"戒体门圆教宗"中委明。)

据大师之撮释,吾等依四分律受戒,则以南山宗圆教纳受戒体,受体识藏熏种,即"善种子"为受体。随行,则仍以假名宗"相同十业,重缘思觉,即入犯科",后念还追前事乃犯,尚未以大乘菩萨约瞥尔初念即犯。[1]

二、戒体中"受随同异"

弘一大师于"戒体相状"章,立"作、无作戒体"两名,引《事钞》:"作者,如陶家轮动转之时,明之为作……无作者,一发续现,始末恒有,四心三性,不

---

[1] 蔡念生汇编:《弘一大师法集》第 2 册,第 615 页。

藉缘办。"之后，有此精湛说明及列表①：

"一发续现"等文，初学难解。今据后第五项"先后相生"文义，列表如下。以资参考。今文云无作者，即表中所谓形俱无作也。

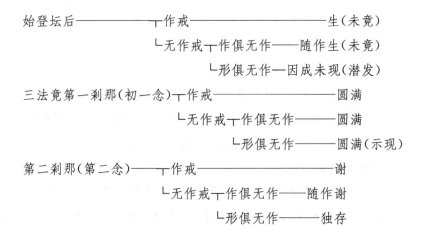

由表可知，登坛纳受上品清净圆教戒体，三羯磨竟，初一念，作、无作戒体圆满；第二念，作戒谢，"作俱无作"随作谢，而"形俱无作"独存。故，受戒后，"受无作"即"形俱无作"，尽形寿为戒体。

接着，尽形寿持戒，须靠随行作、无作，对境起护，顺本所受。

是知，受戒、持戒，受体随行各有作、无作，即受作、随作，与受无作、随无作。

又，受体、随行有"戒熏"。参照《济缘》云："初受作戒熏，熏成无作。次则无作熏，熏起随行。三者随中作、无作熏，还资本体。若论所熏，通熏心识。"②即：

初，作法受，熏成种。（作熏妄心，于本藏识成善种。）

次，本种熏心。（无作熏起随行）

三，随行之起心动用，还熏本识。（熏本识者，此随行中熏，通作无作。）③

① 蔡念生汇编：《弘一大师法集》第 2 册，第 653 页。
② 蔡念生汇编：《弘一大师法集》第 2 册，第 665 页。
③ 释慧莲谨编：《学佛进路》，第 53 页。

受随二作、二无作,有同有异。为何须知同异?学戒者应融会贯通。

今辨同异如下:

(一) 受随二作同异

先释二作,受作、随作。

《业疏》云:"何名二作?

一者受中作戒。如初请师及三法未竟已前,运动方便,名之为作。即此作时,心防过境,名之为戒。

二者随中作戒。既受戒已,依境起行,为护受故,名之为随。于境起护,顺本受愿,名之为作。不作不有,要由作生,正对境持,故名戒也。"

《济缘》释云:"初释受作,运动名作,防过名戒。次释随作,起护名作,对持名戒也。"(见《业疏记》卷十六)①

故知,受作,即登坛请师及白四羯磨三法未竟,运动方便。随作,即受戒后,依境起行,护本受体。灵芝律师解释,受作为"运动"防过,随作为"起护"对持,特别精要易记。

此受作、随作,有五同四异:

1. 五同

名同、义同、体同、短同、狭同。

《业疏》云:"一者名同,俱名作戒故。二义同,俱防非境。三体同,俱以色心故。四短同,对别彰时故。五狭同,唯约善性故。"

《济缘》释云:"第四云对别彰时者,唯局色心运动之顷,不通余时故。"②

依上《业疏》与《济缘》释,名同、义同、体同、狭同,清楚易懂。短同稍加说明:短同。对别彰时,只局限于色心运动之时,不通其余时间。故短同是说受作、随作"时短相同"。

2. 四异

总别异、根条异、悬对异、一多异。

以下参照《业疏》《济缘记》(见《业疏记》卷十六)③,并作说明。

---

① 蔡念生汇编:《弘一大师法集》第 2 册,第 678 页。
② 蔡念生汇编:《弘一大师法集》第 2 册,第 678 页。
③ 蔡念生汇编:《弘一大师法集》第 2 册,第 678 页。

（1）总别异

《业疏》云："受作总断，发心遍境普愿遮防。随作别断，以行约境生，境通色心不可缘尽，心所及处方有行生，即名此行号之随作。以心不两缘，境无顿现故也。"

《济缘》释云："受作总断，由心起愿可遍发故。随作别断者，由行随境不容并为故。境通色心者，色通情非情、心局有情。"

受作总断，随作别断。如：

受五戒时，由心起愿，遍一切境界，普愿遮止防范杀、盗、淫、妄、酒等过非。

受戒以后，遇蚊虫叮咬，心起慈悲，不随业习拍打致死，而是驱赶吹逐，令它离开就好。或是遇到喜欢之物，忆及自己受戒，不应随意拿取，当下止住拿取之念头及动作。如是种种，皆是随作"别"断，随行约境而生，不似受作"总"断。

（2）根条异

《业疏》云："受为行本；随后而生，目为末也。"

受为根本，随为枝条，"根条异"易懂。

（3）悬对异

《业疏》云："受始坛场，可即非现，但悬遮约故也。随作对境起治严防，由其观能不为陵践故也。"

《济缘》释云："悬是受体，对即随行。可即非现，谓未有非也。观能，谓对治力也。陵践，即是毁犯。"

受作悬防，随作现防。如：

受具足戒时，尚未有非，但可"悬"远预为遮止约束淫、盗、杀、妄等过非。

受具足戒后，对境起"对治"力，严加防止，由于观能对治力，才不毁犯。如对治淫境，灵芝律师教导：或观身不净，或缘圣像，或念佛名，或诵真经，或持神咒，或专忆受体，或摄念在心，或见起灭无常，或知唯识所变。随心所到，着力治之！

（4）一多异

《业疏》云："受作心因一品定也；随作多品者，以境有优劣、心有浓淡，故随境对，起心轻重。"

《济缘》释云："受作一定，更无改故。上中下品，义不同时。"

受作一品，随作三品。如：

发心受戒，为趣泥洹果，向三解脱门，成就三聚戒，令正法久住等，名上品心。[1] 则以上品为定，非中下品。

随作，可以多品。如于诸戒中，随作是每每遇境时，于不同之对象（人为优，畜生为劣；亲为优，非亲为劣……），所起不同心行之对治（有浓有淡，即有强有弱，有重有轻），因此多品。

弘一大师参照《义钞》[2]列表，一目了然：

受随同异章，《义钞》有文甚简明，今下列表，中多据之。

```
二作有五同┬名同——二作同名作戒
          ├义同——二作同防身口七支
          ├体同——二作同以色心为体
          ├短同——二作同限于色心运动之顷
          └狭同——二作同局善性
二作有四异┬总别异┬受作总断
          │      └随作别断
          ├根条异┬受作是根本
          │      └随作依受而起是枝条
          ├悬对异┬受作悬防
          │      └随作现防
          └一多异┬受作一品
                 └随作三品
```

由上，得知受作、随作之五同四异。

我们便会珍重坛场受戒，而恭敬发心乞戒，以感圆教上品清净戒体。

对于受戒以后，随作除了与受作"同为作戒、同防身口七支、同以色心为

---

[1] 蔡念生汇编：《弘一大师法集》第2册，第637页。
[2] 《弘一大师全集》第7册，福建人民出版社1991年版，第15页。

体、同限于色心运动之顷、同局善性"外;在受作"总断、根本、悬防、一品"之基础上,随作继续发挥"别断、枝条、现防、三品"之功德,战战兢兢,临渊履薄,遇境严守,护本所受。

如此,受随二作,不异不一,相得益彰。若殷重受戒,且精严持戒,则戒体光洁,戒行清净。

(二)受随二无作同异

先释二无作,受无作、随无作。

《业疏》云:"何名受无作耶?即是行者愿于惑业断相续意。无始妄习,随念难隔。故对强缘,希求业援,自发言诚,是其因也。三法之期,动发戒业,业成志意,是其缘也。即此缘业,是行愿本,名受无作。

随无作者,刹那已后,随境对防,名作戒。作息业成,即名此业为随无作。"

《济缘》释云:"仍分因缘,二法和合乃成受体。三法期者,即法就也。随无作中,刹那后者示分齐也。随业依作,故重举作以明无作。"(见《业疏记》卷十六)①

故知,受戒时,对着强胜因缘,自发说出求戒言词,是主因;行三法之时,动发戒业作用,业力成就了在受者身心中从来没有之力量,是助缘。这些缘、业,就是行愿之根本,叫受无作。三法受过之一刹那后,能随境起对治防护作用叫作戒,等作戒息止,亦成就另一种作用之力量,这种业用叫随无作。

此受无作、随无作,有五同四异:

1. 五同

名同、义同、体同、敌对同、多品同。

依《业疏》与《济缘》释,及《资持》云(见《事钞记》卷十六)②,"一名同、二义同"易懂,余三稍加说明:

(1)名同

《业疏》云:"今详二业,初有五同。一名同。俱称无作故,莫非是业任运

① 蔡念生汇编:《弘一大师法集》第2册,第680页。
② 蔡念生汇编:《弘一大师法集》第2册,第680—681页。

而起。"

（2）义同

《业疏》云："二义同。俱防七非故。"

（3）体同

《业疏》云："三体同。如上三宗故。"

《济缘》释云："上三宗者，若实法宗，二并是色；若假名宗，二并非色非心；若后圆宗，二皆心种。"

体同。参照《芝苑》云："圆教者，谓融会前宗，的指实义。前宗两体即善种子（揽本从末），此善种子即前二体（摄末归本）。是则约此圆谈，任名无在。故疏云，于此一法，三宗分别。故知分别有三，体实不二。"①《芝苑》又云："约圆教宗明体。但以两宗各随所计，义说动静，终非究竟；故跨取大乘圆成实义，点示彼体乃是梨耶藏识随缘流变造成业种。能造六识即是作戒，作成之业梨耶所持即号无作，所蕴业因名善种子。……今人所受正当成实假宗，非色非心是其法体；约圆以通，即善种也。"②故依圆教宗，受无作、随无作，二皆心种。

（4）敌对同

《业疏》云："四敌对同。以受体形期，随非防过，为护体故，即名本体有防非能，能实随行，行起护本，相依持也。随无作者，对非兴治与作齐等。此无作者，非是作俱无作也。谓起对防，即有善行随体并生，作用既谢此善常在，故名此业为随无作。与非敌对，故与受同。"

《济缘》释云："四中有二，初明受体。据受无作无防非能，而不能自防故假随行，如戈矛虽利要由持用方陷前敌，故云相依持也。次明随中三，初通示。此下简滥。谓下显相。准此，对防同时多业，一是本受无作，二即随中作俱，三即随行无作，与非敌对。"

《资持》云："四敌对同。由有本体方起防护，即名本体能防非也。"

敌对同。受体如戈矛锐利，随行如持用陷阵。互相依持。

故对防同时多业：

---

① 蔡念生汇编：《弘一大师法集》第 2 册，第 670 页。
② 蔡念生汇编：《弘一大师法集》第 2 册，第 671 页。

一是"本受无作",乃"形俱无作"。

二即"随中作俱",乃随作之"作俱无作"。

三即"随行无作",而作用既谢此善常在。

此三,都与过非敌对。

(5)多品同

《业疏》云:"五多品同。以受可重发故,无作有强羸。随心则浓薄,业理亦浇淳也。依《多论》中受一随多者,以彼宗中不通重故,止约随行通优劣也。"

《济缘》释云:"五中二,初准《成论》明同二,初明受体。本受许重增,一体有三品。谓初受是下,次增为中,复增为上。若但一增则有二品,若本不增亦止一品。随下,明随行。如前随过约心各分三品,故云浓薄。业理即无作也。依下,次引《多论》显异。彼不立重受。仍自难曰,若尔,何故戒有羸不羸耶?答,此对随行,不论受体是也。"

《资持》云:"五中受体有三品,随体亦三也。以业随心发,受随二戒各具三心,故使无作各有三品。"

多品同。本受,不限一次,可受增益戒。受体则可能有上中下三品,谓初受时发下品心,再受增益戒时发中品心,复受增为上品心。随行,随着不同过非境界,内心对治功夫之浓薄,也分三品。业随心发,受随二戒各具三心,故使无作各有三品。

2. 四异

总别异、长短异、宽狭异、根条异。

依《业疏》与《济缘》释(皆见《业疏记》卷十六),及《资持》云(见《事钞记》卷十六)[1],"四根条异"易懂,余三稍加说明:

(1)总别异

《业疏》云:"初总别异。受但虚愿,欲于万境不造恶也。法界为量,可一念缘,岂非总发?随约实行,非顿唯渐。故别如上。"

《资持》云:"初中。受但起心,故可总发。随是造修,止得别发。"

受无作总发,随无作别发。如:

---

[1] 蔡念生汇编:《弘一大师法集》第2册,第681页。

受戒时,遍该生境,总发"断一切恶,修一切善,度一切众生"。

受戒后,境界现前,别发"断恶,修善,度众生"。

（2）长短异

《业疏》云:"二长短异。受体形期,悬拟防故,说之为长。随无作者,从行善生,与方便俱,心止则住,故名短也。"

《济缘》释云:"二中。以随无作与作同时,故心止则住。若尔,何以前云此善常在? 答:此望不复对防,前据已作不失。既不能防,则非随戒,但名为善。不同受体终身能防,由本期故。"

《资持》云:"二中。言随无作事止则无者,非无无作,但由随戒,随作防非,作谢善在,无防非能,不名随戒,故云无耳。前疏云此善常在,文证明矣。"

受无作长,随无作短。如:

受戒时,发心"尽形寿"守五戒。受无作长。

受戒后,只要说话,就谨慎小心,"遇到"各种状况,都不敢妄语、恶口、绮语、两舌,以保持口业清净。随无作短。

（3）宽狭异

《业疏》云:"三宽狭异。受体相续,至命终来,四心间起,本戒不失,故名宽也。随无作者,唯局善性,防非护本,彼恶、无记,不顺受故,义说非有,故名狭也。"

《济缘》释云:"三中。四心通三性,三心无记,行分善恶。文中受约四心,随简三性,上下互举耳。"

受无作宽,随无作狭。如:

受无作体相续,与四心（受、想、行、识）三性（善、恶、无记）同在,于四心三性"间起"状况下,本戒不失,名宽。

随无作者,唯局善性,名狭。

（4）根条异

《业疏》云:"四根条异。如前二作可以除疑。"

《济缘》释云:"四中。指前受根随条,不殊二作故。"

弘一大师参照《义钞》①列表，一目了然：

```
二无作有五同┬名同——二无作同名无作戒
            ├义同——二无作同防身口七支
            ├体同——二无作同以非色非心为体
            ├敌对同—二无作同能对事防非
            └多品同—二无作同有三品
二无作有四异┬总别异┬受无作总发
            │      └随无作别发
            ├长短异┬受无作悬发拟于一形，形存戒在
            │      └随无作与方便色心俱，事止则无
            ├宽狭异┬受无作三性恒有
            │      └随无作唯局善性，恶、无记无
            └根条异┬受无作根本
                   └随无作枝条
```

由上，得知受无作、随无作之五同四异。

我们便会珍重纳受之圆教上品清净戒体，此"充遍身心"之受无作，"尽形寿"具有防非止恶之功能。

受戒以后，随无作除了与受无作"同名无作戒、同防身口七支、同以非色非心为体、同能对事防非、同有三品"外；在受无作"总发、形存戒在、三性恒有、根本"之基础上，随无作继续发挥"别发、事止则无、唯局善性、枝条"之功德，随时随地遇境警心，严持净戒，使善业反熏，熏入阿赖耶识，善种子便更为苗壮，是为"戒肥"。（善业力弱，即为"戒赢"。）

如此，受随二无作，不离不即，相辅相成，则戒体常保光洁，戒行维持清净，可成圣道，堪以作佛。

---

① 《弘一大师全集》第 7 册，第 15 页。

三、戒行中"受随相资"

于宗体篇"戒行门"中,有"正明随行",述及"受随相资",方成圣果。

《事钞》云:"戒行者,既受得此戒,秉之在心。必须广修方便,检察身口威仪之行,克志专崇,高慕前圣。持心后起,义顺于前,名为戒行。"

《资持》释云:"必下,示行相。方便有二,即教行也。教谓律藏必依师学,行谓对治唯在己修。由本兴心,禀教期行以为受体,今还如体而学而修。文明检察以偏约行,然离过对治非学不立,广修之语理必兼含。检察即心,心即行体。准《业疏》具三,能忆、能持、能防,一心三用,无非顺受,方成随行。此谓能察,身口威仪即所察。此二句须明成就二持,远离两犯。而云身口且据粗非,约准今宗义通三业。上云检察正示修行,下云慕圣明其标志。克,犹定也。崇,重也。前圣,通目三乘已成道者。持下,结示名义。持心即行,后起顺前,示随行义。"(见《事钞记》卷三)[1]

依上可知,既受得戒,秉持在心,须广修方便。于教,依师学律;于行,对治烦恼。积极成就止持、作持,坚志远离作犯、止犯。立定志愿,尊重戒律;仰慕前圣,见贤思齐。持戒心起,三业合乎律仪,便是戒行。

(一)受随相资院宅成就

《事钞》云:"然则受是要期思愿,随是称愿修行。譬如筑营宫宅。先立院墙周匝,即谓坛场受体也。后便随处营构尽于一生,谓受后随行。"《资持》释云:"初对体辨行中二,前约法明。要期即尽形断恶决绝之誓,思即缘境周遍慈悯之心,合此二心混为一愿,即受体也。称愿者合上要思,即随顺义。譬下,次约喻显。初营宫宅,喻求圣道。下喻受随可知。营构谓造立屋宇。"

《事钞》续云:"若但有受无随,直是空愿之院,不免寒露之弊;若但有随无受,此行或随生死,又是局狭不周,譬如无院屋宇,不免怨贼之穿窬也。必须受随相资,方有所至。"《资持》释云:"先明阙随。寒露者喻无善盖覆。弊谓困死,喻沈恶道。若下明阙受。随生死者但是世善,非道基故。又局狭者

---

① 蔡念生汇编:《弘一大师法集》第 2 册,第 691 页。

缘境不遍,恶心存故。穿窬谓穿壁,窬墙也。由无外院,其间房室容彼穿窬。此明无受防约,虽修善行,还为尘扰,丧失善根。如贼穿窬,盗窃财宝也。"[1]

	受体	随行
定义	要期思愿	称愿修行
释义	尽形断恶、修善、度众生;且遍该生境。	依愿随顺严持戒行
比喻	院墙周匝	营构屋宇
互缺	有受无随 空愿之院,不免寒露之弊。	有随无受 无院屋宇,不免怨贼之穿窬。
喻意	无善覆盖,堕入恶道。	随于生死,只是世善,非圣道本基。
互资	筑成院墙宫宅,成就圣道。	

受是"要期思愿",尽形寿断一切恶、修一切善、度一切众生;且"遍该生境",含摄法界有情、无情之境。随是"称愿修行",依愿随顺严持戒行。

譬如筑营宫宅,必先建立周围之"院墙",即坛场受体;然后便在院墙内营构"屋宇",尽于一生,谓受后随行。

若"有受无随",就成空愿之院落,不免有寒露之弊端,"无善覆盖",堕入恶道。

若"有随无受",随行可能随于生死,"只是世善",非圣道本基;又局狭缘境不遍,"恶心尚存"。譬如无院之屋宇,不免盗贼穿壁偷窃,由于"无受防非止恶",虽修善行,仍为尘劳所扰,而"丧失善根"。

院墙、屋宇相依,可安居乐业。院墙喻受体、屋宇喻随行,故知,受体、随行相资,方成就圣道。

(二)招生感果受疏随亲

《事钞》云:"问:今受具戒,招生乐果,为受为随?"《资持》释云:"上明相须其功一等,招生感果必有亲疏,故须显示。"

《事钞》续云:"答:受是助缘,未有行功。必须因随对境防拟,以此随行至得圣果,不亲受体。故知一受已后,尽寿已来,方便正念,护本所受,流入

---

[1] 蔡念生汇编:《弘一大师法集》第2册,第691页。

行心，三善为体，则明戒行随相可修。若但有受无随行者，反为戒欺，流入苦海。不如不受，无戒可违。是故行者明须善识。业性灼然，非为滥述。"

《资持》释云："答中二，初对显亲疏二，上二句明受疏也。必下明随亲也。以坛场初受顿起虚愿，对境防约渐修实行，行即成因，因能感果。故《业疏》云，故偏就行能起后习，不约虚愿来招乐果。然受随二法义必相须，但望牵生功有强弱。随虽感果全自受生，受虽虚愿终为随本。是则悬防发行则受胜随微，起习招生则随强受弱。教文用与，学者宜知。

故下，二别彰行相，又三。

初成随之相。一受等者，举始终也。方便者，对治智也。正念者，摄妄缘也。护本受者，随顺义也。入行心者，即示二持成业处也。三善体者，明业性也。则明等者，示必修也。以知感果功在随中，则知徒受不持无益矣。

若下，明无随之失。为戒欺者，功业深重，犯致大罪，故不如不受者激励之切，非抑退也。

是下，结诰。行者之言，通嘱末代也。令善识者，诫精学也。一须识教教有开制，二须识行行有顺违，三须识业业有善恶，四须识果果有苦乐。必明此四，始可摄修。业性等者，如向所明顺持、违犯、善恶、因果，皆如业理，非妄抑扬，令生信故。灼，明也。"（已上皆见《事钞记》卷十六）[1]

依上《事钞》与《资持》释，"受随相须"其功相等，但"招生感果"则"受疏随亲"。

以坛场初受"顿起虚愿"，一受已后，对境防约"渐修实行"，止持、作持之业力，流入行心，以三善为体性，便知"戒行随相可修"。感果功力在于随！

若有受无随，受戒不持，将反为戒欺。因持戒功业深重，违犯亦致大罪。

故祖师通嘱末代，善识精学。一须识"开制"；二须识"顺违"；三须识"善恶"；四须识"苦乐"。故受戒后更须精学，以明了开遮持犯，随顺本愿，修造善因，感得乐果。

（三）受随相副果获三佛

《资持》云："圆修者，既知受体，当发心时为成三聚。故于随行，随持一

---

① 蔡念生汇编：《弘一大师法集》第 2 册，第 692 页。

戒,禁恶不起,即摄律仪;用智观察,即摄善法;无非将护,即摄众生。因成三行,果获三佛。由受起随,从因至果。故《业疏》云,是故行人常思此行即三聚等。又云,终归大乘故须域心于处。又云,既知此意当护如命如浮囊。略提大纲,余广如彼。咨尔后学,微细研详。

且五浊深缠、四蛇未脱。与鬼畜而同处,为苦恼之交煎。岂得不念清升,坐守涂炭?纵有修奉,不得其门,徒务勤劬,终无所诣。若乃尽无穷之生死,截无边之业非,破无始之昏惑,证无上之法身者,唯戒一门最为要术。诸佛称叹,遍在群经;诸祖弘持,盛于前代。当须深信,勿自迟疑。固当以受体为双眸,以随行为两足。受随相副,虽万行而可成;目足更资,虽千里而必至。自非同道,夫复何言?悲夫!"(见《事钞记》卷十六)[1]

依上《资持》释,圆修者,受体发心,成就三聚。故随行中,随持一戒,即摄律仪、摄善法、摄众生。在因,成三聚行;在果,获法身、报身、化身三佛。故《业疏》云:"是故行人常思此行,即三聚"等,"终归大乘,故须域心于处"。"当护如命、如浮囊"。

灵芝律师披肝沥胆,勉励后学:五浊恶世业障深缠、四大毒蛇尚未解脱。又与六道鬼畜同处,为轮回苦恼之交煎。若要尽生死、断业非、破昏惑、证法身,"唯戒一门"最为要术,且须以"受体"为双眸,以"随行"为两足。"受随相副",万行可成;"目足更资",千里必至!

双眸、两足合作,可至千里。双眸喻受体,两足喻随行。故知,受随相资,可证佛果。

(四) 入道有始期心有终

《芝苑》云:"每以两端开诱来学。一者入道须有始,二期心必有终。

言有始者,即须受戒,专志奉持。令于一切时中,对诸尘境,常忆受体。着衣吃饭、行住坐卧、语默动静,不可暂忘也。

言其终者,谓归心净土,决誓往生也。以五浊恶世末法之时,惑业深缠,惯习难断。自无道力,何由修证?故释迦出世五十余年,说无量法,应可度者皆悉已度,其未度者皆亦已作得度因缘。因缘虽多,难为造入。唯净土法

---

① 蔡念生汇编:《弘一大师法集》第 2 册,第 693 页。

门,是修行径路。故诸经论,偏赞净土。佛法灭尽,唯无量寿佛经百年在世。十方劝赞,信不徒然!"(见《芝苑遗编》卷三)①

参照〈为义天僧统开讲要义〉叙述:

高丽僧统义天率弟子航海求法。元丰八年(1085)十二月二十八日,请灵芝律师升座。时律师正讲《羯磨疏》,即为演说律宗纲要。②

律师开示时提及,学行寡薄,年来自觉衰病,诸无所堪,唯于净土颇尝研究。每以两端开诱来学。一者入道顿有始,二者期心必有终。言其始者,即须受戒,专志奉持。言其终者,谓归心净土,决誓往生。③ 时律师三十八岁。

入道顿有始,即清净受戒,精严持戒;期心必有终,即一心念佛,求愿往生。故,受随相资,愿行相资,即"受戒持戒",又"持戒"须"念佛"。

藕益大师亦教持戒念佛,且提出"持戒念佛,本是一门"。

参照《灵峰藕益大师宗论》:"问:念佛一门,广大简易,一心念佛,自然止恶防非。律相浩繁,已非简易,果极声闻,又非广大,不若专弘净土之妙也?

答:持戒念佛,本是一门。净戒为因,净土为果。若以持名为径,学律为纡,既违顾命诚言,宁成念佛三昧?多缠障垢,净土岂生?夫如海无涯,岂不广大?保任解脱,岂不简易?

故一心念佛者,必思止恶防非,而专精律学。专精律学者,方能决定往生,而一心念佛。

现在绍隆僧宝,临终上品上生。法门之妙,孰过于此?只一大事,何得乖张?取笑识者。"④

一心念佛者,必思止恶防非,而专精律学。谓一心念佛之人,知带种子业往生,不带现行业往生,身口意须清净,故必思止恶防非,而专精律学。

专精律学者,方能决定往生,而一心念佛。谓专精律学之人,知身口意三业难免违犯,深须如法忏悔,才得清净,故方能决定往生,而一心念佛。

---

① 蔡念生汇编:《弘一大师法集》第2册,第693页。

② 《芝园遗编》,见 CBETA, X59, no. 1104, p. 643, c2 - 7//Z 2:10, p. 280, c11 - 16//R105, p. 560, a11 - 16。

③ 《芝园遗编》,见 CBETA, X59, no. 1104, p. 645, a9 - 15//Z 2:10, p. 282, a6 - 12//R105, p. 563, a6 - 12。

④ 《灵峰藕益大师宗论》,见 CBETA, J36, no. B348, p. 316c22 - 30。

四、受随相资——持戒念佛典范

学戒者,清净受戒,须精严持戒,善识开遮持犯,以受随相资。

据《戒疏》:"教相所诠,四字斯尽。何者是耶?谓犯、不犯、轻与重也。若解四字,通决无疑,是则上品持律之最。故《涅盘》云,善解一字,名为律师。"《行宗》释云:"所诠虽多,指归四字。准有五字,不犯二字,合一事故……一字是总,四字为别。"①元照律师可谓"善解一字"之律师。

元照律师(1048—1116)每曰:"生宏律范,死归安养。平生所得,唯二法门。"②

今以元照(灵芝)律师为"受随相资"持戒念佛之典范。兹从拙文《弘一大师承习元照律师"生宏律范死归安养"》中,简要摘录如下③:

(一)生宏律范

律师生宏律范,如:专学毗尼、判立科文、撰述记释、阐扬戒体、传戒讲律、楷定祖承、录出撰集等。

1. 专学毗尼

律师初依祥符鉴律师,十八通诵妙经,试中得度,专学毗尼。后与择映,从神悟谦师。悟曰:近世律学中微,汝当明《法华》以弘《四分》。④

三十一岁受菩萨戒时,感得观音菩萨像放光。依《佛祖统纪》:"元丰元年(1078)三月,杭州雷峰慧才法师,为灵芝元照道俗千人授菩萨戒。羯磨之际,见观音像放光,讲堂大明。净慈法真禅师守一作《戒光记》,米芾书,辩才法师立石于龙井。"⑤

2. 判立科文

道宣律祖撰南山三大部,盖胸有成竹。元照律师撰述记释之时,先判立科文,可谓深知祖意。

---

① 道宣律祖撰、元照律师疏:《戒本疏行宗记》,卷五,六二前页。
② 《佛祖统纪》,见 CBETA,T49,no. 2035,p. 297,c4 - 5。
③ 详细敬请参见释慧观撰《弘一大师承习元照律师"生宏律范死归安养"》。收录于杭州师范大学弘一大师·丰子恺研究中心编《光风霁月》,上海三联书店 2018 年版,第 3—31 页。
④ 《佛祖统纪》,见 CBETA,T49,no. 2035,p. 297,b25 - 28。
⑤ 《佛祖统纪》,见 CBETA,T49,no. 2035,p. 415,b1 - 4。

3. 撰述记释

律师以三记,释南山三大部,撰《资持记》释《事钞》、撰《行宗记》释《戒疏》、撰《济缘记》释《业疏》。三大部及记,堪称"千古绝唱"!

4. 阐扬戒体

南山律祖创圆教宗,立"善种子"为戒体。律师于南山《羯磨疏》录出戒体章,即深入阐扬戒体。

律师深会律祖推佛本怀,穷山家意,跨入大乘位,立圆教戒体。故行人常思此行,即菩萨三聚戒;精进修证,期获法报化一体三佛之果。

5. 传戒讲律

律师提倡增戒,如法如律。为使"律风"流传后世,不惜身命! 提倡授菩萨戒,其《授大乘菩萨戒仪》为后世传授菩萨戒之范本。

律师随说随抄。参照《行宗记》释疏序:"于是载思载览,随说随抄"知律师撰述《行宗记》,为讲说与著书,相辅相成。推测《资持记》与《济缘记》,及其他撰述,亦复如是。

6. 楷定祖承

律师楷定《南山律宗祖承图录》[①]:

始祖昙无德尊者、二祖昙摩迦罗尊者、三祖北台法聪律师、四祖云中道覆律师、五祖大觉慧光律师、六祖高齐道云律师、七祖河北道洪律师、八祖弘福智首律师、九祖南山澄照律师。

后世,尊灵芝律师为十祖。

7. 录出撰集

律师整理《南山律师撰集录》[②]。

南山律师出于隋唐间,博究群宗,独权戒学。有《四分律删繁补阙行事钞》、《四分律拾毗尼义钞》、《四分律删补随机羯磨疏》、《四分律含注戒本疏》、《四分律比丘尼钞》……

律师三十一岁,整理《南山律师撰集录》,使律祖之名山伟业,流传千古!

---

① 《芝园遗编》,见 CBETA,X59,no. 1104,p. 646,c6 - p. 648,c6//Z 2:10,p. 283,c15 - p. 285,c15//R105,p. 566,a15 - p. 570,a15

② 《芝园遗编》,见 CBETA,X59,no. 1104,p. 648,c8 - p. 651,b9//Z 2:10,p. 285,c17 - p. 288,b12//R105,p. 570,a17 - p. 575,b12。

（二）死归安养

律师死归安养，如：礼忏念佛、弥陀义疏、跌坐往生等。

1. 礼忏念佛

律师发大誓愿，常生婆娑五浊恶世，作大导师，提诱群生，令入佛道。

后遭重病，色力痿羸，神识迷茫，莫知趣向。既而病差，顿觉前非，悲泣感伤，深自克责。志虽洪大，力未堪任。

仍览天台《十疑论》：初心菩萨，未得无生忍，要须常不离佛。

又引《智度论》云：具缚凡夫，有大悲心，愿生恶世，救苦众生，无有是处。譬如婴儿，不得离父母。又如弱羽，只可傅枝。自是尽弃平生所学，专寻净土教门……

2. 弥陀义疏

律师《阿弥陀经义疏》："一乘极唱，终归咸指于乐邦；万行圆修，最胜独推于果号……将释此经，先以义门括其纲要，始可入文释其义趣。"

义门包括教理行果，释文分释经题、释经文。契机阐述：信愿持名，一心不乱，临终感圣，同归净土。

3. 跌坐往生

依《净土圣贤录》：政和六年秋，命弟子讽《观经》及《普贤行愿品》，跌坐而化。西湖渔人，皆闻空中天乐声。[1]

又《佛法金汤编》记载：元照律师示寂，塔全身于西湖之灵芝，至是光发塔所。高宗临视，加谥圆鉴戒光大智律师。[2]

五、结论

弘一大师于《南山律在家备览略编》之"宗体篇"中，彰显宗门四科"戒法、戒体、戒行、戒相"。

本文将戒体中"受随同异"，及戒行中"受随相资"，加以探述。期学戒者

---

[1]《净土圣贤录》，见 CBETA，X78，no. 1549，p. 251，c11 - 12//Z 2B：8，p. 129，c13 - 14//R135，p. 258，a13 - 14。

[2]《佛法金汤编》，见 CBETA，X87，no. 1628，p. 431，b18 - 20//Z 2B：21，p. 479，a15 - 17//R148，p. 957，a15 - 17。

于受戒、持戒时,善解受随同异,圆成受随相资,俾戒体光洁,戒行清净。

戒体中"受随同异":(一)受随二作同异。五同,名同、义同、体同、短同、狭同。四异,总别异、根条异、悬对异、一多异。(二)受随二无作同异。五同,名同、义同、体同、敌对同、多品同。四异,总别异、长短异、宽狭异、根条异。

此受随二作、二无作,从缘起事相上会,各有同有异;从性空理体上会,皆不异不一,不离不即,相辅相成,相得益彰。

戒行中"受随相资":以院宅成就,譬喻须受随相资;以招生感果,受疏随亲,强调须受随相资;又以目足合作,譬喻受随相资,可获法报化三佛之果;更以"入道有始,期心有终"导出:受随相资,须"持戒念佛"。

以元照律师为受随相资、持戒念佛典范。弘一大师即承习律师之"生宏律范,死归安养"。吾等随学,于受戒时,发大菩提心,以纳受圆教上品清净戒体;并依受体起随行,精严持戒,信愿念佛,则可同生西方,齐成佛道!

(作者:台北弘一大师纪念学会理事长、西莲净苑僧教组长)

试探弘一大师修学唯识法门的圣道行迹

高明芳

一、前言

弘一大师(1880—1942)在修学圣道和弘法利生的过程中,唯识法门是不容忽视的一部分。① 大师一再强调唯识法门:

> 我认为是很重要的,无论学哪一宗派,都要以它为根底。切勿因怕分析名相繁难而不去学习它。②

又说:

> 此宗最要,无论学何宗者,皆应先学此以为根柢也。③

胡韫玉(1878—1947)为唐大圆(1885—1941)《唯识三字经释论》写序,序文中同样认为:

> 三字经者,旧时学童入门之书,然则入佛学之门,当由此书始。④

---

① 本文人物纪年,皆以公元为准,不特标公元二字。
② 弘一大师:《佛教的源流与宗派》,见《弘一大师全集》第 7 册(以下简称《全集》),福建人民出版社 2010 年版(以下皆同,故省略版本年份),第 567 页。
③ 弘一大师:《佛法宗派大概》,见《全集》第 7 册,第 572 页。
④ 太虚大师鉴定、唐大圆居士著:《唯识三字经释论》,(台北)财团法人佛陀教育基金会 2019 年版。

1918 年七月十三日大势至菩萨圣诞日,弘一大师发心出家。同年九、十月至坐落在精严寺藏经阁的嘉兴佛学会阅览经书。[①] 其为阁中佛书标签、检理时,或已接触到唯识法门的经论。

1920 年,大师出家二载,居钱塘玉泉龛舍,习《根本说一切有部律》。[②] 根本说一切有部,位于印度的西北方。属于印度佛教史部派分裂时期(公元前300—50 年)的上座部,主张戒律应"轻重等持"。位于印度东方的大众部,则主张戒律的持守,可"不拘细行"。[③]

1921 年,大师在《手书〈根本说一切有部戒经〉题记》提到:

> 音幸得人身,忻逢大法,愿以有部以自利,兼学旁部以利他……冀以上报世尊之慈恩,下顺众生之根器云尔。[④]

1922 年四月初六,弘一大师致李圣章函:

> 戊午(1918 年)二月,发愿入山剃染,修习佛法,普利含识……出家既竟,学行未充,不能利物;因发愿掩关办道,暂谢俗缘。[⑤]

由上可知,弘一大师初发道心,即以说一切有部"轻重等持"的戒律以自利;为了随顺众生不同的根器,又愿兼学旁部以利他。此菩提愿心,深契佛陀悲智的教化,伴随着大师修学唯识法门的圣道行迹。

---

① 范古农:《述怀》,见《全集》第 10 册,第 232 页。本文农历日期,皆采汉字小写数字,如一、二、三……等,以下皆同。

② 弘一大师:《佛说无常经·序》,见《全集》第 7 册,第 616 页。公元前 300 至 30 年间,印度部派佛教因对戒律意见分歧,分裂成大众部(主张小小戒可舍)与上座部(主张轻重等持)。说一切有部属于上座部的一支,主张"小小戒"(又称杂碎戒或微细戒)亦应持守。

③ 印顺导师:《印度佛教思想史》,(新竹县竹北市)正闻出版社 2005 年修订版,第 38—56 页。

④ 弘一大师:《手书〈根本说一切有部戒经〉题记》,见《全集》第 7 册,第 619 页。"有部"即"说一切有部"。

⑤ 《弘一大师致李圣章函》,见《全集》第 8 册,第 333 页。

二、弘一大师修学唯识法门的圣道因缘

(一) 唯识宗依据的六经十一论

唯识宗以"万法唯心,唯识无境"为基本思想,说明宇宙间存在的万事万物,皆是自身心识变现的影像,不离心识及心识的作用;一切外境皆是缘起无自性的。其依据的经论,据窥基大师(632—682)于《成唯识论述记》所举,计有:六经十一论。① 简言之,六经指:

1.《华严经》共有三译本,即六十华严、八十华严、四十华严。其中佛陀跋陀罗、实叉难陀两译本为全译本。

2.《解深密经》共有四译本,菩提流支及玄奘之译本皆有五卷。

3.《如来出现功德庄严经》,未传译。

4.《大乘阿毗达磨经》,未传译。

5.《楞伽经》共有求那跋陀罗、菩提流支、实叉难陀所译之三译本。

6.《厚严经》,未传译。

十一论指:

1.《瑜伽师地论》一百卷,弥勒说,玄奘译。

2.《显扬圣教论》二十卷,无着造,玄奘译。

3.《大乘庄严经论》十三卷,本颂为弥勒说,释论为世亲造,波罗颇蜜多罗译。

4.《集量论》四卷,陈那造,真谛译,已失传。

5.《摄大乘论》,共有佛陀扇多、真谛、玄奘三译本。世亲、无性均有释论。

6.《十地经论》十二卷,世亲造,菩提流支译。

7.《观所缘缘论》一卷,世亲造,玄奘译。

8.《阿毗达磨集论》十六卷,本论为无着造,释论为师子觉造,玄奘译。

---

① 〔唐〕窥基:《成唯识论述记》卷一,见《中华电子佛典协会 Chinese Buddhist Electronic Text Association》(以下简称 CBETA),T43,n1830,p0229c12;杨白衣:《唯识要义》,(台北)财团法人佛陀教育基金会 2012 年版,第 8—12 页。

9.《二十唯识论》,共有菩提流支、真谛、玄奘三译本。

10.《辩中边论》,共有真谛、玄奘两译本。

11.《分别瑜伽论》,弥勒说,未传译。

六经以《解深密经》为本经,十一论以《瑜伽师地论》为本论。虽然,玄奘大师(602—664 年)为解释《唯识三十颂》所编译之《成唯识论》,未列入唯识宗所依据的论典之中,弘一大师则盛赞此论,乃集唯识思想大成的论典,为我国唯识宗建立的主要原动力。1938 年春,弘一大师在泉州梅石书院讲《佛教的源流与宗派》提及:

> "慈恩宗"亦名"唯识宗"和"法相宗"。依《解深密经》、《瑜伽师地论》,由唐代玄奘法师编译《成唯识论》,他的弟子窥基(常住长安慈恩寺,称慈恩大师)著《成唯识论述记》而建立起来的。它讲大乘"万法唯识"之理,最为精密。①

1938 年十月七日,弘一大师在晋江安海金墩宗祠讲《佛法宗派大概》谓:

> 此宗所依之经论,为《解深密经》、《瑜伽师地论》等。唐·玄奘法师盛弘此宗。又糅合印度十大论师所著之《唯识三十颂之解释》而编纂成《成唯识论》十卷,为此宗著名之典籍。②

弘一大师说唯识法门"名相繁难",③可以体会大师修学唯识法门,必定经历且超越了此繁难的过程。从世尊《解深密经》的偈语:

> 阿陀那识甚深细,一切种子如瀑流,
> 我于凡愚不开演,恐彼分别执为我。④

---

① 弘一大师:《佛教的源流与宗派》,见《全集》第 7 册,第 567 页。

② 弘一大师:《佛法宗派大概》,见《全集》第 7 册,第 572 页。《成唯识论》简称《唯识论》或《识论》。

③ 弘一大师:《佛教的源流与宗派》,见《全集》第 7 册,第 567 页。

④ [唐]玄奘译:《解深密经》卷第 1,见 CBETA,T16,n0676,p0692c20。

可领会一二。这也是"唯识宗"与"法相宗",相较于"慈恩宗"(以窥基大师曾长住慈恩寺而名),更能彰显此宗之内容和宗义。故日后取而代之,成为此宗之宗名。

唯识宗经由八识论、三性三无性、四分论、种子论和五位百法。[①] 揭示世间的万事万物皆是心识变现的幻影。

《八识规矩颂》为唐·玄奘法师择《成唯识论》精要所造,以十二颂四十八句,总括八识思想学说,是唯识学的入门书。颂文解说凡具足六根的有情众生,都具有:眼识、耳识、鼻识、舌识、身识(以上合称前五识)、意识(第六识)、末那识(第七识)及阿赖耶识(第八识)。因第七识执持第八识之见分产生的我执,而衍生出我见、我慢、我痴、我爱,的四大根本烦恼。

若将八识转成四智:

1. 转前五识成"成所作智"。

2. 转第六识成"妙观察智"。

3. 转第七识(末那识)成"平等性智"。

4. 转第八识(阿赖耶识)成"大圆镜智"。

即可转凡情成圣智。在修行的阶位上,也由凡夫位转成圣贤位。[②]

经由对八识的认识和了解,可领悟自身生命,以及外在山河大地的形成、变迁与流转,皆是心识的映现,不可执着为实有。

《解深密经》提出了三性三无性,是唯识宗的核心思想和理论。"三性"简言之即:

1. 遍计所执性:指世间凡夫,因具我法二执,认为五蕴、十二处和十八界以及宇宙万法之假有为实有我法,皆有名言自性。而名言无真实性,皆为"假施设相"。如《摄大乘论本》卷2所述:"此中何者遍计所执相?谓于无义唯有识中似义显现。"[③]

2. 依他起性:指一切事物皆是依因待缘和合而生,为相有性空的诸法。

① 本文所述之唯识名相,可参阅慈怡法师主编、佛光大辞典编修委员会编《佛光大辞典》,(高雄县大树乡)佛光文化1988年初版。

② [唐]玄奘译、[明]憨山沙门德清述:《八识规矩颂通说》,见 CBETA,X55,n0893,p420b10 - 425a01;释宽谦:《解开生命的密码——八识规矩颂讲记》,(台北)法鼓文化2020年初版。

③ 无着菩萨造、[唐]玄奘法师译:《摄大乘论本卷中·所知相分第三》,见 CBETA,vol. 31,n1594,p9。

如《摄大乘论本》卷2所述："此中何者依他起相？谓阿赖耶识为种子，虚妄分别所摄诸识。"①

3. 圆成实性；指于依他起性上远离遍计所执性，明了万法皆依他起，则证入圆成实性。此为圣人以如实智认知的宇宙人生的实相。如《摄大乘论本》卷2所述："此中何者圆成实相？谓即于彼依他起相，由似义相永无有性。"②

因此，三性也如《八识规矩颂》之八识，是对应佛法修行上转凡夫为圣者，转圣者为如来的过程。

"三无性"即：

1. 凡夫由无知产生的心外实有我法境界是没有的，故依遍计所执立相无自性性。

2. 依他起由依因待缘所生现象虽有，但非自然有，故依依他起立生无自性性。

3. 遣除凡夫遍计所执认假有为实有之后，证得依圆成实所立胜义无自性性。③

《大乘百法明门论》，为世亲菩萨造、玄奘法师译。论中所述之五位百法，是唯识宗对万有诸法的分类。计有：

1. 心法：8种

2. 心所法：51种

3. 色法：31种

4. 心不相应行法：24种

5. 无为法：6种

五类含百种法，故名"五位百法"。④

弘一大师曾为永春胜闻居士赠东华法师的《淡斋画册》书偈于卷首：

---

① 无着菩萨造、[唐]玄奘法师译：《摄大乘论本卷中·所知相分第三》，见 CBETA, vol. 31, n1594, p9。

② 无着菩萨造、[唐]玄奘法师译：《摄大乘论本卷中·所知相分第三》，见 CBETA, vol. 31, n1594, p9。

③ [唐]玄奘译：《解深密经》上、下卷，见 CBETA, T16, n0676, p0688b07 - 0697c01。

④ 世亲菩萨造、[唐]玄奘译：《大乘百法明门论》，见 CBETA, vol. 31, n1614, p855b15。

镜花水月，当体非真。如是妙观，可谓智人。①

偈中所言妙观，亦可视为：以唯识学为根柢，所产生的智观。

（二）修学唯识法门的时代因缘

弘一大师于两次演说，均提及唯识宗曾于唐朝中叶由盛转衰，又于近数十年来呈现复兴之盛况。1938年春，大师在泉州梅石书院讲《佛教的源流与宗派》：

唐时甚盛，以后即衰，并且有的唐人撰述失传。到最近三十年来，失传古籍，从海外请来，学者又多，重呈兴盛状况。②

同年十月七日，于晋江安海金墩宗祠讲《佛法宗派大概》：

此宗……唐中叶后渐衰，近复兴，学者甚盛。③

回溯唐朝历史，武宗李炎在位的会昌年间（840—846），推行一系列"毁佛"政策，史称"会昌法难"或"武宗灭佛"。此外，隋唐唯识古籍散佚殆尽，典籍不备，其所述唯识学理颇有失真，与唐朝玄奘、窥基所传不尽相合。

直至清末民初，面对西学东渐的新思潮来袭。佛教界与学术界的有识之士，发现佛法中的唯识学，不仅理论精密，其注重理性和逻辑思考的特质，皆足以响应西方科学文化之挑战。致使沉寂已久的法相唯识学，又见复兴之曙光。

其中最重要的人士，首推创办金陵刻经处的杨仁山居士（1837—1911）。其于1865年太平天国战火之后，来到南京。当时坊间常用佛典如《无量寿经》《十六观经》等均不易请得，遂于1866年在南京创办金陵刻经处。

---

① 弘一大师：《题永春胜闻居士〈淡斋画册〉》，《全集》第8册，第210页。
② 弘一大师：《佛教的源流与宗派》，《全集》第7册，第567页。
③ 弘一大师：《佛法宗派大概》，《全集》第7册，第572页。

为了寻觅佛典,杨仁山居士于 1878 年,随曾纪泽出使英国,于伦敦结识日本佛教学者南条文雄。之后数十年中,金陵刻经处刻印流通了许多南条文雄从日本寄来久佚的隋唐佛学典籍。杨仁山并通过其它友人从日本、朝鲜等地,访得旧刻藏经零本三百多种,陆续择要刻印流通。

这些刻印流通的佛典,许多是自唐朝会昌法难即已失传,宋明以来千余年间未刊行于世的重要典籍。如窥基大师所撰《成唯识论述记》《因明大疏》等。法相唯识之学,由于这些典籍的刊印流通,致使学者重启唯识学的研究之风。[①]

杨仁山居士在其《十宗略说》提及法相唯识学"诚末法救弊之良药也"[②]。其门下多才俊,如谭嗣同(1865—1898)善华严;章太炎(1869—1936)、欧阳渐(1871—1943,字竟无)……善法相唯识之学。

弘一大师在上海南洋公学特科班同窗郭奇远,曾致函问法。1923 年十一月,大师在回函中说:"余初始出家,所学未丰,彼曾来书问法,不能详答;请彼致函唐大圆居士,当可了解一切也。"[③]唐大圆曾皈依印光大师,其融净土于唯识,解行并进,或受印光大师之启发。[④] 由此可知,弘一大师于清末民初唯识学的复兴,以及唯识学才俊,是关注且爱重的。

(三) 弘一大师与《华严经》的法缘

《华严经》为唯识学所依六经十一论中,六经之一。弘一大师在其涉猎的佛学经论中,与《华严经》有特别殊胜的法缘。赵朴初在《弘一法师》弁言中说:

> 大师于佛学,特尊《华严》。[⑤]

---

① 详见吕建福《金陵刻经处因缘略述》,网址:http://www.hkbuddhist.org/《香港佛教》月刊。
② 杨仁山:《十宗略说》,见 CBETA 补编(B),第 28 册,n0157;《杨仁山居士遗书》,vol. 8,p0518a18。
③ 《弘一大师致函郭奇远》,见《全集》第 8 册,第 329 页。
④ 印光大师曾在回复唐大圆知信函中说:"如其天资聪敏,不妨研究性相各宗,仍须以净土为依归,庶不至有因无果。"见《印光大师复唐大圆书》,《印光师文钞》上册,(台北)财团法人佛陀教育基金会 2007 年 6 月版,第 245—248 页。
⑤ 赵朴初:《弘一法师弁言》,见《全集》第 10 册,第 390 页。

《华严经》有偈云：

> 不能了自心，云何知正道。①

又云：

> 我当普为一切众生备受众苦，令其得出无量生死众苦大壑。我当普为一切众生，于一切世界一切恶趣中，尽未来劫，受一切苦，然常为众生勤修善根。②

从大师阅《华严经疏钞》，至《华严经·如来出现品第三十七之三》：

> 此法门不入一切余众生手，唯除诸菩萨摩诃萨。③

深庆："余宿以多幸，数感灵文，自庆胜因、岂不忭跃……何幸捧而持之！积行菩萨犹迷，何幸乎探幽邃。"④可知弘一大师珍惜值遇《华严》的因缘，自然将经句铭记在心，依教奉行。

大师时时不忘体察反省自心，并于弘法利生的演讲与著作中，自《华严经》录出日常生活中反省改过的要则，以利于众生修学戒定慧三慧与闻思修三学。如《改过实验谈》《改习惯》《佛法研习初步》……⑤

弘一大师藏有华严部等章疏甚多，获悉蔡丏因有心专研《华严疏钞》。自 1923 年冬至开始，于往还信函中，提供诸多自身读诵《华严经》为日课的经验，以及贤首诸德有关《华严》的著述。1924 年十二月十一日函曰：

---

① 实叉难陀译：《大方广佛华严经卷第十六·须弥顶上偈赞品第十四》，见 CBETA，T10，n0279，vol. 16，p0082a20。
② 于阗国三藏实叉难陀奉制译：《华严经卷二十三·十回向品第二十五之一》，见 CBETA，T10，n0279，p0125c19 - p0125c21。
③ 实叉难陀译：《大方广佛华严经卷第五十二·如来出现品第三十七之三》，见 CBETA，T10，n0279，vol. 52，p0277b20。
④ 弘一大师：《金陵刻〈华严疏钞〉题记》，见《全集》第 7 册，第 621 页。
⑤ 《改过实验谈》，见《全集》第 7 册，第 556—557 页；《改习惯》，见《全集》第 7 册，第 559—560 页；《佛法研习初步》，见《全集》第 7 册，第 573—575 页。

朽人读《华严》日课一卷以外,又奉《行愿品别行》一卷为日课,依此发愿,又别写录《净行品》、《十行品》、《十回向品》(初回向及第十回向章)做为常课,每三四日或四五日轮诵一遍。[①]

大师领会到《华严疏钞》法法具足,如一部佛学大辞典,1931年四月廿八日致函弘伞法师:

若能精研此书,于各宗奥义皆能通达。(凡小乘、律、三论、法相、天台、禅、净土等,无不具足。)仁者暇时,幸悉心而玩索焉。[②]

之后又补充:

徐居士说读《华严经》法,读唐译至五十九卷《离世间品》毕,应接读贞元译《行愿品》四十卷,共九十九卷。应日诵者为《净行品》、《问明品》、《贤首品》、《初发心功德品》、《如来出现品》,及《行愿品》末卷。又《十行品十回向》初十之二章。[③]

《华严经卷第十四·净行品第十一》云:

佛子!若诸菩萨善用其心……断一切恶,具足众善;当如普贤……一切行愿皆得具足;于一切法,无不自在,而为众生第二导师。[④]

又云:

何用心能获一切胜妙功德?佛子!菩萨在家,当愿众生:知家性

---

① 《弘一大师1924年十二月十一日致蔡丏因函》,见《全集》第8册,第339页。
② 《弘一大师致弘伞法师函》(1931年四月廿八日),见《全集》第8册,第460页。
③ 《弘一大师致弘伞法师函》(1931年四月廿八日),见《全集》第8册,第460页。
④ 实叉难陀译:《大方广佛华严经卷第十四·净行品第十一》,见 CBETA,T10,n0279,vol. 14,p0069c23。

空,免其逼迫。①

弘一大师书写过《华严经·净行品》,对文殊菩萨于 141 种生活情状下所发的大菩提心,自然依教奉行,长养菩萨行者的慈悲与智慧。

据蔡冠洛《廓尔亡言的弘一大师》文中所载,大师于晚年:

> 把《华严经》的偈句,集成楹联三百。有人请他写字,总是写着这些联语和偈句的。②

足见弘一大师因个人对《华严经》的珍惜与好乐,也愿他人同获法益。以书写《华严经》的偈句和联语,和大众结缘。以自利利他的心行,实践菩萨行。

(四) 弘一大师与《瑜伽师地论》的法缘

《瑜伽师地论》是唯识学所依六经十一论中,十一论之本论。此论是佛弟子迈向成佛之道,必须依循的根本大论,也是玄奘大师西行求法最主要的原因。

玄奘大师为解除唯识学经论翻译有未尽善处,以致唯识理论多有乖违。有鉴于"昔法显(337—422)、智严亦一时之士,皆能求法导利群生,岂使高迹无追,清风绝后? 大丈夫会当继之"③。决心效法东晋法显大师,④西行求取总赅三乘圣道修行次第,理事圆融的《瑜伽师地论》。⑤

玄奘大师于印度最高佛学殿堂那烂陀寺,师从戒贤论师学习瑜伽诸论。

---

① 实叉难陀译:《大方广佛华严经卷第十四·净行品第十一》,见 CBETA,T10,n0279,vol. 14,p0069c23。
② 蔡冠洛:《廓尔亡言的弘一大师》,见《全集》第 10 册,第 224—225 页。蔡丐因名冠洛(1890—1955),见《全集》第 8 册,第 338 页。
③ 沙门慧立本. 释彦悰笺:《大唐大慈恩寺三藏法师传》第一卷,见 CBETA,T50,n2053,vol. 1,p0222c02。
④ 东晋沙门释法显自记游天竺事:《高僧法显传》,见 CBETA,T51,n2085,vol. 1,p085706a06 - 0865c24。法显大师归国后,译出《摩诃僧祇律》《方等泥洹经》《杂阿毗昙心》,垂百余万言。
⑤ 弥勒菩萨说、[唐]玄奘译:《瑜伽师地论》共 100 卷,见 CBETA,T30,n1579,p0279a08 - 0882a14。

戒贤论师为玄奘大师讲授了三遍《瑜伽师地论》。玄奘大师欲归国,对戒贤论师禀明:

> 玄奘来意者,为求大法,广利群生。自到已来,蒙师为说《瑜伽师地论》,决诸疑网,礼见圣迹,及闻诸部甚深之旨,私心慰庆,诚不虚行。愿以所闻,归还翻译,使有缘之徒同得闻见,用报师恩,由是不愿停住。①

玄奘于"唐太宗贞观二年,冒禁出游印度,十九年归。从彼土大师戒贤受学,邃达法相。归而现身从事翻译,19 年间(645—663 年)所译经论七十三部,一千三百三十卷……以一人而述作之富若此,中外古今,恐未有如奘比也"②。

玄奘大师自印返国后,由国司供给所需,组织专门译场协助翻译。历时三年译完一百卷《瑜伽师地论》③。梁启超(1873—1929)认为:

> 奘师最大事业,在译《大般若》《瑜伽师地》《大毗婆沙》及《六足》《发智》《俱舍》……《成唯识论》,虽名为译,实乃自着。法相一宗,虽渊源印土,然大成之者实自奘师。其提倡因明,传译之余,讲析不倦;中国人知用"逻辑"以治学,实自兹始④。

杨仁山校勘《瑜伽师地论》前五十一卷未终,去世前嘱咐欧阳竟无居士承继其事,续刻《瑜伽师地论》后半部,并撰写长序,唯识宗义于是重兴于世。后又创办支那内学院,大弘法相唯识之学,推动了近代法相唯识学的复兴。⑤

弘一大师与《瑜伽师地论》的法缘,据载有三:

---

① 沙门慧立本、释彦悰笺:《大唐大慈恩寺三藏法师传》第五卷,见 CBETA,T50,n2053,vol. 5,p0246a27。
② 梁启超:《中国佛教研究史》,(台北)新文丰出版股份有限公司 1984 年版,第 92—93 页。
③ 梁启超对玄奘大师推崇备至,谓"其绝笔时,距圆寂仅一月耳。其间犹随时为弟子讲演,无一日暇逸……自古及今,为学献身,弘法利物,未有如吾奘师者也。"玄奘大师所译书目及年岁,见梁启超著《中国佛教研究史》,(台北)新文丰出版股份有限公司 1984 年版,第 183—184 页。
④ 梁启超:《中国佛教研究史》,(台北)新文丰出版股份有限公司 1984 年版,第 189 页。
⑤ 吕建福:《金陵刻经处因缘略述》,网址:http://www.hkbuddhist.org/《香港佛教》月刊。

其一,"1929 年十二月,太虚大师于闽院讲《瑜伽真实义品》,①弘一大师逐日无间,亲临听讲。"②

其二,1931 年七月十三日,弘一大师于五磊寺,依《瑜伽师地论》菩萨戒羯磨文,③自誓受菩萨戒。④

其三,1934 年正月七日在晋江草庵致函蔡丏因:

> 晚晴山房所存《瑜伽师地论》及《瑜伽师地论记》(唐遁伦撰)共二部,乞于返校时检出寄下至晋江草庵。⑤

弘一大师依《瑜伽师地论》菩萨戒羯磨文,正式发愿成为自利利他的菩萨比丘。因有此论作为指南,弘一大师笃定的往圣道前行。

(五) 契合弘一大师上求下化清净自心的道心

佛陀以悲智之心教化众生。弘一大师于自利利他的实践,自然融摄了自利的智慧与利他的慈悲。

1916 年至虎跑寺参加断食,理由是"……想来断食一下。因为我那个时候患有神经衰弱症,若实行断食后,或者可以痊愈亦未可知。"⑥

大师在《我在西湖出家的经过》提及:"我之到虎跑寺去断食,可以说是我出家的近因了。"⑦

1924 年旧十二月十六日致李圣章函:"今岁初夏大病已来,血亏之症,较

---

① 弥勒菩萨说、唐三藏法师玄奘译:《瑜伽师地论卷 36·本地分菩萨地·瑜伽处真实义品第四》,见 CBETA,T30,n1579,vol. 36,p0486b09 - 0491b03。

② 1929 年 12 月弘一大师于闽南佛学院听太虚大师讲《瑜伽真实义品》。见释太虚《赞弘一法师》,《全集》第 10 册,第 395 页;林子青:《弘一大师新谱》1929 年 50 岁条注 20:默如《七十自述》。见《全集》第 10 册,第 95 页。

③ 弘一大师《自誓受菩萨戒羯磨文》系录自弥勒菩萨说. 玄奘译:《瑜伽师地论卷 41·本地分菩萨地第十五初持瑜伽处戒品第十之二》,见 CBETA,T30,n1579,p0521b09 - 16。

④ 胡宅梵(维诠):《弘一大师胜缘记略》,见《全集》第 10 册,第 262 页;《慈溪五磊寺》,同前书,第 455 页。

⑤ 《全集》第 8 册,第 349 页;[唐]遁伦撰:《瑜伽师地论记》24 卷,见 CBETA,T42,n1828,p0311a06 - 0866c01。

⑥ 弘一大师:《我在西湖出家的经过》,见《全集》第 8 册,第 197 页。

⑦ 弘一大师:《我在西湖出家的经过》,见《全集》第 8 册,第 197 页。

前弥剧。神经衰弱症,始自弱冠之岁,比年亦复增剧。"①

1928 年八月二十三日致李圆净函,于温州庆福寺,"以后作文诗之事,决定停止(因神经衰弱。)至写字之事,惟写小幅简单之佛菩萨名号或偶写一书签耳。"②

由上所述,可知出家前后的弘一大师,为神经衰弱的病症所苦。使令这样的身心,停止摸索的迷航,弘一大师必然从唯识法门观照自心、认识境界的修行方法,探寻到依止处。

三、弘一大师躬身实践唯识法门的义理

弘一大师修学唯识法门,了知需透过躬身实践的力量,方能真实受用。1938 年十月六日在晋江安海金墩宗祠讲《佛法十疑略释》,点出佛法与科学不同处在于:

> 科学之改进经验重在客观之物件,佛法之改进经验重在主观之心识。如人患目病,不良于视,科学只知多方移置其物以求一辨,佛法则努力医治其眼以求复明。两者虽同为实验,但在治标治本上有不同耳。③

梁启超在其《佛教心理学浅测》一文中说:

> 佛家所说的叫做"法",倘若有人问我"法"是什么? 我便一点不迟疑的回答:"就是心理学"。不信,试看小乘俱舍家说的七十五法,大乘瑜伽家说的百法,除却说明心理现象外,更有何话?④

---

① 《弘一大师致李圣章函》第 9 函,见《全集》第 8 册,第 335 页。
② 《弘一大师致李圆净函》1928 年旧历八月二十三日,温州庆福寺,见《全集》第 8 册,第 380 页。
③ 弘一大师:《佛法十疑略释》,见《全集》第 7 册,第 570 页。
④ 梁启超:《佛教心理学浅测》,见《饮冰室丛书·佛学研究十八篇》附录二,(台北)中华书局 2019 年第 6 版,第 40 页。

因此，弘一大师修学唯识法门，从了解自心做起。时时以佛陀教导的善法，检视自己的内心。

(一) 弘一大师修习止观储备实践圣教的资粮

回顾弘一大师 24 载的出家生涯，自 1918 年七月十三日大势至菩萨圣诞日出家后，即开始习禅、礼忏，清净自心。虽然大师自谓专宗弥陀净土法门，亦好乐修学宏扬地藏法门与药师法门，……无论修学何种法门，止观静坐在大师修学的过程中，都是实践圣教必备的圣道资粮。[①]

弘一大师因坐禅静坐，开启修学佛法的因缘。1916 年十月《题陈师曾荷花小幅》中说：

> 时余将入山坐禅，慧业云云，以美荷花，亦以是自劢也……[②]

对于即将到来的入山坐禅，似乎满怀期盼。1916 年十一月，弘一大师于虎跑寺体验"断食"，初尝静坐的滋味。《断食日志》详载从入山至出山，首尾共 20 天的作息。第二和第五日分别记载着：

> 晚侍和尚念佛，静坐一小时。
> 午后侍和尚念佛，静坐一小时。[③]

1917 年新年过后，弘一大师时常至虎跑定慧寺习静听法。同年三月，弘一大师给刘质平的信中说：

> 秋初即入山习静……剃度之期，或在明年……[④]

[①] 参见拙文《弘一大师与地藏法门之修持与宏扬》，收录于杭州师范大学弘一大师·丰子恺研究中心编《如月清凉——第三届弘一大师研究国际学术会议论文集》，中国广播电视出版社 2010 年版，第 66 页。

[②]《全集》第 8 册，第 36 页。

[③] 弘一大师：《断食日志》，见《全集》第 8 册，第 194 页。

[④]《全集》第 8 册，第 279 页。

　　同年九月，在佛门内典中深获法喜的大师，书"永日视内典，深山多大年"一联，呈法轮禅师。① 次年七月十三日大势至菩萨诞辰纪念日，弘一大师即于杭州虎跑寺剃度出家。②

　　1921 年三月弘一大师往居温州庆福寺，至 1932 年离寺，期间除短期外游，前后长达 10 年之久。初来庆福寺，大师曾致函印心、宝善和尚，告以"音等来此，习静念佛。"③

　　据啸月《弘一上人传略》所载，1937 年大师居青岛湛山寺时"除为学子讲律外，屏处一室，杜门谢客，人或见之，非静坐即拜佛。"④直至 1942 年八月十二日于泉州承天寺仍"拟于下月初三起，仍方便掩关。"⑤可知大师的云水生涯，因以止观收摄身心，故能时时处于定静之中。⑥

（二）弘一大师《改过实验谈》

　　据丰子恺（1898—1975）所述，弘一大师在浙江两级师范学校任教时，宿舍的案头长年摆放着明朝刘宗周所著，例举古代贤人嘉言懿行的《人谱》。并以"要做一个好的文艺家，首先必须是一个好人"的基本观点，教导学生。⑦

　　1930 年，弘一大师为丰子恺《护生画集》第一集题词，于"忏悔"一则中写道：

　　　　人非圣贤，其孰无过。犹如素衣，偶着尘涴。改过自新，若衣拭尘。一念慈心，天下归仁。⑧

---

① 林子青：《弘一大师传》，见《全集》第 10 册，第 9 页。
② 弘一大师：《我在西湖出家的经过》，见《全集》第 8 册，第 198 页。
③ 《弘一大师致印心、宝善和尚函》（1921 年六月初八日），见《全集》第 8 册，第 265 页；《温州庆福寺》，见《全集》第 10 册，第 260 页。
④ 转引自《弘一大师新谱》，见《全集》第 10 册，第 132 页。
⑤ 《弘一大师致罗铿端、陈士牧函》，见《全集》第 8 册，第 442 页。
⑥ 参见拙文《弘一大师专宗弥陀净土法门初探》，收录于杭州师范大学弘一大师·丰子恺研究中心编《光风霁月：第六届弘一大师研究国际学术会议论文集》，上海三联书店 2018 年版，第 32—60 页。
⑦ 毕克官：《近代美术的先驱者李叔同》，见《全集》第 10 册，第 314 页。
⑧ 《忏悔》，见丰子恺作画、弘一大师书字《护生画集》第一集，（台北）纯文学出版社 1981 年版，第 91 页。

1933年正月初八，大师应厦门妙释寺住持善契法师之请，讲《改过实验谈》。虽自知：

改过之事，言之似易，行之甚难。①

又说：

故有屡改而屡犯，自己未能强作主宰者，实由无始宿业所致也。②

因五十年来改过迁善之事，其事甚多，不可胜举。故依《华严经》以十之数目表无尽之意，列举十条：

1. 虚心
2. 慎独
3. 宽厚
4. 吃亏
5. 寡言
6. 不说人过
7. 不文己过
8. 不覆己过
9. 闻谤不辩
10. 不嗔

提供初学者"持躬敦品、处世接物等法"的学习参考。③

大师说此十条多引自儒书，然对照《八识规矩颂》《唯识三十颂》的心所法名相，亦有诸多相应处。因此，当大师思维改过迁善时，必定因修学过唯识法门，而条理出明确简要的改过方向。

---

① 弘一大师：《改过实验谈》，见《全集》第7册，第557页；1933年正月初八应妙释寺住持善契法师之请所作之演讲。见沈继生辑录《厦门妙释寺》收入《弘一大师驻锡寺院简介》，《全集》第10册，第458页。
② 弘一大师：《改过实验谈》，见《全集》第7册，第557页。
③ 弘一大师：《改过实验谈》，见《全集》第7册，第556—557页。

1937年二月十六日,弘一大师在南普陀寺佛教养正院讲《南闽十年之梦影》:

> 就我个人而论,已经是将近六十的人了,出家已有二十年,但我依旧喜欢这类的书——记载善恶因果报应和佛菩萨灵感的书。我近来省察自己,……希望我的品行道德,一天高尚一天。希望能够改过迁善,做一个好人。又因为我想做一个好人,同时我也希望诸位都做好人。这一段话,虽然是我勉励我自己的,但我很希望诸位也能照样去实行。①

又说:

> 一个人如果事情都做完满了,那么这个人就会心满意足,洋洋得意,反而增长他贡高我慢的念头,生出种种的过失来。②

1938年十月八日,弘一大师在晋江安海金墩宗祠讲《佛法学习初步》。解释三世业报与善恶因果。大师依《华严经》所载,同样列举十种恶业、十种邪见与十种善业。说明"吾人欲得诸事顺遂,身心安乐之果报者,应先力修善业,以种善因"。古人云:"祸福无不自己求之者。"③此与"万法唯心"的唯识宗义,亦相符合。

1939年,大师离俗出家二十一年后,批阅童年时期恒览,三十岁以后稍知修养亦奉为圭臬之《格言联璧》,仍感"如饮甘露,深沁心脾,百读不厌也"④。

范寄东于《述怀》文中记述:

> 师出家后,孳孳焉以闭关自修为务……师之出家,真实为道,为己半生之放逸多过失也,故力求忏悔以洗涤之……佛教三学以戒为首,佛

---

① 弘一大师:《南闽十年之梦影》,见《全集》第8册,第202页。
② 弘一大师:《南闽十年之梦影》,见《全集》第8册,第203页。
③ 详见弘一大师《佛法学习初步》,见《全集》第7册,第573—575页。
④ 弘一大师:《题〈格言联璧〉》,见《全集》第7册,第643页。

学三慧,以修为终,吾师注重弘戒而以修为握要,真乃握成始成终妙道,岂可以寻常弘经法师视之。①

此席话,为弘一大师掌握戒与修,真实为道的修行之路,做了贴切的批注。

(三) 弘一大师《改习惯》

1933 年在泉州承天寺讲《改习惯》。大师提出七条:

1. 食不言。
2. 不非时食。
3. 衣服朴素整洁。
4. 别修礼诵等课程。
5. 不闲谈。
6. 不阅报。
7. 常劳动②。

大师说:

吾人因多生以来之夙习,及以今生自幼所受环境之熏染,而自然现于身口意者,名为习惯……余于三十岁时,即觉知自己恶习惯太重,颇思尽力对治……二十年来,所矫正者百无一二。自今以后,愿努力痛改……③

又说:

改正习惯时,皆由自己发心,绝无人出命令而禁止之也。④

---

① 范寄东:《述怀》,见《全集》第 10 册,第 232 页。范寄东,为范古农(1881—1951)晚年用名。同前注,第 233 页。
② 弘一大师:《改习惯》,见《全集》第 7 册,第 560 页。
③ 弘一大师:《改习惯》,见《全集》第 7 册,第 559 页。
④ 弘一大师:《改习惯》,见《全集》第 7 册,第 560 页。

弘一大师重改过,实则重自身操履,因此赞叹云栖撰《锱门崇行录》以匡救明际禅宗轻视德行之弊,以挽颓风。① 大师不仅自我惕励,也殷切的鼓励和期勉他人,《为律华法师书律偈并记》有"亲近善友,痛除习气,勇猛精进,誓不退惰"之语。②

对于经常为人所轻忽,或不易觉察的改过、改习惯,大师视为修行的要务。为后继的修行者,竖立起追随学习的榜样。

(四)弘一大师揉合唯识义理解说《心经》

《心经》又称《佛说摩诃般若波罗蜜多心经》《摩诃般若波罗蜜多心经》《般若波罗蜜多心经》《般若心经》。般若,意为智慧。此经系由《大般若波罗蜜多经》浓缩为二百余字而成,阐述大乘佛教的空相和般若的思想。

1938年三月,弘一大师于温陵大开元寺讲《心经大意》。③ 以唯识义理,汇入唯心与唯识的观行做解说。

大师说:"佛说法四十九年……心经虽二百余字能包六百卷大般若义,毫无遗漏,故曰心也。"又云:"心为一身之必要,此经为般若之精要。"④

弘一大师遵照《六祖大师法宝坛经》,六祖惠能大师(638—713年)教导门人日后传法,应以"三科法门"为宗。鉴于凡夫有迷执,于知见上往往落于相对的二边。如凡圣、尊卑、取舍、是非等。因此,六祖大师对偏重迷于心者,立五蕴。偏重迷于色者,立十二处。色心共迷者,立十八界,故云:

"三科法门"三十六对法,若解用即通贯一切经法,出入即离两边。自性动用,共然语言,外离于相,内于空离空。⑤

弘一大师解释《心经》经文:"是故空中无色,无受想行识,无眼耳鼻舌身意,无色声香味触法,无眼界乃至无意识界。"依"三科法门"分三科:

1. 五蕴(色蕴、受蕴、想蕴、行蕴、识蕴)

2. 十二处(眼处、耳处、鼻处、舌处、身处、意处、色处、声处、香处、味处、

---

① 弘一大师:《〈锱门崇行录〉选辑序》,见《全集》第7册,第628页。

② 弘一大师:《为律华法师书律偈并记》,见《全集》第7册,第639页。

③ 弘一大师《心经大意》,见《全集》第1册,第307—312页。

④ 弘一大师《心经大意》,见《全集》第1册,第307页。

⑤ 风旛报恩光孝禅寺住持嗣祖比丘宗宝编:《六祖大师法宝坛经·付嘱第十》第1卷,见CBETA,T48,n2008,vol.1,p0360a24。

触处、法处)

3. 十八界(六根界：眼界、耳界、鼻界、舌界、身界、意界。六尘界；色界、声界、香界、味界、触界、法界。六识界：眼识界、耳鼻舌身意识界。)

此三科，皆空之义，与"三界唯心，万法唯识"之唯识宗义有相应处。①《心经》虽为般若法门的经典，弘一大师揉合唯识义理来解说，也印证大师："无论学何宗者，皆应先学此以为根柢也。"②

(五) 芝峯法师以唯识义理撰《清凉歌集达怡》

唯识思想的来源及其基本含义，源自于《阿含经》之观心，亦即瑜伽学。因此，唯识宗也被称为瑜伽行派，唯识宗的根本大论即《瑜伽师地论》。

1929 年，芝峯法师为弘一大师《清凉歌集》中的《清凉》《山色》《花香》《世梦》《观心》五首歌曲，撰写《清凉歌集达怡》。于《清凉歌集达怡》补记，说明此文是应弘一大师的嘱咐："把他的歌语里所含蓄的意义解释出来。"③

以《山色》的歌词为例，芝峯法师举《八识规矩颂》眼识九缘生的"九缘生识"说明。当含藏于第八阿赖耶识的种子起现行，以眼睛能见为例，需具备九缘：1. 空缘；2. 明缘；3. 根缘；4. 境缘；5. 作意缘；6. 种子缘；7. 分别依缘；8. 染净依缘；9. 根本依缘。④

亦即适当的空间距离、能见度的光线、健全的眼睛、可见的人事物、自身的注意力、第六意识的分别作用、第七意识染净的执持、第八意识含藏眼识种子等九种缘，为生起眼识缺一不可的条件。

眼识的生起需要具备九缘，耳、鼻、舌、身诸识是否也需要具备九缘？答案是：八种识的生起，所需的缘各不相同。由此可知，我们的视觉、嗅觉、知觉所得来的现象，"是由缘会，幻相现前"⑤"是幻是幻，万法皆然。"⑥

而《观心》的歌词："试观心性，内外、中间、过去、现在、未来、长短、方圆、

---

① 弘一大师《心经大意》，见《全集》第 1 册，第 307—312 页。
② 弘一大师：《佛法宗派大概》，见《全集》第 7 册，第 572 页。
③ 释芝峯：《清凉歌集达怡》，见《全集》第 10 册，第 378 页。
④ 见《佛光大辞典》，第 156 页；于凌波讲述：《八识规矩颂讲记》第六讲《九缘生识》，网址：http://www.book853.com。
⑤ 释芝峯：《清凉歌集达怡》，见《全集》第 10 册，第 371 页。
⑥ 释芝峯：《清凉歌集达怡》，见《全集》第 10 册，第 372 页。

赤白、青黄?"①则超越了眼、耳、鼻、舌、身诸识,直探心性。同样证明"幻境无实"②,不可执心性为固定实有。

芝峯法师透过唯识的义理来解说,如实的传递歌词含蕴的佛法奥义。贴切的圆满了弘一大师藉歌曲的形式弘法的心意。③

1931 年,弘一大师在慈溪金仙寺致函芝峯法师,认为其所撰《清凉歌集》释文:深契鄙意,佩仰万分……将来流布之后,必可令多数学子同植菩提之因。④

1939 年二月二十七日弘一大师莅永春普济寺,住寺后精舍"十利律院"闭关,书门联"闭门思过,依教观心"以自惕励。⑤ 直至 1940 年十月初九日离寺,掩室五百七十三天,足见大师用功之精勤。

刘质平在《弘一大师遗墨的保存及其生活回忆》一文中,提及此五首(清凉、山色、花香、世梦、观心)清凉歌词曲谱,已由师生四代费七年余光阴作成。以立轴型式,分五页,由开明书店出版。为大师出家后一部传世的佛学声乐书。⑥

四、弘一大师劝学唯识法门

(一) 力倡佛学院为佛子订定唯识课程

太虚大师(1890—1947 年)曾说:

> 佛法中有铜墙铁壁,虽撞而不倒者,六度万行、苦空无我、唯心唯识

---

① 弘一大师:《观心》,见钱仁康编著:《弘一大师歌曲集》,(台北)东大图书股份有限公司 1993 年版,第 139—145 页。
② 释芝峯:《清凉歌集达怡》,见《全集》第 10 册,第 371 页。
③ 释芝峯:《清凉歌集达怡》,见《全集》第 10 册,第 367—378 页。
④ 《弘一大师致芝峯法师函》(1931 年,慈溪金仙寺),见《全集》第 8 册,第 461 页。
⑤ 沈继生辑录:《永春普济寺》,《弘一大师驻锡寺院简介》,见《全集》第 10 册,第 477 页;见《全集》第 8 册,第 40 页。
⑥ 刘质平:《弘一大师遗墨的保存及其生活回忆》,系根据 1946 年《弘一大师遗墨展览会特刊》中刘质平:《弘一大师的遗墨》和《弘一上人史略》二文整理压缩而成,刊于文物出版社 1984 年《弘一法师》。见《全集》第 10 册,第 257—259 页。

诸要义是。①

1921 年十一月初六,弘一大师出家三年,于温州庆福寺回复王心湛的信中说:

> 唐宋诸师皆先习论后习经……卓见极是。或习《俱舍》、《唯识》、《十二门》、《起信》亦可。又杨仁山居士所定先习《起信》、《唯识》、《楞严》之法,亦甚允当。近时学者多宗此法。②

1924 年弘一大师在温州庆福寺,覆函尤墨君云:

> 阅佛书者,若欲穷研教海,须分泛览与专攻二种课程。泛览者,可随己意,选择典籍;其专攻之书,以《八识规矩颂》、《起信论》为第一级,至速一年毕业。《唯识》为第二级,《楞严》为第三级。以上二种,约四五年乃可毕业。杭州友人等所经验者,以此法最为妥当。因以上四种精通之后,再阅他种佛书,大致皆可了然也。③

弘一大师除了殷切弘宣修学唯识的重要性,也力倡佛学院为初机佛子订定唯识课程,再次为"无论学哪一宗派,都要以它(唯识)为根底"④作批注。

(二) 征引唯识经论回复疑难

1925 年,邓寒香询问"我执"之义,大师除告之:"所谓我执者,即《圆觉》所云'妄认四大为自身相,六尘缘影为自心相'。"⑤征引唯识经论,请其披寻:

---

① 转引自景昌极《因果论与佛教唯识学说》,(台北)大乘基金会 2017 年版,第 19 页。
② 《弘一大师致王心湛函》,见《全集》第 8 册,第 332 页。
③ 《弘一大师致尤墨君函》,见《全集》第 8 册,第 331 页。
④ 弘一大师:《佛教的源流与宗派》,见《全集》第 7 册,第 567 页。
⑤ 《弘一大师致邓寒香函》(1925 年闰四月于温州庆福寺),见《全集》第 8 册,第 362 页。

……《识论》卷一、《唯识心要》卷一第十七页至廿八页止。廿八页中灵峰述辞,至为精确,幸详味之。[①]

又曰:

众生根器不一,……不必执定己之所修为是,而强人必从。以根器各异,缘业不同,万难强令一致也。[②]

在《佛法宗派大概》也说:

因众生习染有深浅,觉悟有先后。而佛法亦依之有种种差别,以适应之……所谓药无贵贱,愈病者良。佛法亦尔,无论大小、权实、渐顿、显密,能契机者,即是无上妙法也。[③]

唯识法门,处处流露佛陀教法的悲智愿行。大师深谙唯识学,知众生心性不一。在展现佛陀平等悲智的教化时,能就个人性之所近,劝导学习。

1931 年,弘一大师自誓受菩萨戒之后,开始弘法利生。从几场大师的演讲,如 1933 年闰五月五日在泉州大开元寺讲《敬三宝》[④],1934 年旧历八月在万寿禅寺念佛堂讲《万寿禅寺念佛堂开堂演词》[⑤],1936 年正月开学日在南普陀寺佛教养正院讲《青年佛徒应注意的四项》[⑥],1938 年旧历六月十九日在漳州七宝寺讲《佛法大意》……演讲的内容,无不是谆谆劝勉佛弟子"须彻底研究佛法之真理,而努力实行,俾不愧为佛教徒之名"[⑦]。

弘一大师自身,更是以身作则,自利利他,往向善向上处提升。正如广义法师在《弘公本师见闻琐记》中说:

① 《弘一大师致邓寒香函》(1925 年闰四月于温州庆福寺),见《全集》第 8 册,第 362 页。
② 《弘一大师致邓寒香函》(1925 年闰四月于温州庆福寺),见《全集》第 8 册,第 363 页。
③ 弘一大师:《佛法宗派大概》,见《全集》第 7 册,第 573 页。
④ 弘一大师:《敬三宝》,见《全集》第 7 册,第 558—559 页。
⑤ 弘一大师:《万寿禅寺念佛堂开堂演词》,见《全集》第 7 册,第 560—561 页。
⑥ 弘一大师:《青年佛徒应注意的四项》,见《全集》第 7 册,第 561—564 页。
⑦ 弘一大师:《佛法大意》,见《全集》第 7 册,第 569 页。

历代高僧大德,由不识字而得文字般若,岂非从心地上实行所得的成效吗?教育最重要的是以身作则,可谓身教,而文教次之。①

五、结论

赵朴初于《弘一法师》弁言中说:

其佛法思想多散见于所作序跋题记及与人书简中,片言洞微,精义时出。虽应机之作,亦足见其涉猎之广与证解之深也。②

经由对弘一大师修学唯识法门的探讨,再次领会大师以如饮甘露的求法之心,修学实践佛陀的圣教。无论于地藏法门、药师法门、弥陀净土法门、唯识法门,皆不离"菩萨以智上求佛法,以悲下化众生"③的菩萨道精神。

大师不仅是中国律宗的第十一代祖师,在许多人心目中,无论是否为佛弟子,无论识与不识。似乎多多少少都深印下弘一大师曾在世间,却又超越世间的修行者形象。其对社会的教化力,不仅跨越了宗教的范畴,也突破了艺术与文学的框架。

佛法普及众生的智慧无边、慈悲无量。佛陀被尊为大医王,证之唯识法门,它启迪众生看懂各自内心的起心动念。从弘一大师修学唯识法门,使人们更加信受唯识法门不仅是佛法中的心理学,也是自利利他的证悟与实践。同时警醒世人,在生生不息的生命之流里,含藏着善恶业报与生死轮回的因果不灭定律。

顾一尘在《纪念弘一法师》一文中说,弘一大师给他的印象始终是:

积极的,雄壮的,欢喜的,豁达的,丝毫没有悲观和消极。他第一次写给我的书法……"过去事已过去了,未来不必预思量,只今便道即今

---

① 释广义:《弘公本师见闻琐记》,见《全集》第 10 册,第 204 页。
② 赵朴初:《弘一法师弁言》,见《全集》第 10 册,第 390 页。
③ 弘一大师:《佛法大意》,见《全集》第 7 册,第 569 页。

句,梅子熟时栀子香。"你看,一个人能够不眷恋着过去,幻想着将来,而着着实实的抓住现实,把握现在……这是怎样的一种精神和境界啊!……"不是一番寒彻骨,怎得梅花扑鼻香",这也是他所常写的句子。①

大师抱定了积极、雄壮、欢喜、豁达的信念和生活态度,不畏艰苦,著作、讲经、写字,几乎没有一日休息,所谓:

　　尽力弘法,犹如夕阳,殷红绚彩,随即西沉……②

大师曾赞叹二十七岁的本妙法师,精通教义、辩才无碍,有如老宿。且能预知时至,端坐念佛,含笑迁化:

　　盖多生熏习,岂偶然耶。③

大师亦然,必是往昔植因,故于此生,得入佛门,披剃出家,一切皆非偶然。

1929年秋,胡宅梵于白湖金仙寺,由亦幻法师介绍,初次晋谒弘一大师,见师"气度静穆,慈蔼被人"④。弘一大师高而严洁,淡而清奇的修行者影像,在热恼的世间,照亮世人的心眼。缅怀之余,恒生学习与仰望之忱。

　　　　（作者：杭州师范大学弘一大师·丰子恺研究中心特约研究员）

------

① 顾一尘:《纪念弘一法师》,见《全集》第 10 册,第 205—206 页。
② 顾一尘:《纪念弘一法师》,见《全集》第 10 册,第 205—206 页。
③ 弘一大师:《本妙法师往生传》,见《全集》第 7 册,第 589 页。
④ 胡宅梵:《弘一大师胜缘记略》,见《全集》第 10 册,第 262 页。

弘一大师留给浊世众生的修持法宝

释一净

一、序言

西哲罗素先生（Bertrand Russell）曾写过一篇文章《无用的知识》（*Useless Knowledge*），论述世间的知识可分为实际有用的（useful）：这包括一切的实用科学，工艺技巧，医疗技术，日常食衣住行的提供维护等等，有了这些，能够直接而实际地提供国计民生，生老病死过程之中，所有物质层面的需求，带来方便，提升生活质量；对所有世间众生而言，都是绝对有用，受到热烈欢迎！相对的，文学、哲学、艺术等知识，则被归类于无用的（useless），既不能当饭吃，又不能当衣穿！尤其属于哲学范畴之中的佛学。踏入空门之人，不论出家在家，给人的第一印象，就是终日枯坐，参禅念佛，甚至谈玄说妙，不食人间烟火！此所以长久以来，出家人常被抨击为是"社会的寄生虫"，只会坐受信施，不事生产！

如何让佛法从坐而谈的无用知识，转变成起而行的有用知识，是近年来某些佛门人士的努力目标。当大家看到佛门的慈善团体，动用大批的人力物力去救灾，兴建爱心屋去安顿灾民，以温暖的言语去抚慰受创的心灵，社会大众的反应，往往只局限于"世间善人"的层面，而忽略了，之所以会有一群人愿意放下身段，付出时间精神，不求回报地去做慈悲济世的工作，除了基本上必须拥有专业知识技巧，而背后促使他们发心的动力，则是长久以来，在佛法中的熏陶，培育出爱人如己的慈悲心，无我无私的布施心，不辞辛劳的精进心，不畏人讥嘲的忍辱心！追根究底，"无用的佛法知识"竟然是促成这许多世间善行成就的最大动力！笔者不揣简陋，试图从弘一大师留下来的众多教示之中,简单扼要地提出三项修持法门,经多年来运用于现实生活之中,证实确实对众生有大裨益大帮助的"有用的知识"!

其一为"念佛法门",二为"药师法门",三为"地藏法门"。此三法门,多年来陆续有多位学者专家,于本中心会议之中,提出精辟而详尽的讨论与看法。① 笔者只是归纳前人的看法,佐以自身或身边佛友们的躬亲实践,获得不可思议的成果,作一简略报告! 而一向大家最热衷的观音法门,在大师全集里,反而只有篇名,无确实资料!②

惟愿我弘裔一族,对于弘一大师的景仰,不再仅止于学问资料的探讨考证,而能积极地于日常行住坐卧之中,时时持诵佛菩萨名号,自利利他,与一切众生广结善缘!

二、药师法门——弘一大师曾修订《药师法门修持课仪略录》

现今流通的《药师琉璃光如来本愿功德经》经本,大多在其最后附录有《药师法门修持仪轨》(增福寿法),因开头未特别提及弘一大师,仅在最后附录说明时,约略提及。③ 一般人或许不容易注意到这是弘一大师所修订的法宝,反而很容易被开头的"增福寿法"几个字所吸引! 盖人生在世,有谁不想要福报满满又健康长寿呢? 想到弘一大师,大家的直接反应,总觉得他是一位清贫苦修的出家人,怎会料到他竟然慈悲到为我们修订出这样一个增加福报与寿命的修持仪轨,让大家在这苦难的世间,能有具体的方法,获得安乐抚慰!

大师说:"药师法门,不但对于出世间往生成佛的道理屡屡言及,就是最浅近的现代实际上人类生活亦特别注重。如经中所说'消灾除难,离苦得乐,福寿康宁,所求如意,不相侵陵,互为饶益'等,皆属于此类。就此可见佛法亦能资助家庭社会的生活,与维持国家世界的安宁,使人类在这现生之

---

① 高明芳居士曾先后撰述有《弘一大师专宗弥陀净土法门初探》《菩萨比丘弘一大师与药师法门的弘扬》《弘一大师与地藏法门的修持与弘扬》。

② 弘一大师:《观音菩萨之灵感》(存目),《弘一大师全集》第 1 册,福建人民出版社 1991 年版,第303 页。

③ 《药师琉璃光如来本愿功德经》,(台南)和裕出版社 2013 年版第 98 页略为提及:"以上所述之修持课仪,系出自弘一大师之《药师法门修持课仪略录》。"

图 1　忏公老和尚

中，即可得到佛法的利益。"①

　　本来一位离世修行的出家人，心念专注于自己的功课上，任何世间法上的关注与关心，应该都是不闻不问，避之如蛇蝎才对！但是弘一大师毕竟是大乘的菩萨行者，对众生的关心，远超出于对自己的考虑："莫忘世上苦人多"！所以大师曾说："因为我们是处于凡夫的地位，在这尘世之时，对于身体衣食住处等，以及水火刀兵的天灾人祸，都不能不有所顾虑。倘使身体多病，衣食住处等困难，又或常常遇着天灾人祸的危难，皆足为用功办道的障碍，必须兼修药师法门以为之资助，即可得到药师经中所说'消灾除难离苦得乐'等种种利益也。"②

　　笔者此生学佛生涯中，因参加忏云法师的大专学生斋戒学会，首次听到忏云老和尚提到"药师法门"。

　　在此先要说明忏公老和尚对弘一大师的景仰，以及他师法印光大师、弘一大师，而对当代台湾佛教界所产生深远而重大的影响！忏公与弘一大师有许多相似之处：他出生于辽宁省丹东市，父曾任安东商务会长，开银行，家境富裕，曾自述到戏院听戏有专用包厢；后留学日本，学习美术；因父病危返国、中断学业。30 岁在北平广济寺出家受具足戒，转至福州亲近慈舟大师。1949 年，随国民政府撤退来台湾。1956 年，与弟子于台湾南投县埔里镇观音山搭建"印弘茅蓬"（由此印证其对印光大师、弘一大师之景仰孺慕）。茅蓬因八七水灾，土石崩落而毁。1963 年，与弟子性因法师于南投县水里乡顶崁村创建莲因寺。③

　　忏公之所以能对台湾佛教界产生巨大影响，源于自 1966 年，开办大专学生斋戒学会。每年暑期两届，寒假一届。男生在莲因寺，女生借用尼众道场，每届参与的大专学生约两百人，造就多位佛门大师，如慧律法师、法藏法

① 弘一大师讲述、王世英记：《药师如来法门一斑》，见《弘一大师全集》第 1 册，第 282 页。
② 弘一大师讲述，王世英记：《药师如来法门一斑》，见《弘一大师全集》第 1 册，第 282 页。
③ 资料来自中国台湾网络"维基百科"：忏云法师生平。

师、道证法师等等。当年本会创办人陈慧剑老师亦为斋戒学会主要讲师之一。忏公另一对佛门的重大贡献，即是运用其深厚的美术功底所绘制出来的西方三圣像，流传到全世界各地，受到千万信众供养顶礼膜拜！①

图2　忏公老和尚所绘西方三圣像

在忏公所创建的莲因寺里，墙上处处可见到忏公仿弘体书写的法语，虽然字体较弘公刚硬些，但仍明显可看出其原始雏型。

最初听到忏公向大家介绍药师法门，是于斋戒学会之中，说到办此大型活动，约两百人参加，为期半个月，每年至少办六次（男女生各三次），必须先筹措大笔经费。但是忏公从不向护法信众开口，而是直接修药师法，向药师佛禀报。不可思议的则是，陆续自然就有护法居士们，自动供养所需经费，正好打平开销！就这样顺利开办了三十多年，培育了无数当今台湾佛教界的杰出人才，涵盖出家与在家弟子！

弘一大师持戒念佛的精神，忏公更是彻底信受奉行！忏公自三十二岁出家至九十四岁圆寂，六十多年的岁月中，严持过午不食戒！也从不与其他佛教团体，社会各界有任何应酬往来！偶尔下山，多半为大专斋戒学会或平日的大专佛学讲座！其严谨固守原则的态度，常被人批评为不近人情！② 在

① 此三圣像原版，目前仍供奉于莲因寺念佛堂上。
② 《忏云老法师的那艘渡船》（2009 年 3 月 8 日），王尚智的双城心事部落格。

图3　忏公老和尚像

其晚年,大部分时间坐在轮椅上,并非无法行走,而是为了保留体力能站起来拜佛念佛!

最为明确而具体地听受药师法门是在 1990 年间,忏公因铸造莲因寺大殿佛像,亲临屏东,与工匠商议,是日驻锡于屏东铁炉寺。晚间应广大信众要求,于大殿做随缘开示,讲题便是介绍弘一大师的"药师法门修持仪轨",由侯秋东教授翻译成台语,笔者负责记录及录音。重点即是告诉大家:现实生活中,有诸愿求,藉由虔诚修持药师法门,可得满愿![①] 但忏公老和尚也特别提醒,此法不适用于做投机生意,赌博或买股票等!

日后笔者自身使用的经验,举二例以证明:

1. 1993 年间,有一晚辈,年方 22 岁,罹癌末期,痛苦不堪,但以现代医学技术,令其病况呈胶着状态,求生不得,求死不能。后经佛友提醒,为其修药师法门,甫一开始,病情即急转直下,陷入昏迷,未出一星期即告往生。头七夜回来于香灰中留下莲花及手印脚印,表达感谢。更于七七圆满之日于梦中清晰告知,已往生极乐。

2. 2019 年 7 月间为俗家女儿祈求在美国谋得理想工作,发愿修持药师法门四十九遍。于 8 月初圆满四十九遍当日,即接到电话,告知已收到聘雇通知,即日开始上班!

---

① 《药师琉璃光如来本愿功德经》,(台南)和裕出版社 2013 年版,第 97—99 页。

其余尚有多次经验,限于篇幅,不多赘述。弘一大师在《致传贯法师函》中亦提到"昔觉圆法师体弱多病,自发心读《药师经》后,至今身体甚为康健"。① 大师以大慈悲心,倡导持戒念佛,以究竟解脱生死轮回之苦为终极目标,但是对于众生现世之需求疾病苦,并非视而不见,反而积极为大家设法从佛菩萨座前,如法如律地求得解决之道! 这是大师留给我们的第一项法宝!②

三、地藏法门

弘一大师与地藏菩萨有甚深的因缘,曾自述:"余于在家之时,房内即供养地藏菩萨圣像。香烛供养,信心甚诚。出家以后,随所住处,皆供养地藏菩萨。"③净宗九祖蕅益大师,自称"地藏之孤臣",被弘一大师赞叹为"近古高僧中知见最正者"④,是影响大师修持地藏法门最直接的人物! "余以暗愚,获闻大法,实由地藏本愿摄之,蕅益大师宗论导之。战兢自勉,垂二十载。常念兹恩,未尝一日忘也。"⑤"自惟剃染以来,至心皈依地藏菩萨十有五载,受恩最厚。"⑥"朽人受(地藏)菩萨慈恩甚深。"⑦

由于地藏菩萨前身,曾多次示现为孝女,为拯救坠落于恶道之中的母亲,发下大愿,要救拔地狱道众生。因此《地藏经》一向被尊为是佛门孝经。弘一大师说:"《地藏本愿经》中,备陈地藏菩萨宿世孝母之因缘,故古德称《地藏经》为'佛门之孝经',良有以也。凡我同仁,常应读诵《地藏本愿经》……依教力行,特崇孝道,而修胜福。"⑧放在现实生活中,与大师同时代

---

① 弘一大师致传贯法师函(1942 年旧三月),《弘一大师全集》第 8 册,福建人民出版社 1991 年版,第 485 页。
② 弘一大师书《药师经》(护国吉祥寺 1961 年版)后有夏丏尊居士《药师琉璃光如来本愿功德经写本跋文》中提到大师"列此经于阿弥陀经之次"。
③ 弘一大师:《地藏菩萨之灵感》,见《弘一大师全集》第 1 册,福建人民出版社 1991 年版,第 302 页。
④ 弘一大师致姚石子函,见《弘一大师全集》第 8 册,福建人民出版社 1992 年版,第 205 页。
⑤ 释大醒:《追念弘一律师》,见《弘一大师全集》第 10 册,福建人民出版社 1993 年版,第 115 页。
⑥ 弘一大师:《地藏菩萨圣德大观序》,见《弘一大师全集》第 7 册,福建人民出版社 1991 年版,第 429 页。
⑦ 弘一大师致李圆净函,见《弘一大师全集》第 8 册,福建人民出版社 1991 年版,第 205 页。
⑧ 弘一大师:《赞礼地藏菩萨忏愿仪跋》,见《弘一大师全集》第 7 册,福建人民出版社 1991 年版,第 428 页。

的杨白民居士过世时,弘一大师致函其女杨雪玖女士,为其父诵《地藏经》以报亲恩!①

又因地藏菩萨誓愿救度地狱中的罪苦众生,世间凡人自然会联想到,皈依投靠于地藏菩萨座下,有了这支大保护伞,恶人恶事就比较无法加害于自己身上。因此,附录于《地藏菩萨本愿经》之上的"读诵《地藏本愿经》之二十八利益",有几项是世间怯懦凡夫,不论信不信佛,都希望得到的保佑:"……五者。衣食丰足。六者。疾疫不临。七者。离水火灾。八者。无盗贼厄。九者。人见钦敬。十者。神鬼助持……"②而弘一大师曾自述应验《地藏经》"无盗贼厄"之经历:"于杭州居一小寺过夏,时每夕皆持诵地藏菩萨名号。某日入夜,盗贼至,搜括全寺,惟独大师所居之房,欲破门而入,历一小时许皆不得入。是晚大师睡眠甚安,次日晨起始知。"③因此弘一大师说:"此是余自己所经历之一事。……诸君倘能自今以后,发十分至诚之心,礼敬供养地藏菩萨,则于二十八种利益,必能一一具获,决定无疑。此则为余可为诸君预庆者也。"④

以笔者自身于现实中亲见,得到地藏菩萨护佑之实例甚多,今略举其二。一、助念团成员许居士,不论天气酷热,一定穿着长袖衬衫。与大家相处熟悉之后,才透露,年少轻狂不学好,手臂上全是刺青,多次进出监狱。最后一次出监后,不改轻狂个性,高速飚车,自撞安全岛,伤势严重,被送入加护病房,医生判断生还机会渺茫。但是于昏迷之中,见一慈眉善目之出家人,牵其手还家,因此突然清醒过来,甚至不数日,即迁出加护病房。后听其母告知,自出事后,其母即日夜不停,跪求地藏菩萨,慈悲护佑,终于让其子脱离险境,恢复健康。自此之后,痛改前非,凌晨三时,即至菜摊帮忙批货、贩卖。待工作结束,即四处为人助念,劝人信佛学佛。

二、现任职监狱,担任调查员之净仁居士,受其母影响,茹素多年,并承办狱中宗教教化业务。为人忠厚老实,虽不善攀附,但总是很幸运地遇到慈

---

① 弘一大师:《致杨雪玖函》,见《弘一大师全集》第 8 册,福建人民出版社 1991 年版,第 176 页。

② 玄奘印刷文化有限公司 2018 年印行《地藏菩萨本愿经》读诵本。

③ 高明芳:《弘一大师与地藏法门的修持和宏扬》,见杭州师范大学弘一大师·丰子恺研究中心编《如月清凉:第三届弘一大师研究国际学术会议论文集》,中国广播电视出版社 2010 年版,第 71 页。

④ 弘一大师:《地藏菩萨之灵感》,见《弘一大师全集》第 1 册,福建人民出版社 1991 年版,第 303 页。

善的长官,包容他工作上的差错,并且升迁顺利。某日带领笔者前往监狱工厂做教化工作之时,告知两天前,曾经历一场不可思议的感应事迹:那天上班时,突感血压上升,浑身难受,因此向长官请假,外出就医。到医院后,医生立刻要其躺下,输液治疗。针头一插下,便自觉昏睡过去,见到自己走在一条漫无止境的道路上。两边墙上,不停播放他从小到大的经过,尤其那些调皮捣蛋,逃学游荡的事迹。最后终于走到尽头,已是筋疲力尽,见到大家排队经过关卡。许多人过关之后,就不知去向。轮到他时,突然有位非常庄严的出家人挡在面前,无法看到他的面容,只见衣袂飘飘,连皱褶都看得很清楚。他与把关者低语商讨一阵子之后,告诉净仁:"现在还不到时候,你回去吧!"用力一推,他在病床上醒来,看墙上时钟,其实只经过十几分钟,但感觉上是一段非常漫长的经历![1]

弘一大师曾于 1940 年在福建永春普济寺,向大众开示《普劝净宗道侣兼持诵地藏经》:"因吾人处于凡夫地位……衣食住等不能不有所需求,水火刀兵饥馑等天灾人祸亦不能不有所顾虑。倘生活困难,灾祸频起,即于修行做大障碍也。今若能归信地藏菩萨者,则无此虑。依《地藏经》中所载,能令吾人衣食丰足,疾疫不临,家宅永安,寿命增加,虚耗辟除,出入神护,离诸灾难等……于《地藏经》至心持诵,共获胜益焉。"[2]

倓虚大师在其著作《影尘回忆录》中提到,自 1945 年开始,青岛湛山寺启建水陆道场时,都会于坛内设立弘一大师像,让幽冥众生受其慈悲精神感召,而有勇气进入坛内受度。[3] 笔者自出家后,常受邀举办"传授幽冥众生皈依法会",亦都于会场,恭立弘一大师像。之所以要举办种种法会,为大众超荐累劫冤亲债主,实乃因为于现实生活中,每个人都或多或少会遇到障碍不顺或病痛,有时虽已尽了最大的努力,但是情况仍无法改善,这时便会想到宿世因果业报,期望透过诵地藏经,灭定业真言,或是礼忏、放生、布施、供养等方式,将功德回向给冤亲债主,忏其前愆,悔其后过。此亦为弘一大师苦心教导开示"地藏法门",希望我辈凡愚众生,在修此法门的过程中,明因识

---

① 笔者曾于 2014 年七月一日出版第 113 期《弘裔杂志》上撰述《地藏慈光照我身》详述此事。

② 弘一大师:《普劝净宗道侣兼持诵地藏经》,见《弘一大师全集》第 7 册,福建人民出版社 1991 年版,第 385 页。

③ 倓虚大师述、大光法师记录:《影尘回忆录》下册,(香港)华南佛学院 1955 年版,第 196—197 页。

果,回归于佛法修持的正道!

四、念佛法门

持戒念佛,是弘一大师毕生最重要的修行功课。但是一般不明佛法之人,总以"持戒念佛"纯属个人修为,与芸芸众生何干? 但是若进一步思考,若天下人人皆能持戒念佛,岂不天下太平,恶人恶事,从此绝迹? 即或不能人人如此,但大家对佛法存恭敬向往之心,也必然能遏阻许多恶念恶行于无形之间。遗憾的是,如今世间,念佛的人少,持戒的人更少,以至于乱象丛生,天灾人祸不断,实是障重福薄之娑婆众生,可叹可哀之处!

先撇开持戒念佛,对学佛之人,在出世间法上,无量无边的功德利益。单以世间人的现实人生种种需求,除了前面所论述的药师法门与地藏法门,也有人藉由念佛法门,让命运从坎坷走向平顺富足![①] 然而念佛法门的实际效益,在世间人面临老病生死之大关时,更发挥出不可思议之力量功用! 以笔者累积三十多年临终关怀,往生助念之经验,临命终人,有无佛号加持陪伴,其现象是截然不同的!

在许多佛经读诵本上,都会附加念佛十大功德利益:一、昼夜常得一切诸天大力神将,隐身守护。二、常得观音等二十五大菩萨,而为保佑。三、常为诸佛昼夜护念,阿弥陀佛常放光明摄受此人。四、一切恶鬼、夜叉、罗刹,皆不能害;毒蛇、毒药,悉不能中。五、水火冤贼、刀兵枪炮、枷械牢狱横死,悉不能受。六、先作罪业,悉皆消灭。七、夜梦吉祥,或见阿弥陀佛胜妙金身。八、心常欢喜,颜色光泽,气力充盛,所作吉利。九、常为世间一切人民恭敬礼拜,犹如敬佛。十、临命终时,心无怖畏,正念现前,西方三圣,金台接引,往生净土,莲花化生,受胜妙乐。在上述的十大利益中,第一至第九项,皆是现实人生之中,只要肯信佛,念佛,当下直接就可以得到利益的。这与一般观念之中,认为念阿弥陀佛是专度死人,《阿弥陀经》则被归类于专为亡者超度的经典,以至于在面对当下困境之时,不知也不肯静下心来,虔诚持

---

① 吾友孔老师,大学非教育科班出身,多年甄试国中老师皆不就。生活贫困,负债累累。潦倒之际,走入佛门,精勤念佛,之后竟然通过甄试,成为正式国中老师,并觅得同任教职之夫婿。自此更加精进,专持"无量寿经",念诵到倒背如流的程度。

诵阿弥陀佛,反而四处求神问卜,这对佛陀当年的教诲,实在是莫大的误解与浪费!

今年是 2021 年,相距 1932 年弘一大师开示《人生之最后》已有 89 年。[1] 在这将近一百年的时间里,医药科技突飞猛进。人类的平均寿命虽然略有增加,但是无可讳言的,现代医学用以延长生命的器材,药物,却不知不觉成为许多在生死边缘挣扎,临命终人的大灾难!陈荣基医师在《我们一定要不计代价,为临终病人奋战到底吗?》中说:"病人的死亡,并非医疗的失败;未能协助病人安祥往生,才是医疗的失败。"[2]因此在进入日益高龄化的社会,我们一定会面对的一件残酷的事实,那就是会有越来越多的人,必须在至亲处于生死边缘之时,非常艰难地作出决定:该放手让亲人离去,或是宁可让他受尽凌迟般的痛苦,只为了让他还保留一口气,毫无尊严地活在这世间?

日本社会学家上野千鹤子写了一本书《一个人的临终》,里面提到:但比起害怕死亡,相信更加令人担心的会是临终前"生不如死"的情况:

1. 被移送到医院做没有意义的延命医疗!
2. 年迈后被送到陌生且质量不好的照护机构!
3. 即将迈向死亡之路,也没有可以值得信赖的送终者!

朱为民先生在《人生的最后期末考:生命自主,自己预立医疗决定》一书中也说到:"在人生道路上,提早面对死亡的必修学分,提早学习接受它的来临,提早与心爱的家人'道谢、道歉、道爱、道别',走到生命终点时,才能无憾放下。"以现今时空背景下所提出的观点,对照于 89 年前弘一大师的开示,赫然发现,对于病重临终之人,该如何对待处置,大师其实已经用"念佛法门"做了最为详尽而周全的教导!

弘一大师说:"当病重时,应将一切家事及自己身体悉皆放下。专意念佛,一心希冀往生西方。能如是者,如寿已尽,决定往生。如寿未尽,虽求往

① 释慧观:《弘一大师〈人生之最后〉开示摘述》,见《人生之最后》,莲花基金会 2013 年版,第 40 页。
② 陈荣基:《我们一定要不计代价,为临终病人奋战到底吗?》,见《人生之最后》,莲花基金会 2013 年版,第 25 页。

生而病反能速愈,因心至专诚,故能灭除宿世恶业也。倘不如是放下一切专意念佛者,如寿已尽,决定不能往生,因自己专求病愈不求往生,无由往生故。如寿未尽,因其一心希望病愈,妄生忧怖,不惟不能速愈,反更增加病苦耳。"①学佛念佛之人,放下身心,全心投靠佛菩萨,因此大师说:"病未重时,亦可服药,但仍须精进念佛,勿作服药愈病之想。病既重时,可以不服药也。余昔卧病石室,有劝延医服药者,说偈谢云:'阿弥陀佛,无上医王,舍此不求,是谓痴狂。一句弥陀,阿伽陀药,舍此不服,是谓大错。'"②或许有人会讥讽如此想法做法为消极迷信,但是现今许多医学也证实了,人的心理状态,对于他的健康,常会有不可思议的影响力;若是有强大的宗教信仰,让患者保持内心的安祥宁静,无有怨恨,即使身体已败坏至无可挽回,但至少也能在平和的心境之中,咽下最后一口气!

命终之后,念佛法门,往生助念,更是社会大众,不论信不信佛的人,都感到应该是为往生者来做的一份祝福!甚至有的人未必相信真正对亡者有什么帮助,但是停灵守丧期间,既然有热心的助念团体愿意来义务帮忙,那就姑且接受吧!除非家属本身有很坚定的其他宗教信仰,否则一般都不会排斥!因此弘一大师早就开示大家,命终之后,为往生者念佛开示,提起正念,并在各地成立助念团。③ 以笔者之亲身经历,往生者本身以及家属信佛的程度,常会影响到助念过程是否顺利,以及显现出来的瑞相。在那当下,让人深切感受到,念佛法门是如此的实际有用。而大众却也不可因有临终关怀,往生助念可以依靠,而轻忽了平日该做的功课,因毕竟腊月三十到来时,将会身处于何等境地,身边围绕的是哪些人,都是无法预料安排的。唯有平时多用功,消除业障,回向冤亲债主,在紧要关头,才能有好因缘!蕅益大师对此亦曾做过开示:"《观经》云:逆恶之人,临终十念皆得往生。夫临终十念,必深植善根。今逆顺境缘,便不复有正念,何况临终……当临终时安保善友现前,设现前时开示,神识昏迷,而欲求其信解,此又决不可得之数也。"④

---

① 《人生之最后》,莲花基金会 2013 年版,第 48 页。
② 《人生之最后》,莲花基金会 2013 年版,第 49 页。
③ 《人生之最后》,莲花基金会 2013 年版,第 51—55 页。
④ 蕅益大师:《修净土忏并放生社序》,见《灵峰宗论》卷六之一,第 678—679 页。

对照于祖师大德的开示,当代日本临终医疗专家大津秀一,以他见证过超过千名病人临终与离世后最真实的经历,写下他内心的感慨:"谁都不想生病。如果世上存在所谓不生病的方法,大家当然都会倍感兴趣。尽可能不生病的生活方式,或许真的存在。但遗憾的是,长生不死的生活方式,并不存在。事实上,所有人都会生病,也终将一死。总有一天,每个人都会面临人生的临终期,然后如同过去曾活在世上的人一样死去。事实上,所有人都会生病,也终将一死。"①"我深切体认到,愈能够接受人终将一死,并在面对事实后,仍努力活得更好的人,人生最后一段日子,反而更多姿多彩、安稳圆满,说不定连生命也因此延长。……因为思索过死亡,人才会努力活下去。这两件事是一体两面的。正因为生命有限,才会如此闪亮耀眼。"②谈到生死问题,而能笃定沉稳地面对,必然是已经深入思考过这个问题,并已为自己设定一条最妥当美好的出路!学佛念佛之人之所以对以念佛法门,帮助往生者求生西方极乐世界,从此跳脱六道轮回,其最主要的根据,乃是阿弥陀佛的四十八愿,其中第十八、十九、二十大愿:"第十八愿、十念必生:设我得佛,十方众生,至心信乐,欲生我国,乃至十念,若不生者,不取正觉。唯除五逆,诽谤正法。第十九愿、临终接引:设我得佛,十方众生,发菩提心,修诸功德,至心发愿,欲生我国,临寿终时,假令不与大众围遶现其人前者,不取正觉。第二十愿、欲生果遂:设我得佛,十方众生,闻我名号,系念我国,植众德本,至心回向,欲生我国,不果遂者,不取正觉。"③《无量寿经》上说"若不往昔修福慧,于此正法不能闻",弘一大师不但自己顷尽全力来念佛,并且以身示范,教导大家念佛:"弘一法师坐下来之后,便悠然地数着手里的念珠。我想一颗念珠一声阿弥陀吧。本来没什么话要同他谈,见这样更沉入近乎催眠状态的凝思,言语是全不需要了。可怪的是在座一些人……大家也只默然不多开口。未必因僧俗殊途,尘净异致,而有所矜持吧。或者,他们以为这样默对一二小时,已胜于十年的晤谈了!晴秋的午前的时光,在恬然的静默中经过,觉得有难言的美。"④大师以如此高超、不落言语道断的方式,将

---

① 大津秀一:《死前会后悔的25件事》,天下文化2014年版,"序言"第1页。
② 大津秀一:《死前会后悔的25件事》,天下文化2014年版,"第四章"第187—188页。
③ [曹魏]康僧铠译:《佛说无量寿经》,慈光图书馆2011年版,第28—29页。
④ 叶绍钧:《两法师》,见夏丏尊编《弘一大师永怀录》,龙树菩萨赠经会1991年版,第78页。

念佛的种子,深深植入求教者的八识心田之中,让人于无穷回味之中,领受念佛之美,之庄严,让浊世恶苦众生,不知不觉地,就以念佛法门,步上跳脱生死轮回的光明大道!

五、结语

只要还在三界六道之内轮回,任何生命的形态,其本质都脱离不了"苦、空、无常、无我"。无论在哪一期的生命过程之中,即使偶尔会因欲望的满足,得到些许短暂的快乐,但是很快地,色身与心念的变化迁流,压力与欲求随之而来,不知不觉就会让众生再度身陷于执着挂碍之中,无有宁日!然而,生而为人,最可贵的则是,能够利用灵明觉知的本性,依佛修行,跳脱轮回,从此不再枉受生死死生之苦,"娑婆原是苦封疆,生死轮回实可伤,拔断爱根归西去,历劫热恼顿清凉。"①弘一大师以大慈悲心,将佛陀因不同因缘时空之下,面对不同根机之众生,所教示的不同修持方法做出整理,以最简约的方式,肯定的语气,让大家于热恼无依之现世生命中,得到依怙,谋得解决之道,更以身体力行的持戒念佛,让大家于日益清净的心境之中,勇敢面对生死。

若是大家都能珍惜并善用弘一大师留给我们的修行资产:药师法门,地藏法门与念佛法门,不但现世可以得到诸佛菩萨庇佑,命终之后更能蒙佛接引,往生西方极乐世界,让今生此身,发挥最大的意义与价值!

(作者:台北弘一大师纪念学会名誉理事长)

---

① 杨梓著:《同愿往西方》,中华古籍出版社2016年版,第190页。

论弘一法师回向理念的转变与延展

——基于与印光法师回向理念的比较

蒋炎洲

　　"回向"是佛教的核心理念之一,《大乘义章》曰"言回向者,回己善法有所趣向,故名回向"①,"回"表回转义,"向"表趣向义,"回向"即表达回转自己所修功德,趣向菩提所期。净土法门尤重回向,其以信、愿、行三法为宗,因信所以启愿,因愿所以导行,回向则是满所愿、证所信的关键一环。净土宗根本经典《佛说无量寿经》中说:"诸有众生闻其名号信心欢喜,乃至一念,至心回向愿生彼国,即得往生,住不退转"②;《佛说观无量寿佛经》中说往生极乐净土需具备三种心,"回向发愿心"③即为其一。可见,回向在净土法门中的重要性。弘一法师自述其佛学思想体系"以华严为境,四律为行,导归净土为果"④。"导归净土"即是以西方净土为最终归趣,所有修行、善行功德皆回向往生西方净土,此是弘一法师回向的主旨。他1918年出家,从出家之初即以回向西方净土为最终归处,此回向主旨不曾改易,贯穿了他修行实践和弘法度生的始终。但是,从其回向细节来看,1924年至1925年,弘一法师的回向理念有由通途教理向特别教理转变的过程;1930年左右,他进而依华严为境修改了净土宗一则常用的回向偈,对于净土回向的目的性作了强调和延展。本文从弘一法师的回向理念入手,通过其与印光法师回向理念的交集与比较,探析其回向观从确立、转变到成熟的发展历程,从而进一步理解其佛学思想体系。

---

① [隋]慧远撰:《大乘义章》(卷9),见《大正藏》第44册,第636页下。
② [曹魏]康僧铠译:《佛说无量寿佛经》(卷2),见《大正藏》第12册,第272页中。
③ 《佛说观无量寿佛经》中曰:"凡生西方有九品人。上品上生者,若有众生愿生彼国者,发三种心,即便往生。何等为三? 一者、至诚心。二者、深心。三者、回向发愿心。具三心者必生彼国。"参见[刘宋]畺良耶舍译《佛说观无量寿佛经》(卷1),见《大正藏》第12册,第344页下。
④ 弘一:《追求律学的真谛》,见《弘一法师全集》第1册,新世界出版社2013年版,第26页。

一、导归净土：回向主旨的初步确立

　　李叔同于 1918 年农历七月十三日，入杭州虎跑定慧寺礼了悟和尚出家。因其为当时文化名流，在文学、艺术上造诣之深，使其出家引起广泛讨论。有人说他为躲避红尘而出家；有人说他为追求别样生活而出家；也有人说他为探索更高境界而出家。面对"众说纷纭"的猜测，弘一法师本人却说都"莫衷一是"，自己出家最重要的原因是"来自于佛教本身"[①]，即"医治生命无常这一人生根本苦痛"[②]。佛教有"八万四千法门"[③]对治无常之苦，而弘一法师出家后则选择了回向往生西方净土为最终归处。

　　弘一法师"初出家时，即读梵网合注。续读灵峰宗论，乃发起学律之愿"[④]。之后，他在杭州受戒时又读藕益智旭的《灵峰毗尼事义集要》和见月读体的《宝华传戒正范》，读后顿觉"悲欣交集，发愿要让其时弛废已久的佛门律学重光于世"[⑤]。他研律、弘律之愿终生奉行，后被尊为南山律宗第十一祖。戒律是佛教修行的基础，但并非终极目的。大乘佛教以普度众生同出生死、同证菩提为终极目标。弘一法师认为僧人持戒，内可增上个人修养工夫、外能树立佛教良好形象，凭此可重树僧纲、光大佛法。然而，时值末世、人根陋劣，如果仅靠持戒以自力了脱生死则非常之难。不仅律宗，即使"禅宗及天台、贤首、慈恩诸宗，皆不甚逗现今之时机"[⑥]。净土宗则是特别法门，其靠自他二力，现生以信愿力得阿弥陀佛慈悲接引往生西方，一得往生则超凡入圣，较律、教、禅等自力了脱，其难易何啻天渊之别。实际上，弘一法师初读《灵峰宗论》时就已对净土法门之殊胜有所了解；后来，他从研究有部律转而研究南山律，习灵芝三记时知灵芝律祖亦是导归西方净土，这进一步加深了他对净土法门的信向。然而，他对净土法门从初信到教理的深入，则是在与印光法师结缘之后，印光法师的开示，使弘一法师对净土法门教理有了

① 弘一：《遇见精神的出生地》，见《弘一法师全集》第 1 册，新世界出版社 2013 年版，第 7 页。
② 弘一：《遇见精神的出生地》，见《弘一法师全集》第 1 册，新世界出版社 2013 年版，第 7 页。
③ ［梁］真谛译：《佛说无上依经》（卷 1），见《大正藏》第 16 册，第 469 页下。
④ 弘一：《余弘律之因缘》，见《弘一法师全集》第 1 册，新世界出版社 2013 年版，第 30 页。
⑤ 弘一：《遇见精神的出生地》，见《弘一法师全集》第 1 册，新世界出版社 2013 年版，第 7 页。
⑥ 弘一：《致姚石子》（一），见《弘一大师全集》第 8 册，福建人民出版社 1992 年版，第 206 页。

更加深入和透彻的理解。

1920 年旧历三月,时值《印光法师文钞》出版之际,吴建东、张云雷等请弘一法师为《印光法师文钞》题词,弘一法师以此因缘第一次详阅《印光法师文钞》,他读后叹服不已,在题词中写到,《印光法师文钞》并所弘扬的净土法门"是阿伽陀,以疗群疢。契理契机,十方宏覆。普愿见闻,欢喜信受。联华萼于西池,等无量之光寿。"①之后,弘一法师经常向印光法师请教净土教理及修学问题。是年,他分别向印光法师请教了"念佛三昧"及"刺血写经"等事,印光法师为其一一详陈开示,所答皆契理契机,弘一法师倍感印光法师为"当代第一善知识"②,便发愿拜其为依止师③。之后,他曾多次向印光法师陈情拜师,却屡被婉拒④,后因其精诚所感,终得印光法师默许。弘一法师在复王心湛居士书中写到:

> 朽人于当代善知识中,最服膺者惟光法师。前年尝致书陈情,愿厕弟子之列,法师未许。去岁阿弥陀佛诞,于佛前燃臂香,乞三宝慈力加被,复上书陈请,师又逊谢。逮及岁晚,乃再竭诚哀恳,方承慈悲摄受。⑤

弘一法师是 1924 年阴历二月四日给王心湛致此函。由此可知,他曾于 1922 年就向印光法师陈请拜师,但未能如愿;又于 1923 年阴历十一月十七日阿弥陀佛诞时,先在"佛前燃臂香,乞三宝慈力加被",再"上书陈请"拜师,又被婉拒;直到 1923 年腊月,弘一法师再次"竭诚哀恳",精诚所至终得印光法师默允。当时,弘一法师以"欢喜庆幸,得未曾有"⑥描述了自己的心情。

1921 年,弘一法师在温州庆福寺闭关,之后继续精研《文钞》,并根据研

---

① 弘一:《印光法师文钞题词并序》,见《弘一大师全集》第 8 册,福建人民出版社 1992 年版,第 30 页。

② 弘一:《致王心湛》(二),见《弘一大师全集》第 8 册,福建人民出版社 1992 年版,第 147 页。

③《释氏要览》将师分二种,一是亲教师,即"依之出家、授经剃发之者";二是依止师,即"依之禀受三藏学者"。参见《释氏要览》,《大正藏》第 54 册,第 265 页下。

④ 印光法师曾说:"光出家后,发愿不收徒众,不作住持,不作讲师,亦不接人之法。当唐宋时,尚有传佛心印之法。今则只一历代源流而已。名之为法,亦太可怜,净宗绝无此事。"参见印光《复明性大师书》,见《印光法师文钞》第 5 册,巴蜀书社 2016 年版,第 18 页。

⑤ 弘一:《致王心湛》(三),见《弘一大师全集》第 8 册,福建人民出版社 1992 年版,第 147 页。

⑥ 弘一:《致王心湛》(三),见《弘一大师全集》第 8 册,福建人民出版社 1992 年版,第 147 页。

读心得,依文理浅深、内容要次,以赤重圈、赤单圈、无圈等标示了《文钞》阅读次序,并将次序表于1922年在上海佛学推行社流通的《安士全书》中附录刊行。① 弘一法师对印光法师无论道德、学问、修持等各方面都高度认可,他曾引周孟由对印光法师的评赞,说印光法师"宏扬净土,密护诸宗,明昌佛法,潜挽世风,折摄皆具慈悲,语默无非教化,二百年来一人而已"②,并说此评"诚不刊之定论也"。③

印光法师是当时专弘净土的一代高僧,后被推为净土宗第十三代祖师。弘一法师拜印光法师为师后,于1925年④专赴普陀山法雨寺亲侍印光法师,以尽弟子之宜。其自述在法雨寺"每日自晨至夕,皆在师房内观察师一切行为"⑤。印光法师的生活,让研究律学,严持净戒的弘一法师敬佩不已。后来,他曾多次以"习劳""惜福""注重因果""专心念佛"四端讲述了印光法师

① 1928年,弘一法师在致姚石子的信中,劝姚石子学习《印光法师文钞》,并叙述了自己对印光法师的崇敬,及对《文钞》的研阅情况。弘一法师信中写到:"法师今居普陀,昔为名儒。出家已二十余年,为当世第一高僧。品格高洁严厉,为余所最服膺者。《文钞》之首,有余题辞。又新版排印《安士全书》(为上海佛学推行社所印送。仁者如无此书,请致函索取。)第二本末页,附录余撰定阅《印光文钞次序表》。依此次序阅览,(但表中所记一圈者及无圈者,可暂缓阅)自无扞格不通之虞。请先阅文钞第一册《论》第十六页《佛教以孝为本论》。又第二册书第三十四页后以下《与卫锦洲居士书》及《复泰顺林介生居士书》,因此三页,与仁者近处之境,关系最切。"参见弘一《致姚石子》(一),见《弘一大师全集》第8册,福建人民出版社1992年版,第205页。
② 福建人民出版社1992年版《弘一大师全集》载弘一法师致王心湛书信内容为"二百年来一人而已",此书信的墨迹图片曾刊于《觉有情半月刊》第三十八、九期(第五版),墨迹书为"二百年来一人而已"。巴蜀书社2018年版《印光大师永思集》中载弘一法师致王心湛书信内容为"三百年来一人而已";再观陈海量《印光大师小史》中载"弘一上人尝谓余曰,大德如印光法师者,三百年来,一人而已。盖自云栖后,法化之广,未有如大师者";杨石荪《拟尊灵岩大师为莲宗第十三祖议》中曰"弘一上人尝称,大德如印光法师者,三百年来一人而已。确论也";新加坡佛教团体代表李俊承《请褒谥印光大师呈文》中"谓莲池大师后三百年来,今再一见,乃实录也";窦存我《闻印光大师生西僭述鄙怀》中"弘一法师推为三百年来一人";广觉法师诗偈曰"三百年来惟一人,弘老此语有见地"。可见,弘一法师评赞印光法师为莲池法师后一人而已,且从陈海量的《印光大师小史》一文可知,他曾亲聆弘一法师亲宣此一评赞,从莲池法师往生的1615年,至印光法师信稿被徐蔚如搜集编排问世而大宏法化,恰约三百年余。关于"二百年""三百年"之疑问,笔者谨此向诸方求教。
③ 弘一:《致王心湛》(三),见《弘一大师全集》第8册,福建人民出版社1992年版,第147页。
④ 弘一法师在泉州檀林福林寺念佛期讲《略述印光大师之盛德》时,自述是1924年赴普陀山亲侍印光法师,而根据弘一法师给其俗家侄子李圣章居士的信中内容,可见其实际是1925年五月往普陀参礼并亲侍印光法师的。参见弘一《致李圣章》(十五),见《弘一大师全集》第8册,福建人民出版社1992年版,第151页。
⑤ 弘一:《略述印光大师之盛德》,见《弘一大师全集》第7册,福建人民出版社1992年版,第380—381页。

的盛德。弘一法师此次亲近印光法师,令他感受最深的当是印光法师对念佛法门的专志,他说:

> 大师虽精通种种佛法,而自行劝人,则专依念佛法门。师之在家弟子,多有曾受高等教育及留学欧美者。而师决不与彼等高谈佛法之哲理,唯一一劝其专心念佛。彼弟子辈闻师言者,亦皆一一信受奉行,决不敢轻视念佛法门而妄生疑议。①

弘一法师说印光法师在"精通种种佛法"的基础上专依念佛法门,而且即使开示那些受过高等教育及留学海外,喜好哲理思辨的"在家弟子"②都是惟劝其专心念佛,而且这些弟子皆"一一信受奉行"。此彰显了印光法师的威德力与摄受力,而弘一法师本人又何尝不是对印光法师的教导一一信受奉行呢!可以说,弘一法师受印光法师影响而对净土义理有了更深入的理解。他不仅主张念佛回向西方,即使对修地藏法门、药师法门,及修法相宗者都主张他们回向往生西方净土;不仅要每日功课回向西方,即使日常众善也要回向西方。弘一法师回向往生西方净土的主旨不曾改易,然从其1924—1925年的净土回向文中却可发现其在回向理念上有一次重要的转折。这次转折,也可以说是他在教理理解上从通途向特别的一次转变。

二、由通到别:回向理念的转变

弘一法师一生修行无论念佛、诵经、持戒、修善等种种功德皆回向往生西方净土。然而,他早年的回向观中隐含了一些通途法门的教理痕迹,与净土特别法门的超越性似有未完全契合处。于净土宗而言,大乘佛教有通途法门和特别法门之分,所谓"如来以自力他力,通途特别二种法门,普利一切"③。然"通""别"有何区别? 印光法师曾解析到:

---

① 弘一:《略述印光大师之盛德》,见《弘一大师全集》第7册,福建人民出版社1992年版,第381页。
② 此处,弘一法师之所以特别指出印光法师开示在家弟子,应是因印光法师不收出家弟子。
③ 印光:《傅大士传录序》,见《印光法师文钞》第2册,巴蜀书社2016年版,第98页。

窃维修持法门,有二种不同,若仗自力修戒定慧,以迄断惑证真,了生脱死者,名为通途法门。若具真信切愿,持佛名号,以期仗佛慈力,往生西方者,名为特别法门。通途全仗自力,特别则自力佛力兼而有之。①

可见,"通""别"的关键在于仗力不同。通途法门仅仗自力了脱,对大根者则可当生成就道业,中下根人欲当生了脱生死则了不可得;而净土法门较为特别,其兼仗自他二力,由佛力加持三根普被,即使中下根人仍可仗真信切愿蒙佛接引往生西方,一得往生则超凡入圣。所以印光法师又说:

唯净土一门,但具真信切愿,以至诚心,持佛名号,求生西方。无论惑业之厚薄,工夫之浅深,皆于临终,仗佛慈力,带业往生。既往生已,即已超凡入圣,了生脱死。从兹渐次进修,即得亲证无生,以至圆满佛果耳。此如来悲悯劣机众生,普令现生顿出轮回之特别法门也。②

在净土宗判教中,西方净土为特别法门,除此之外,其他宗派皆为通途法门。净土法门的特别之处,往往不容易被采信,所以净土法门又被释迦牟尼佛称为"一切世间难信之法"③。弘一法师出家后即对净土法门生信,但他早期也对净土法门的特别之处似未能完全领会和采纳,此从其早期的回向观中可窥一斑。

1924年,弘一法师的好友杨白民病故,弘一法师于1924年阴历八月十七致信杨白民之女杨雪玖,他在信中提到了自己给杨白民回向,从中可见通途教理意味,他说:

自明日始,当力疾为尊翁诵经念佛;惟冀老友宿障消灭,往生人道天中,发菩提心,修持净行。当来往生极乐,早证菩提。④

① 印光:《近代往生传序》,见《印光法师文钞》第2册,巴蜀书社2016年版,第147—148页。
② 印光:《乐清虹桥净土堂序》,见《印光法师文钞》第2册,巴蜀书社2016年版,第109页。
③ [姚秦]鸠摩罗什译:《佛说阿弥陀经》(卷1),《大正藏》第12册,第348页上。
④ 弘一:《致杨雪玖》(一),见《弘一大师全集》第8册,福建人民出版社1992年版,第175—176页。

之后，弘一法师再次致信杨雪玖，劝她为亡父每日诵经念佛，并为杨雪玖拟了一份回向发愿文：

> 早晚诵发愿文三遍。其文拟定如下：以此诵经持名功德，回向亡父杨白民居士。惟愿亡父业障消除，生人天上。觉心普发，净业勤修，往生西方，早成佛道。①

从弘一法师自己为杨白民回向及他为杨雪玖拟定的回向文可知，虽然都有回向杨白民"往生西方"之语，却以"往生人道天中""生人天上"为前提。也就是说，1924 年时，弘一法师所持的回向观为：如果亡人命终时未即往生西方净土，亲人为之念佛、诵经、修善以回向，需先回向其神识转生人道或天道。而印光法师提倡的回向观却并非如此。印光法师认为：

> 亲没，则代亲笃修净业，至诚为亲回向。心果真切，亲自蒙益。若未往生，可即往生。②

可见，印光法师主张的是用真诚心为亡亲念佛回向，如果念佛、回向之心真切，亲人"若未往生，可即往生"，并不需要先回向亡人生人、天道中。而且，不仅被回向人得益，与其亲近的人都能同获利益。印光法师曾因陈锡周母故，劝陈锡周为母亲念佛诵经，及印经、做善回向，他说：

> 汝昆弟能如是为母念佛，兼又印施观音颂文钞等。有此善心净资，并利人之事之功德，岂但汝母莲品增高。将见汝祖父母，汝父，并历代祖妣，同沾法利，同得往生也。③

显然，陈锡周的祖父母，父亲，并历代祖妣都是在其母之前过世。也就是说，如果陈锡周为他母亲念佛、印经、做善回向，连同他之前过世的亲人也

---

① 弘一：《致杨雪玖》（二），见《弘一大师全集》第 8 册，福建人民出版社 1992 年版，第 176 页。
② 印光：《循陔小筑发隐记》，见《印光法师文钞》第 2 册，巴蜀书社 2016 年版，第 226 页。
③ 印光：《复周孟由昆弟书》，见《印光法师文钞》第 1 册，巴蜀书社 2016 年版，第 328 页。

都能蒙此功德，同生西方。可见，印光法师的净土回向观是去"轮回义"的。

印光法师为了强调净土法门去"轮回义"的回向主张，曾指导修改过一则净土回向偈。该偈原为通途法门所用，全文为："愿消三障诸烦恼，愿得智慧真明了，普愿罪障悉消除，世世常行菩萨道。"①印光法师在指导妙真法师等人编纂《灵岩念诵仪规》中，则将该回向偈最后一句"世世常行菩萨道"改为了"往生圆成菩萨道"②。此两句，最后皆以"菩萨道"结尾，不同的是原偈中"世世常行"四字以净土教理理解会有歧义：一是，追溯该偈在《禅门诸祖师偈颂》《增修教苑清规》《律苑事规》等通途教理中皆为"世世常行"，表明禅、教、律等作为自力法门，靠"世世常行菩萨道"以了脱生死、圆满菩提，这里的"世世"有"轮回义"；第二种理解是，当"智慧明了"时即了脱生死时，而"世世常行菩萨道"则是了脱生死之后的愿力恒常，此之"世世"则可理解为权说，并无"轮回义"。《灵岩念诵仪规》将最后一句改为"往生圆成菩萨道"则终结了歧义，直指要先往生净土圆成菩提，而圆成菩提的必要条件中自然包含了深发菩提心、常行菩萨道，却不含"轮回义"。

综上所述，弘一法师1924年时，认为若人命终时未能即生西方，则需要先回向转生到人、天道，再通过发菩提心、修行净土法门以在来生往生西方，这就隐含了通途法门"世世常行菩萨道"的"轮回义"在其中；印光法师则认为，即使命终时没有即生西方，也可以通过回向者的深发菩提心，以念佛、做善等功德超度亡者，只要回向者信愿真切感通阿弥陀佛，亡者仍可即被接引往生西方。此看似是两位法师对于净土回向细节的表述不同，实际则表明了弘一法师早年受通途教理影响，对净土回向观的理解尚有偏差。

之后，随着弘一法师对净土教理理解的进一步深入，他在1925年拟定的回向文中发生了明显转变。1925年阴历六月廿九日，弘一法师因崔旻飞谢世致信崔海翔时再次提到了回向问题，此时弘一法师写到：

---

① ［宋］子昇、如祐录：《禅门诸祖师偈颂》（卷2），《卍新纂续藏》第66册，第751页下。

② 原回向偈，无论是宋代子昇录、如祐录的《禅门诸祖师偈颂》，还是元代自庆编述的《增修教苑清规》，及元代省悟述的《律苑事规》中首句都为"愿灭三障诸烦恼"，《灵岩念诵仪规》中是"愿消三障诸烦恼"，"消"与"灭"表意相同，此不作论述；需要注意的是末句，《灵岩念诵仪规》中将"世世常行菩萨道"，改为了"往生圆成菩萨道"。参见《灵岩念诵仪规》，灵岩山寺印，1938年，第98页。

以是功德回向亡友旻飞,若未生西方者愿早往生,若已生者,愿增高位。①

此回向语虽简短,却可见弘一法师对亡人生西时间的判定已有转变,即亡人不需先转生人、天。再者,关于发菩提心的主体问题,弘一法师的主张也有变化。是年阴历八月九日,弘一法师再次致信崔海翔时写到:

于昨日敬延本寺僧众念佛一日,并乞老和尚主法,随众念佛。(老和尚为中兴本寺者,久不随众念佛,今特慈悲,允为主法,致可感激。)朽人亦列末座。并鸣洪钟及斋僧众。(其愿文为朽人手撰,别录奉览。)先回向法界众生者,因缘广大普遍之愿,则亡者所获之利益大矣。②

其回向原文为:

中华民国安徽省芜湖县弟子崔祥鹍,虔诚稽首十方三世三宝之前。今以亡弟祥鸿法名演默字旻飞,逝世将及七七之辰。敬舍资财,延请浙江省永嘉县庆福禅寺僧众念诵阿弥陀佛名号一日,并鸣钟及斋僧众。以此功德,回向法界一切众生,惟愿众生悉离苦趣,厚植善根,普发觉心,勤修净业,早生极乐,同证菩提。并愿亡弟祥鸿若未生西者,早生西方,若已生西方者,增高品位,速成佛道,广度众生。③

可见,弘一法师此时主张回向者要先将功德回向给"法界一切众生,惟愿众生悉离苦趣",此即回向者本身要先发菩提心,并以此功德祈愿亡者早生西方及高登莲品。比较弘一法师1924年八月给杨雪玖的信和1925年六月、八月给崔海翔的信可知,其1925年的回向观已与印光法师趋于一致。实际上,1925年五月弘一法师曾赴普陀亲侍印光法师左右,期间请教净土法门

① 弘一:《致崔海翔》(一),见《弘一大师全集》第8册,福建人民出版社1992年版,第182页。
② 弘一:《致崔海翔》(二),见《弘一大师全集》第8册,福建人民出版社1992年版,第182页。
③ 弘一:《致海翔居士》(附原文一则、法语一则),见《弘一法师全集》第2册,新世界出版社2013年版,第75页。

相关问题自会不少。他在 1925 年六月的信中,回向观就有明显转变,应是受印光法师影响的结果。

弘一法师依止印光法师修学净土法门,但也正是因为净土法门的特别之处,在当时有很多人是不能生信的,有人判净土法门为权法,甚至说净土法门是小乘,而批判者的依据是说净土法门的修行者只顾自己往生西方,不顾众生沉沦苦海。对此,弘一法师不仅"以华严为境"严厉批驳了这种观点。而且,他还专门修改了一则净土宗常用的回向偈,以表达净土宗对菩提心的重视。由此可知弘一法师对净土回向目的性的强调和延展。

三、普利群萌: 对回向目的性的强调与延展

弘一法师"以华严为境"的思想,应受印光法师影响深切。印光法师是近代佛教界提倡以华严思想解净土理论的代表性人物,他甚至提出净土肇自华严的理论。印光法师说:

> 净土一宗,肇自普贤⋯⋯华严经末后,普贤菩萨以十大愿王导归西方,此释迦佛法中最初首倡也。[1]

当时,佛教界有一部分人认为净土法门为小乘法,而且持这种观点的人可谓"举世滔滔,迷流蠢蠢"[2]。印光法师正是以《华严经》尚且导归西方净土的理论驳斥了视净土为小乘者。他说:

> 华严一经,王于三藏,末后归宗,普贤菩萨以十大愿王,回向往生西方,普劝善财及华藏海众,一致进行,求生西方,以期圆满佛果。[3]
>
> 现在许多大聪明人,视净土为小乘,不但自不修持,且多方辟驳,破人修持。不知此法,乃凡圣同修之法。将堕地狱之业力凡夫,能念佛

---

① 印光:《复卓智立居士书六》,见《印光法师文钞》第 6 册,巴蜀书社 2016 年版,第 217 页。

② 谛闲法师曾说:"斥净土为小乘,瞎练盲修,嗤念佛为愚事,举世滔滔,迷流蠢蠢。"参见谛闲《题词并序》,《印光法师文钞》第 1 册,巴蜀书社 2016 年版,第 4 页。

③ 印光:《念佛恳辞序》,见《印光法师文钞》第 4 册,巴蜀书社 2016 年版,第 106 页。

名,即可直下往生。将成佛道之等觉菩萨,尚须以十大愿王功德,回向
往生西方极乐世界,以期圆满佛果。①

弘一法师对印光法师此观点非常认同,他在《关于净土宗》中也讲到:

> 华严经之大旨,不出普贤行愿品第四十卷之外。此经中说,诵此普
> 贤愿王者,能获种种利益,临命终时,此愿不离,引导往生极乐世界,乃
> 至成佛。②

可见,弘一法师对华严导归净土理念的解读与印光法师如出一辙。弘
一法师为了强调净土法门非常注重菩提心,他在讲解净土宗时着重强调要
先发菩提心,他说:

> 修净土宗者,第一须发大菩提心。无量寿经中所说三辈往生者,皆
> 须发无上菩提之心。观无量寿佛经亦云,欲生彼国者,应发菩提心。③
> 第一劝大家应发大菩提心。否则他人将谓净土法门是小乘消极
> 的、厌世的、送死的。复劝常读行愿品,可以助发增长大菩提心。④

弘一法师首先以净土宗的根本经典《无量寿经》《观无量寿经》等证明了
净土法门注重菩提心,同时他建议净土行人要常诵《华严经》,特别是《行愿
品》以助发菩提心。弘一法师还进一步细化了发菩提心的心境及实践方法,
他提出净业行人要有"以一身承当此利生之事业"⑤的心境,而且要"作种种
慈善事业"⑥,只有这样才能"令他人了解佛教是救世的、积极的。不起误
会"⑦。弘一法师为了将劝发菩提心融入到净土行人的日常行用中,他主张

① 印光:《复(陈慧恭,孙慧甲)书》,见《印光法师文钞》第3册,巴蜀书社2016年版,245页。
② 弘一:《净土法门大意》,见《弘一大师全集》第1册,福建人民出版社1992年版,第261页。
③ 弘一:《净土法门大意》,见《弘一大师全集》第1册,福建人民出版社1992年版,第260页。
④ 弘一:《净土法门大意》,见《弘一大师全集》第1册,福建人民出版社1992年版,第261页。
⑤ 弘一:《净土法门大意》,见《弘一大师全集》第1册,福建人民出版社1992年版,第261页。
⑥ 弘一:《净土法门大意》,见《弘一大师全集》第1册,福建人民出版社1992年版,第261页。
⑦ 弘一:《净土法门大意》,见《弘一大师全集》第1册,福建人民出版社1992年版,第261页。

修改净土法门中一则常用的回向偈。他在致聂云台的信中写到：

> 念佛时，常用之"愿生西方净土中"四句，其末句为"不退菩萨为伴侣"，语气殊未完足（似尚有下文者）。且此四句仅言生西，而无利生之愿，亦有未合。余于五六年前曾劝人将第四句改为"普利一切诸含识"，（用《普贤行愿品》成句）则语气既能完足，且具利生之愿。[1]

"愿生西方净土中"的回向偈原文是"愿生西方净土中，九品（上品）[2]莲花为父母；花开见佛悟无生，不退菩萨为伴侣"[3]，属于净土行人功课后常用的回向文。弘一法师将原文中最后一句"不退菩萨为伴侣"改为《华严经》语"普利一切诸含识"，强调了净土行人愿生西方的目的即普利一切众生，以此显发净土法门对菩提心的重视。弘一法师在 1942 年 10 月 8 日向妙莲法师交代遗嘱时也有说到此"普利一切诸含识"的回向偈。

实际上，弘一法师修改后的回向偈，思想主旨与印光法师的回向主张是一致的，不同的是印光法师着重强调了先圆证菩提，而圆证菩提中自然包含了发菩提心；弘一法师着重强调了往生后的目的为普利群生。从这个意义上说，弘一法师修改的回向偈是对回向净土目的性的进一步强调和延展。

弘一法师的回向观，从最初的确立，到由通途教理向净土教理的转变，再到其为强调菩提心的应用及往生净土普利群生的目的，而以华严为境修改净土回向偈，此虽仅是回向理念的转变与发展，但从回向一隅也可见其佛学思想的发展演变历程。

（作者：南京大学哲学系 2018 级博士研究生）

---

[1] 弘一：《致聂云台》（一），见《弘一大师全集》第 8 册，福建人民出版社 1992 年版，第 233—234 页。

[2] 《弘戒法仪》《三时系念佛事》用"上品"，《念佛起缘弥陀观偈直解》用"九品"，《灵岩念诵仪规》用"九品"，可见印光法师提倡用"九品"。

[3] 参见《灵岩念诵仪规》，灵岩山寺印，1938 年，第 130 页。

弘一大师书信考

陈　星

　　弘一大师研究者在其相关著述中引用弘一大师书信，多来自福建人民出版社 2010 年 10 月版《弘一大师全集》（修订版）第八册·文艺卷、杂著卷、书信卷（本文简称《全集》）和文物出版社 2017 年 10 月版陈飞鹏整理《弘一法师书信全集》（本文简称《书信全集》）。但两部全集所收弘一大师书信，其年份、月份、具体日期和写信地点多有标注失误，其数量竟达近百通。（2019 年 12 月《弘一大师全集》有第 3 版［修订 2 版］，但对相关书信的标注失误未作改正。）对这些失误给予必要的匡正，不仅可还原历史本相，也有益于弘一大师研究。考证对象系以上二全集所收相关书信。凡学界已有考证且已定论的书信，不再赘述。鉴于篇幅所限，本文仅刊布对 25 通书信的考证。

　　1. 致许幻园函原文：

　　　　在禾晤谭为慰。马一浮大师于是间讲《起信论》，演音亦侍末席，暂不他适。顷为仁者作小联，久不学书，腕弱无力，不值方家一晒也。演音拟请仓石、梅庵各书一幅，以补草庵之壁，大小横直不限。（能二幅配合相等尤善）仁者有暇，幸访二老人，为述贫衲之意。文句写奉，能依是书，尤所深愿。今后惠书，寄杭州城内下珠宝巷龢务学校周佚生居士转致。不一。
幻园居士文席

　　　　　　　　　　　　　　　　　　　　　释演音　十一月十四日

　　考证：此信写于 1918 年，《全集》第 268 页收录；《书信全集》第 50—51 页收录。均注写信地点为嘉兴。其实弘一大师至少在该年 12 月 8 日（农历十一月初六日）即已在杭州，住银洞巷。如他银洞巷书"勇猛精进"赠夏丏尊,款识"戊午大雪,丏尊居士嘱。大慈弘一沙弥演音,时住银洞草庵";钤印"演音"。① 此时弘一大师刚至银洞巷不久,故提醒来函可由周佚生转交。同时,他拟请吴仓硕、李梅庵写字,也应系为银洞巷"以补草庵之壁"。故写信地点在杭州。

2. 致堵申甫函原文:

申甫学长先生:

嫂夫人仙逝,至堪哀悼。乳儿颇康健否? 至念至念。

尊藏西湖风景照片,拟假一用,便希检交。琐渎为悚。

祇叩

道福!

息再拜

考证:《全集》未收录;《书信全集》第 26 页收录,置于"1914 年",注:"……据此推测,此函应写于此间,即 1914 年前后,具体月份日期待考"。信中有"嫂夫人仙逝,至堪哀悼。乳儿颇康健否? 至念至念"句。堵申甫独生女堵桐碧于 1913 年 8 月 4 日在堵氏老家绍兴出生,堵妻产后得"产褥热"逝世。② 另据堵申甫外甥女吴嘉兰言,堵妻逝世的时间应系 1913 年九十月间。故此信应写于 1913 年秋冬。

3. 致堵申甫函原文:

昨承枉谈,至用欣慰! 装订《华严经》事,今详细思维,如不重切者,则装订之时亦甚困难。因此经共二十七册,原来刀切偏斜者,以前数册为甚,以后渐渐端正。至后数册,大致不差。故装订时,裁剪书面(即书

---

① 见上海博物馆藏,陈燮君、汪庆正主编《夏丏尊旧藏弘一法师墨迹》,华宝斋书社 2000 年版,第 34 页。银洞草庵即虎跑下院接引庵。

② 堵祖荫:《怀念爷爷堵申甫——回眸屺山公堵申甫的生平》,收杭州师范大学弘一大师·丰子恺研究中心编《堵氏家谱》,中国诗词楹联出版社 2018 年版,第 127—136 页。

皮子)及衬纸(每册前后之白纸),须逐册比量,甚为费事。又此书原来刀切偏斜之处,朽人曾详细审视,非是直线,乃是曲线。下方向上而曲,上方亦向上而曲。此等之处,如装订时,欲使书面及前后之衬纸一一与原书之形吻合,非用剪刀剪之不可。若以刀裁,即成直线,与原书之形未能合也。以是之故,此书若不重切,则装订之时,极为困难,且不易得美满之结果。今思有二种办法。其一,为冒险重切。其二,则不重切。即将原书旧有之书皮翻转,裱贴黄纸一层,俟干时,用剪刀依旧书皮之大小剪之(其曲线处仍其旧式),即以此装订。(但册数之先后次序,不可紊乱。例如第一册之书皮,仍订入第一册等。因此书全部前后样式稍参差也。)至于前后衬入之白纸,则只可省去。因此白纸,若一一剪成曲线之形,极为不易,必致参差不齐也。(若依第一种办法,冒险重切者,则仍每册前后衬白纸四页。)若冒险重切者,订书处如不能切,或向昭庆经房,请彼处切之如何(原书即系昭庆经房自切者)。诸乞仁者酌之。再者,昨云签条黑边外留白纸约二分者,指另印夹宣纸之签条而言。若橘黄色之签,因外衬白纸,固不须太阔也。叨在旧友,又以装订经典为胜上之功德,故琐缕陈诸仁者,不厌繁细。诸希鉴谅至幸。新昌榜字,宜以佛经句为宜,乞商之。此未宣具。

申父居士丈室

二月五日胜臂疏

考证:此信《全集》第 325—326 页收录,标"一九二六年旧二月五日,杭州招贤寺"。不确。此信中有"昨承往谈"句,应写于杭州。但弘一大师于 1926 年农历三月初四日才到杭州,居招贤寺,没有可能在"二月五日"在杭州见堵氏。而 1927 年农历二月五日(即公历 3 月 8 日)弘一大师则在杭州常寂光寺,参见弘一法师:《记陈敬贤居士轶事》:"十六年丁卯二月,余在杭州云居山常寂光寺,敬贤居士过谈,所言皆禅理。"[①]堵申甫于 1927 年 5 月起就任余姚县县长,弘一大师写此信时堵氏尚在杭州。

---

① 《弘一大师全集》第 7 册,福建人民出版社 2010 年版,第 589 页。

4. 致叶品三函原文：

品三先生足下：

　　日前走谒，不晤，至怅。师校学生近组织乐石社，研究印学，刻已有十六人。闻西泠印社开金石书画展览会，拟偕往观览，以扩眼界。苦无力购券，未识先生能特别许可入场否？（拟于今日下午来观）事属风雅，故敢渎求。祗扣

道安！鹄候回示，不庄。

弟李息顿首

　　乐石社章程附呈上，乞政。

　　考证：《全集》第 276 页收录，注"一九一五年，杭州"，有误。此信现藏于杭州市文物考古所，洪丽娅《弘一法师致叶为铭信札》一文发表于《收藏家》杂志 1998 年第 3 期，录存此信。信末未署年代和日期，洪丽娅文中亦未明确标注写信年代。根据信中"师校学生近组织乐石社"之语，当是在乐石社成立之后不久，即 1914 年。又，《全集》在收录此信时，在信后附录《哀公传》。实际上《哀公传》系杭州市文物考古所藏李叔同 9 通信中的散页，未必即是某通信之附件。而此信之附件，李叔同在信中已写明，即《乐石社章程》。

5. 致叶品三函原文：

品三先生道席：

　　昨承招待，同人获饱览珍品，感谢千万。承允赐《印人传》，及《印学丛书》样本，顷已代达同人，尤为铭感。希每种先惠赐二十部，交来役带下。印社展览会特别捐，弟曾任金一元，兹附呈上，乞誊入。祗叩

教安

弟李息顿首

　　考证：《全集》第 276 页收录，注"一九一五年，杭州"，有误。此信当系前信李叔同带领学生赴西泠印社参观后一日所写，故时间当为 1914 年。

6. 致杨白民函原文：

　　日前出山，曾复一函，计达览否？

　　顷又奉到十六号寄来之手书，屡承关注，感谢无似。前寄来琴书预约券、《理学小传》等，皆收到。因入山故，未能答复，为罪。

　　朴庵先生乞为致谢。① 此复，即叩

白民老哥大安！

弟婴顿首

　　考证：《全集》第 270 页收录此信，注"一九一六年旧十二月底，杭州"。从信之内容看，此信写于断食出山后，即"日前出山"，且在"十六号寄来之手书"之后，故确定为丙辰十二月底合理，但就公历而言，则须置于 1917 年。又，《书信全集》第 33 页收录此信时有漏字。此信原件现藏浙江省博物馆。

7. 致杨白民函原文：

　　藕初（之）函，前已复答矣。弟近多忙，尚须迟二月返沪，临时再奉达。

　　考证：《全集》第 274 页收录，标"一九二三年夏，杭州虎跑寺"；《书信全集》第 92 页收录，标 1923 年"夏　杨白民　杭州虎跑寺"。均误，且《书信全集》将文中"复答"误录为"答复"。李叔同在信中自称"弟"，不会是出家后的自称。更重要的证据是此为明信片，现藏浙江省博物馆，杭州发信时邮戳不清晰，仅可辨"十月"，但抵达上海时邮戳中的年与月可辨，为"六年十月"。故此信当寄于 1917 年 10 月。又，"藕初之函"或为"藕初函"，为"初"连写"函"字。供参考。

---

① 朴庵即胡朴安（1878—1946），安徽人，南社社员，编有《南社丛选》，亦曾供职于《太平洋报》。

8. 致杨白民函原文：

　　闻微军老和尚近在杭州，因天雨，尚未走谒也。

杭州弘一寄

考证：此为明信片。《全集》第 270 页收录，注"一九一八年阳历十二月廿五日，杭州"；《书信全集》第 51 页在收录此信时有"案"，曰："此信，《弘一大师全集》注：1918 年 12 月 25 日（旧历十一月二十三日），杭州。地址疑误。弘一法师旧历十月初七到嘉兴精严寺，居住两月。此时应还在嘉兴精严寺（参见沈继生：《弘一法师驻锡寺院简介》）。订正。"弘一大师在嘉兴并非住二月，且在农历十一月间应马一浮之招至杭州海潮寺打七。更为重要的是，此为一明信片，邮戳确系"杭州府"，而弘一大师本人也写有"杭州　弘一寄"字样。所以此信应写于杭州。

9. 致杨白民函原文：

　　顷诵惠书，欢慰无似。范大师定于旧历正月初旬来杭讲经。日期未定，俟定后再通知。（大约在初二、三、四，约勾留□日左右）。仁者能于是时来杭最好，既可闻法，又可与故人晤谈也。如新年无暇，或年前亦可。演音寓城内银洞桥银洞巷四号接引庵内，是庵旧称虎跑下院，现由了悟大师住持。演音暂寓是间，至明春元宵后，或移居玉泉。近来日课甚忙，每日礼佛、念佛、拜经、阅经、诵经，诵咒等，综计余暇，每日不足一小时。出家人生死事大，未敢放逸安居也。敬祝道福！演音合十。
白民居士文席
　　乞告梦非，油画像如是办法，甚佳。[1]

考证：《全集》第 271 页收录此信时标注"一九一九年夏，杭州虎跑寺"；《书信全集》第 55—56 页收录此信时标注为"夏　杨白民　杭州虎跑寺接引

---

[1] 信中所述"范大师"指范古农居士，"了悟大师"系弘一大师的剃度师，"梦非"即学生吴梦非。

庵"。从信中所述可知,写此信当在接引庵。接引庵旧称虎跑寺下院,《全集》笼统称其为"虎跑寺"不准确。目前所见原信,"白民居士文席"书于信末,而《书信全集》则将其录于信首。另,《全集》对于信中"约勾留"后一磨损之字采用空格,《书信全集》则直接根据文意录为"约勾留三日左右"。重要者,此信非写于 1919 年夏,而应写于 1919 年初,因信中明确写道"范大师定于旧历正月初旬来杭讲经。日期未定,俟定后再通知。(大约在初二、三、四,约勾留□日左右)。仁者能于是时来杭最好,既可闻法,又可与故人晤谈也。"而此时弘一大师又住在接引庵。联系日后弘一大师行迹和杨白民不久即赴玉泉探望之事实,可知此后弘一大师提前到了玉泉,并未像信中计划的是在元宵之后。到玉泉清涟寺的时间为农历十二月底。弘一大师在《我在西湖出家的经过》中曰:"……到了十二月底,即搬到玉泉寺去住。"(高胜进笔记,弘一大师口述:《我在西湖出家的经过》,载 1937 年《越风》杂志"西湖"增刊)。

10. 致杨白民函原文:

前奉片及《生西日课》等,甚感。君有暇便至有正代请:
《梵网经菩萨戒疏》二本,金陵板
《阿弥陀经义疏》一本,仝
《弥陀经通赞》一本,仝
共费七角余。计大洋八角〇六厘。
近日霜浓,蔬菜甘美。诸师甚盼君来玉泉小住也。

演音

城东旧学生龚志振(嘉兴人),嫁张焕白君。夫妇信佛甚笃。顷在陶社结念佛,长期四十九日。有二子,亦不入学校,随侍念佛。程居士亦与斯会,附闻。①

---

① 信中"有正"指有正书局。所请经书上端标有价码符号。程居士即程中和居士,后出家,法名演义,字弘伞。

考证：《全集》第270页收录；《书信全集》第57—58页亦有收录。读此信原件，二者皆将信中文字"有二子，亦不入学校，随侍念佛。"句误录为"有二子，亦已入学校，随侍念佛。"又，此信的写信时间和地点，在《全集》中标注为"一九一九年春，杭州玉泉寺"，而《书信全集》有"案"，曰："此信，《弘一大师全集》注：1919年春，杭州玉泉寺。据信中：'近日霜浓，蔬菜甘美'一语判断，似写在深秋，非春间矣。"查此信原件邮戳，杭州寄发时间为11月，何日则无法辨别（疑为26日），而抵达上海的邮戳时间为11月28日。故此信当写于是年初冬。

11. 致杨白民函原文：

> 顷已移居城内万安桥下银洞巷四号接引庵内。以后通讯请寄是处。草草。
>
> 演音
> 居此暂不他往。月初不再返井亭庵矣。

考证：《全集》第271页收录，标注"一九一九年夏，杭州虎跑寺"；《书信全集》第51—52页将此信作为弘一大师于1919年1月27日（农历戊午年十二月廿六日）在杭州接引庵致杨白民明信片附言，并在"案"中曰："此信尾附言，在《弘一大师全集》单独列出，疑误。订正。"此信中已明言"顷已移居城内万安桥下银洞巷四号接引庵内"，故写信地点非《全集》所言之虎跑，亦非写于1919年夏。《书信全集》将此作为1919年1月27日之信的附言，亦无依据。实际情况是，弘一大师于同日也给吴梦非、李鸿梁寄出一信，信中虽有"白民先生处乞为转达"句，但仍寄出致杨白民信。二信邮戳均系"九年四月十二"杭州寄发。（即1920年4月12日寄发）附致吴梦非、李鸿梁函：

> 顷已移居城内万安桥下银洞巷四号接引庵内。以后通讯即寄是处，白民先生处乞为转达。刘、郭、丰诸君乞为致念。草草，不具。
>
> 演音

12. 致杨白民函原文：

　　昨奉尊片，敬悉一是。居此甚安，已于昨日始方便掩关，养疴习静。凡来访问者，暂不接见。婺源之行，或俟诸他年耳。旧友如有询余近状者，希以此意答之。弘伞师住持招贤，整理规画，极为完善。西湖诸寺，当以是间首届一指矣。率以奉达，不具一一。

四月十八日演音

考证：《全集》第 272 页收录此信，标注"一九二〇年旧四月十八日，杭州玉泉寺"；《书信全集》第 62 页在"1920 年"单元中和第 90 页"1923 年"单元中重复收录此信，地点均标注"杭州招贤寺"。弘一大师在信末注"四月十八日"，但并不是 1920 年的农历四月十八日。信中讲到弘伞法师住持招贤寺。弘伞法师是弘一大师的师兄，出家前名叫程中和。范古农居士在《述怀》一文中明确写道：弘一大师"此后尝住玉泉清涟寺，居士程中和常亲近焉。时余每年春首暑假，必赴杭佛学会讲经。八年春，讲《十二门论》毕，与会友游清涟寺，众请师开示念佛。师以撷《普贤行愿品疏钞》相托。余返里撷之于课余，至暑假即赴杭会讲演。翌年，师将赴新登山上闭关，程居士即出家名弘伞，约伴往护关。余与会友往送，摄影而别。"可知，程中和的出家是在 1920 年弘一大师将赴新登闭关之时，在此之前是以居士身份作为弘一大师之道友。弘一大师赴新登的时间是 1920 年农历六月下旬，此时程中和才出家，字弘伞。一位农历六月才出家的僧人何以会在农历四月就成为招贤寺的住持呢？故《全集》所注有误。杨白民于 1924 年去世，所以，弘一大师写此信的时间应该是 1921 年至 1923 年间。根据信中内容，此信应写于杭州，再根据弘一大师行踪，此信应写于 1923 年的农历四月十八日。虽然弘一大师于农历三月底曾赴上海太平寺，但四月十八日已在杭州。比如弘一大师于四月初八就有信给杨白民，曰："在沪诸承推爱护念，感谢无量。比拟养疴招贤寺，暂缓他适。"此信很重要，又因为有"比拟养疴招贤寺，暂缓他适"句，那么弘一大师于四月十八日又给杨白民写信时，也应该是在招贤寺，而不是《全集》中所注之玉泉寺。正因为是在招贤寺，弘一大师才在信中有了"弘伞师住持招贤，整理规画，极为完善"之赞词，也正因为弘一大师需要养病,才又在信中有"方便掩关,养疴习静"之语。此信并无抬头"白民居士"四字,而《书信全集》收录时多加了"白民居士"四字。目前所见此信原件在信末落款"四月十八日　演音"后有一括号,括号中有"杨"字。该"杨"字当为他人(如书信收藏者)代标,字体不同,表示是写给杨白民的。另,《书信全集》在第 62 页"1920 年"单元收录时录存的落款是"四月十八日　演音",而在第 90 页"1923 年"单元收录时录存的落款则是"演音　四月十八日"。

13. 致杨白民函原文:

　　前日德渊师往沪,曾托彼走访尊右,嗣以事冗,未及访问,至歉!朽人于夏季移居虎跑,恩师及弘祥师皆安隐如常。又本寺住持一席,于六月底请弘伞师兼任(每月来数次),并请恩师为都监,德渊师为知众兼知客。其余当家等诸执事,一律更换,较从前整肃多矣。仁者及尊眷如来杭时,希便中过谈。如到寺中,乞询问德渊师或弘祥师,即可由彼等陪至朽人处。请勿专询朽人之名也。率达,不具。

九月初三日　演音

考证:《全集》第 274 页收录此信,标注"一九二三年九月初三日,杭州招贤寺";《书信全集》第 95 页收录此信时标注"杭州虎跑寺"。根据信中所述,写信地点当为虎跑寺。然《书信全集》录存此信亦有二处失误,一此信无抬头"白民居士"四字;二落款为"九月初三日　演音",而非其所录"演音　九月初三"。目前所见此信原件并无抬头,而是在信末署名"演音"后有一括号,括号中有"杨"字。该"杨"字或为他人(如书信收藏者)代标,字体不同,表示写与杨白民。此信原件现藏浙江省博物馆。

14. 致杨白民函原文:

　　顷由衢州转到尊函,诵悉一一。苏民居士谢世,至可悲叹。朽人于初夏返温州,诸凡安适。孟由常常晤谈。率复,不尽一一。

白民老居士丈室

　　　　　　　　　　七月十五日昙昉疏答

　　考证：《全集》第 273 页收录，标"一九二一年旧七月十五日，温州庆福寺"；《全集》第 109 页收录，标 1924 年"旧七月十五日　杨白民　温州庆福寺"，并有"案"："此信，《弘一大师全集》注：1921 年旧七月十五日，温州庆福寺。林子青《弘一法师书信》注：1924 年 7 月 15 日，温州。年份以林子青注为合理。按 1921 年，弘一法师第一次到温州乃 3 月份，非初夏；1924 年旧历四月十九日离开衢州，旧四月二十六日抵达温州，言初夏吻合时令。据此，判断此信应写于 1924 年 7 月 15 日，温州庆福寺。至于 7 月 15 日是新历？是旧历？此处依《弘一大师全集》所注旧历。详细待考。"现根据收藏于浙江博物馆的此信原件，温州寄出时的邮戳为"十三年八月十六"（公历），故"七月十五日"乃农历，即 1924 年 8 月 15 日。弘一大师于该日写信，次日寄出。

　　15. 致王仁安函原文：

王仁安先生：敬贺年禧！
　　屡惠大著，谢谢。友人颇有愿读者，能多惠一二份否？

　　　　　　　　　　　　　　　　　　李婴再拜
　　新历正月三十日，入西湖虎跑寺习静。二月底返校。公暇能来寺一谭否？

　　考证：《全集》第 302 页收录，标"一九一七年初春，杭州"；《书信全集》第 42—43 页收录，时间标 1918 年"初春"。《全集》年份有误。因李叔同于 1917 年初结束断食后，再次去虎跑习静的时间为 1918 年初。该信为明信片，邮戳明确为"七年一月五日"。

　　16. 致刘质平函原文：

质平仁弟：

来书诵悉。借款无复音，想无可希望矣！（某君昔年留学，曾受不佞补助。今某君任某官立银行副经理，故以借款商量。虽非冒昧，然不佞实自忘为窭人矣，于人何尤！）

不佞自知世寿不永（仅有十年左右），又从无始以来罪业至深，故不得不赶紧发心修行。自去腊受马一浮大士之熏陶，渐有所悟。世味日淡，职务多荒，（近来请假逾课时之半，就令勉强再延时日，必外贻旷职之讥，内受疚心之苦（人皆谓余有神经病）。君能体谅不佞之意，良所欢喜赞叹！不佞即拟宣布辞职，暑假后不再任事矣。所藏音乐书拟以赠君，望君早返国收领（能在五月内最妙），并可为最后之畅聚。

不佞所藏之书物，近日皆分赠各处，五月以前必可清楚。秋初即入山习静，不再轻易晤人。剃度之期，或在明年。前寄来之木箱，已收到。丰仁君习木炭画极勤。

即颂

旅祉！附汇日金二十円，望收入。

李婴

前曾与经先生谈及：君今年如返国，可否在一师校任事？经先生谓：君在东曾诽谤母校师长，已造成恶感，倘来任事，必无良果。云云。附以直达，望以后发言宜谨慎也。

不佞拟再托君购佛学数种，俟后函达。①

考证：此函《全集》第 279 页收录，标"一九一七年三月，杭州"。笔者曾在《弘一大师考论》（浙江人民出版社 2002 年 7 月版）一书中考证此信时间为 1918 年。《全集》显然是因了弘一大师信中"剃度之期，或在明年"一语之影响。其实，这只是当时李叔同的一种预计。此信应写于 1918 年。因为李叔同受马一浮"熏陶"是 1917 年的年底，即信中之"去腊"，而李叔同将平生书物分赠友生，这也是在 1918 年上半年。故，此信只能写于 1918 年。至于几月，待考，暂置于春夏间较合理。王维军著《平湖李叔同纪念馆藏李叔同（弘一

---

① 信中"某君"指钱永铭（1885—1958），字新之，晚号北监老人，浙江湖州人，1905 年赴日，后考入神户高等商业学校。回国后曾任交通银行上海分行副经理。1906 年 6 月 7 日严修致函李叔同，述其学资窘况，望给予资助。李叔同慨允，并给予资助。

大师)手札墨宝·识注考勘》(西泠印社出版社 2017 年 9 月版)第 32 页考证
为 5 月间。亦合理。

17. 致尤玄父函原文：

> 今晨移居灵隐,暂不晤客。如有要事,乞惠函至招贤寺转交,至妥。
>
> 弘一疏

考证：此为明信片,地址栏写"苏州皮市巷七十二号尤玄父居士　四月
廿六日"。《全集》未收录;《书信全集》第 60 页收录,但标注"旧三月初八日
(新历 4 月 16 日)"此标注本身有误,旧三月初八日当为公历 4 月 26 日。有
"案"曰:"……辑自:月雅在线拍卖,2016 年 12 月 27 日'最美艺术'。信件封
套收信人:'苏州皮市巷七十二号,尤玄父居士。'邮戳:'首发地杭州,四月二
十六日。'"然此拍卖件为赝品。原信为明信片,图版收录于林可同编《弘一
书法墨迹》,中国美术学院出版社 2004 年 4 月版,第 99 页。明信片上有邮
戳,可知所谓有封套之拍卖件为赝品。既是赝品,所述信件信息当不准确。
根据原信图版,此信写于 1920 年公历 4 月 26 日,杭州寄出之时间为 5 月 27
日,寄至苏州的邮戳为 5 月 29 日(为何实际寄发时间为 5 月 27 日,原因另
考)。"四月廿六日"不会是农历,因为农历四月廿六日,则是公历 6 月 12 日,
苏州邮戳便不可能为 5 月 29 日。故此信写于 1920 年 4 月 26 日,写信地点
是杭州。

18. 致丁福保函原文：

福保居士箸席：

　　昨承手书,诵悉一一。尊刻多种,亦一一收存。音居新掩关,嫥持
佛名,未遑著述。发足之前,琐事至忙,恐少博思之暇。《内法传》《无常
经》之序文广告,或可于如新前呈奉。尊刻各籍,或可觅暇与友人共读
数种,陈其所见,恐未能整心一志遍读一一也。《法苑珠林》之节本,未
暇手辑。嘉禾范古农居士,深通性相,音所佩仰。贤首如愿乞其辑编,

音当为致书将意。承施禅衣之资，至可感谢！但音今无所须，佛制不可贪蓄。谨附寄返，并谢厚意。不宣。

五月十五日　释演音

考证：《全集》第 330 页收录，标"一九二○年旧五月十五日，新城"。此误。信中"发足之前，琐事至忙，恐少博思之暇"句之"恐"字即可说明尚未抵新城。《书信全集》第 64 页收录此信，考证此函当写于杭州玉泉寺。合理。

19. 致蔡丏因函原文：

书悉。读《净土十要》竟，专研《华严疏钞》甚善。彭二林《华严念佛三昧论》，应先熟读。论仅十数纸，诠义甚精。（金陵版一册价六分）并赍影印《八大人觉经》一摺，希受收。此未具宣。

丏因居士丈室

昙昉疏　冬至朝

考证：《全集》第 337—338 页收录，标"一九二三年冬至，温州庆福寺"；《书信全集》第 98、430 页分别在 1923 年、1937 年重复收入。此信没有可能在 1923 年冬至写于温州。1923 年冬至即 12 月 23 日，弘一大师在衢州，并于 12 月 26 日致刘质平函，言承施三十金，感谢无已，已足用，他日万一有需时再致函；明春或赴温州；前月来衢，曾写佛号，检寄四幅，一付刘质平，一赠刘海粟，其二赠曾来太平寺二同学等。① 1924 年冬至为 12 月 22 日（农历十一月廿六日）弘一大师在温州，此信当写于是日。至于《书信全集》1938 年重复收录，亦不合弘一大师与蔡丏因交游史迹。因为弘一大师与蔡丏因谈研习净土、华严等恰是 1923—1924 年间的事。

---

① 此信福建人民出版 2010 年 10 月版《弘一大师全集》第八册·文艺卷、杂著卷、书信卷第 283 页收录，标"一九二三年旧十一月十九日，衢州莲华寺"。

20. 致蔡丏因函原文：

丏因居士：

　　前奉手书，具悉一一。孙居士精进修习，欢赞无量。承寄《十要》等五册，今日已受收，晤时乞为致意。别邮《崔母传赞录》一册，敬赠仁者。仅存此一册，未能遍赠道俗为憾。常惺法师之文甚精，乞详览。

　　　　　　　　　　　　　　　　　　　　　昙昉　二月初二

　　朽人于夏秋之际，或往他方。《华严疏钞》乞暂存尊斋，勿即寄还。俟将来住所安定后，再以奉闻。

考证：此信《全集》第 338 页收录，标"一九二四年旧二月二日，温州庆福寺"；《书信全集》第 102—103 页收录，时间标 1924 年"旧二月初二"，地址标"衢州莲华寺"。有"案"："此信，《弘一大师全集》注：1924 年旧二月初二，温州庆福寺。疑地址有误。林子青《弘一法师书信》注：1924 年 2 月 2 日，衢州。发信地址以林注为合理。因弘一法师自 1923 年冬到衢州，1924 年旧四月十九日才离开前往温州。居住衢州半年（见弘一法师 1924 年旧四月十七日致李圣章信）。日期依《弘一大师全集》为准。"又录："林子青案：此信为明信片，邮戳为'十三年三月十日，温州'。原藏上海玉佛寺，余亲自录存者。原札经十年动乱，闻已遗失。"然而以上所述均疑。信中说"别邮《崔母传赞录》一册"，1924 年农历九月廿日，崔鸿祥之母去世，其后才有《崔母往生传》，并于 1925 年农历二月廿五日在温州将《崔母往生传》赠李圣章以谢其资助。故此信当写于 1925 年农历二月初二日。至于林案所述邮戳时间，疑为记忆或辨识失误。

21. 致蔡丏因函原文：

　　前托李居士赍呈一笺，计达丈室。尔有友人惠施《华严疏钞》一部。如仁者暂不请购，可先与朽人轮换共阅此一部。因朽人所阅者仅数册，余悉束置高阁。若与仁者共阅，俾令施主功德弥胜。希以酌复。若愿阅者，当先邮奉十数册。此未详具。

　　　　　　　　　　　　　　　　　　昙昉疏白　冬至后两日

考证：此信《全集》第 339 页收录，标"一九二四年冬至后二日，温州庆福寺"。《华严疏钞》由周玲荪赠与，弘一大师为写题记的时间是 1925 年 12 月 24 日（农历十一月初九日）。故不可能写于 1924 年。信中有"尔有友人惠施《华严疏钞》一部"，故写信时间应系 1925 年 12 月 24 日（农历十一月初九日，冬至后二日）。蔡冠洛在《弘一大师年谱广证》（四续）中录有此信部分文字，信末"后两日"为"后二日"。又在录文后有按语："按师由是常分部寄来，阅竣寄还，又寄其余部分。其意实缘疏钞繁重，多则生怠倦心，故分部寄阅，轮回研究。善巧诱掖，于此可见。冠洛谨志。"①

22. 致蔡丏因函原文：

> 书悉。《华严疏钞》唯有仁者能读诵，故以奉赠。来书谦抑太甚，未可也。《疏钞》第十《回向章》及《十地品》初地前半共一册，乞寄下。《疏钞》中近须检阅者凡五册：一、《净行品》一册，《二十行品》二册，《三十回向品初回向章》一册，《四十回向章》一册，此五册，迟数月后再邮奉尊斋。以外诸册，不久悉可寄上。《悬谈》在杭州，《疏钞》存上海，不久可以寄来。明后二年，谢客养静，未能通问。《回向初章》印就时，乞惠寄朽人五册，仍交丁居士家。并乞寄天津东南城角清修院清池大和尚三册，至为感谢（《回向》初章中听字写从壬，大误。后匆匆不及改写。切字从十者，依唐人《一切经音义》之说，以十表无尽也。）
>
> 丏因居士
>
> 月臂　十二月六日

考证：此信《全集》第 338—339 页收录，标"一九二四年十二月六日，温州庆福寺"；《书信全集》第 114—115 页收录，有"案"："此信，林子青《弘一法师书信》注：1926 年 12 月 6 日，杭州。疑年份，地址皆误。1926 年 10 月中旬，弘一法师自庐山下山曾一度驻锡杭州直到 1927 年。故此信写于杭州的

---

① 蔡冠洛：《弘一大师年谱广证》（四续），载 1946 年 11 月 1 日《觉有情》第 8 卷第 5、6 号。

可能性存在。但若从弘一法师与蔡丏因此间通讯内容的相关性而言,此信写于1924年似更合理。今以《弘一大师全集》注:写于1924年12月6日温州庆福寺为是。"然而《书信全集》忽视了信中"乞惠寄朽人五册,仍交丁居士家"之语。其意即是请蔡丏因日后寄件仍寄至杭州马一浮处,写丁居士之名。至于信中"《悬谈》在杭州,《疏钞》存上海,不久可以寄来"之语,意思是《悬谈》在杭州,而另一本《疏钞》存上海,《疏钞》不久可寄来。并不能因"《悬谈》在杭州,而误解弘一大师当时不在杭州。此信的时间当为农历丙寅十二月六日,公历1927年1月9日,写信地点在杭州。

23. 致寂山和尚函原文:

恩师大人慈座:

　　前命写之字帖,今已写就,奉上,乞收入。前数日得天津俗家兄函,谓在家之妻室已于正月初旬谢世,嘱弟子返津一次。但现在变乱未宁,弟子拟缓数月,再定行期,一时未能动身也。再者,吴璧华居士不久即返温,弟子拟请彼授与神咒一种,或往生咒或他种之咒,便中乞恩师与彼言之。弟子现在虽禁语之时,不能多言,但为传授佛法之事,亦拟变通与吴居士晤谈一次,俾便面授也。顺叩
慈安

正月廿七日　弟子演音顶礼

考证:此信《全集》第443页收录,标"一九二二年正月廿七日,温州庆福寺";《书信全集》第81页收录,亦如此标注。皆误。弘一大师在俗发妻俞氏病故于1926年正月初三日,且家中即有函致弘一大师。故此信当写于本年3月11日(农历正月廿七日)。按:是年2月15日(农历正月初三日),在俗发妻俞氏病故于天津。李叔同之子李端在《家事琐记》(收天津市政协文史资料研究委员会、天津市宗教志编纂委员会编《李叔同—弘一法师》,天津古籍出版社1988年4月版,第108—123页)中曰:"我母亲活了不到五十岁,在我二十二岁那一年的正月初三故去的。""先母病故以后,家中曾给已经出家为僧的我的先父去信报丧,但他没有回来。"李端生于1904年,1926年22

岁。俞氏长李叔同 2 岁,生于 1878 年,1926 年不足五十岁。

24. **致汪梦空函原文:**

> 书悉。在招贤见客之事,甚不愿破其例。拟于后天即初九日午前
> 九点钟,在西泠印社(潜泉附近)晤谈。如初九日临时大雨,乞改初十日
> (亦九点钟,若小雨不改)。此次晤谈事,乞勿告他人,至要。

五月初七晨　昙昉白

考证: 此信《全集》第 363 页收录,标"一九二五年五月初七日,杭州虎跑寺";《书信全集》第 124 页收录,时间标 1925 年"旧五月初七",地点标"杭州招贤寺"。均误。1925 年农历五月弘一大师无杭州之行,1926 年农历五月弘一大师在杭州招贤寺。故此信当写于 1926 年 6 月 16 日(农历五月初七日),地点在杭州。

25. **致夏丏尊函原文:**

丏尊居士文席:

> 朽人世寿周甲已过。拟自下月中旬始,至农历明年辛巳除夕止,掩
> 室静修。须俟壬午元旦,乃可与仁者通信也。仁者通信之处倘有变动,
> 乞于辛巳十一月写交李圆净居士转送。谨陈,不宣。

九月三十日　音启

考证: 此信《全集》第 324 页收录,标"一九四一年旧九月三十日,晋江福林寺"。此标注不确,信中有言"拟自下月中旬始,至农历明年辛巳除夕止,掩室静修",说明当写于辛巳前一年庚辰年。而《书信全集》第 522 页收录时标注时间为 1939 年"旧九月三十日",地点标"永春普济寺",并以为弘一大师信中之"辛巳"系笔误,并有连带性笔误等。此信当写于 1940 年 10 月 30 日(农历九月三十日),地点在永春。理由一:所谓周甲,乃指满六十年。干支纪年一甲子为六十年。1940 年农历九月二十日,弘一大师周岁六十,即"周

甲"，农历九月三十日时，周甲已过，故有此言。理由二，在信文内容合理的情况下判定弘一大师连续笔误，无依据。理由三，弘一大师信中所述之计划，此后未实现的事例十分之多，此乃身不由己，亦不能以计划与实际行踪不一致而质疑书信本身。故此信当写于 1940 年 10 月 30 日（农历九月三十日），地点在永春。

（作者：杭州师范大学弘一大师·丰子恺研究中心主任、资深教授）

弘一法师普陀参礼印光法师之时间考勘厘析

王维军

关于弘一法师赴普陀山参礼印光法师之时间,当下诸种著述,说法各一,多有不同。或云 1924 年,或言 1925 年,且互有版本依据,莫衷一是,令见闻者云里雾中,迷惑难断。屡有学人询问并嘱,盼能以史实为依据,明晰观点,还原真相,析辨而定论之,使诸说归一。今就此试作考勘解析,以释旧疑。

一、1924 年说

1. 依据一:弘一法师《略述印光大师之盛德》

持 1924 年说者,其依据是弘一法师于 1941 年在福建泉州檀林乡福林寺念佛期之演讲稿《略述印光大师之盛德》:"余于民国十三年,曾到普陀山,其时师年六十四岁。余见师一人独居,事事躬自操作,决无侍者等为之帮助。直至去年,师年八十岁,每日仍自己扫地、拭几、擦油灯、洗衣服……民国十三年,余至普陀山,居七日。每日自晨至夕,皆在师房内,观察师一切行为(图 1)。"①此文刊登在 1942 年 6 月 1 日出版的第 12 期《弘化月刊》上,因系弘一法师自述,故后之学人多引用之,以为 1924 年说之主要文献依据。持此观点者,以林子青居士为代表。林子青在其所撰《弘一法师年谱》之 1924 年条目中作如是述:"五月,手书《佛说八大人觉经》,以赠陈伯衡居士,居士为影印流通。同月前往普陀山,参礼印光法师于后寺(法雨寺)。居七日,观察印光法师一切生活情况,至为景仰。"②林子青居士,是系统研究李叔同——

---

① 弘一:《略述印光大师之盛德》,见《弘化月刊》1942 年 6 月 1 日第 12 期
② 林子青:《弘一法师年谱》,宗教文化出版社 1995 年版,第 136 页。

弘一法师生平的第一人，1944 年撰著《弘一大师年谱》出版，后人对弘一法师的了解，大都得益于其所著《弘一法师年谱》的流布广宣。

弘化月刊 國洪

第十二期

中華民國三十一年六月一日出版

非賣品

目錄

遺教

論說

略述印光大師之盛德……弘一

講話

紀事

救濟

文苑

雜載

會訊

印光大師永久紀念會編印

臨時辦事處上海赫德路四一八號覺園內

图 1－1　1942 年 6 月 1 日出版第 12 期《弘化月刊》

弘化月刊　第十二期

論說

略述印光大師之盛德　弘一

大師爲近代之高僧。衆所欽仰。其一生之盛德。非少時間所能敍述。今先略述大師之生平。次略舉盛德四端。僅能於大師種種盛德中。粗陳其少分而已。

(一)略述大師之生平　大師爲陝西人。幼讀儒書。二十一歲出家。三十三歲居普陀山。歷二十年。人鮮知者。至民國元年。師五十二歲時。始有以師文之隱名。登入上海佛學叢報者。民國六年。師五十七歲。乃有人刊其信稿一小册。至民國七年。師五十八歲。即余出家之年。是年春、乃刊文鈔一册。世遂稍有知師名者。以後續刊文鈔二册。又增爲四册。於是知名者漸衆。有通信問法者。有親至普陀參禮者。民國十九年。師七十歲。移居蘇州報國寺。此後十年。爲弘法最盛之時期。民國二十六年。戰事起、乃移靈巖山、遂興念佛之大道場。二十九年十一月初四日生西。生平不求名譽。他人有作文讚揚師德者。輒痛斥之。不貪蓄財物。他人供養錢財者至多。師以印佛書流通。或救濟災難等。一生不蓄剃度弟子。而全國僧衆多欽服其教化。一生不任寺中住持監院等職。而全國寺院。多蒙其護法。各處寺房或寺產。有受他人占奪者。師必爲盡力設法以保全之。故綜觀師之一生而言。在師自己。決不求名利恭敬。而於實際上。能令一切衆生、皆受莫大之利益。

(二)略舉盛德之四端　大師盛德至多。今且舉常人之力所能隨學者四端、略說述之。因師之種種盛德。多非吾人所可及。今所舉之四端。皆是至簡至易。無論何人、皆可依此而學也。

(甲)習勞　大師一生、最喜自作勞動之事。余於民國十三年。曾到普陀山。其時師年六十四歲。余見

六

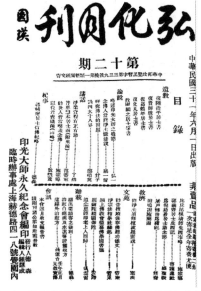

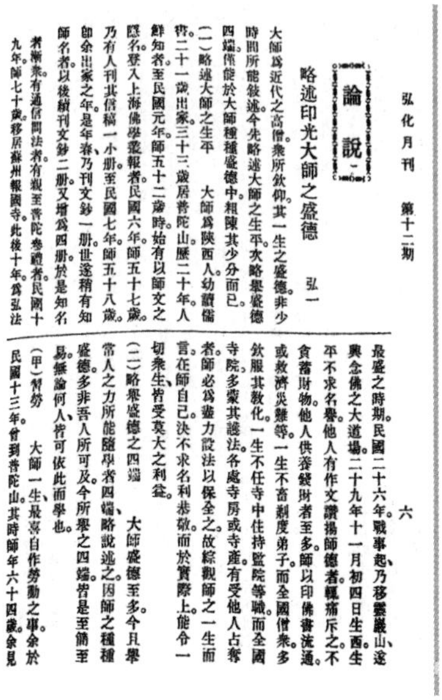

图 1－2

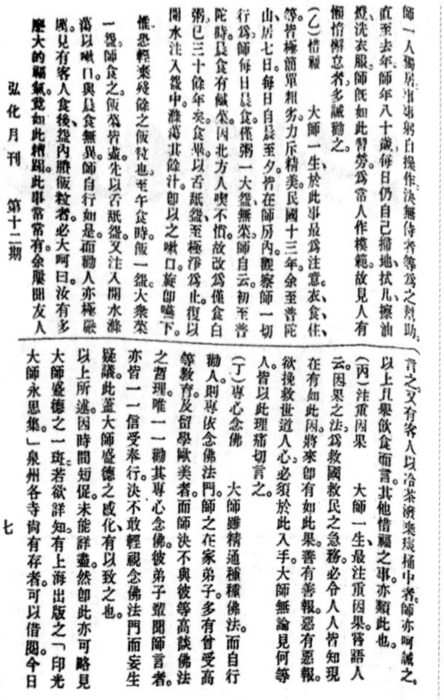

弘化月刊　第十二期

師一人操原准弟自操作，決無侍者等為之幫助，直至去年師八十歲每日仍自己揩地拭几擦油燈洗表服，師既如此精勤勞務當人作模範，故見人有憚憚然者多誡勗之。

（乙）惜福　大師一生於此事最為注意衣食住等樸簡單為主惜福美民國十三年余至普陀山居七日每日自晨至夕皆在師房內觀察等行為師每日晨食僅稀粥一大碗無菜師自云初至普陀時見有藏米粒北方人嘆不惜故改為僅食之一小碟大眾菜余時師改為僅食淨一小碟大眾菜者

以上數則皆述大師惜福之事而言之又有客人以冷茶澆藻桶中者師亦誡之，者之義有客人以冷茶澆藻桶中者師亦誡之。

（丙）注重因果　大師一生最注重因果者語人云因果之法為救國救民之急務必令人人皆知現在有如此果將來卽有如此果善有善報惡有惡報欲接教世道人心必須於此入手大師無論見何等人皆以此理痛切言之。

（丁）專心念佛　大師精通種種佛法而自行勸人則專依念佛法門師之在家弟子多有曾受高等教育及留學歐美者而師決不與彼等高談佛法之哲理唯一一勸其專心念佛彼弟子聞師言者亦莫不信受奉行決不敢輕視念佛法門而妄生疑議此蓋大師盛德之感化有以致之也。

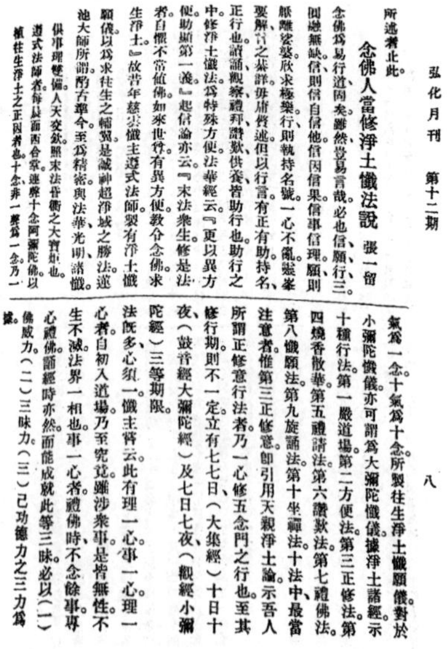

以上所述時間短促未能詳盡然卽此亦可略見大師盛德之一班若欲詳知有上海出版之「印光大師嘉言錄」之一數　大師永思集」泉州各寺尚有存者可以借閱今日　大師永思集」泉州各寺尚有存者可以借閱今日

七

弘化月刊　第十二期

念佛人當修淨土懺法說　張一留

所述者此。

氣為一念十氣為十念製往生淨土懺儀對於小彌陀懺儀亦可前為大彌陀懺儀操淨土語要示十種行法第一嚴道場第二方便法第三正修法第四燒香散華第五禮諸法第六讚歎法第七禮佛法第八懺願法第九旋遶法第十坐禪法論示吾人念佛最當注意者懺悔卽引用天親淨土論中最要解之慈詳佛庸齊述但行言有正有助行名正行業者正修宣行法者乃一心修五念門之行也至其懺行期則不一定立有七日（大集經）十日十夜（鼓音經大彌陀經）及七日七夜（觀經小彌陀經）三等期懺主賢云懺有理一心事一心者能多心須知懺悔多心行生不滅法即一相地事一心者無性生不滅法即一相地事一心者無性心體自入流水乃至究竟彼沙業事不念除即事生不滅法即一相地事十念事十念必以（一）佛威力（二）三昧力（三）己功德力之三力為

八

图 1-4

2. 依据二：林子青《弘一法师年谱》修订版

林子青1992年修订版《弘一法师年谱》中1924年条，在注释10中，引用了弘一法师致俗侄李圣章函，函中有云："圣章居士丈室：五月往普陀，参礼印光法师。六月返温，八月将如钱塘。抵海门，乃知变乱复作。因留滞上虞、绍兴者月余。"①而弘一法师致李圣章函，目前所知，有文字流传的共17通，且此17通信札手稿原件皆存林子青处。林子青在增订《弘一法师年谱》时，曾叙述过这段获弘一法师宝札之殊胜因缘："在增订年谱过程中，给我最大帮助的是大师俗侄李圣章（麟玉）先生。1956年，我到北京以后，早想前去拜访他，了解一下李家的变迁情况。听说他是全国政协委员，我就写了一信请政协代转。一九六四年四月十九日，约好在他家里见面时谈了很多话。……告辞的时候，圣章先生捧出一大堆有关大师在俗的宝贵资料。……我回家打开一看，完全是我多年想看而找不到的资料，想不到竟会在北京发现！其中最难得的是日本明治三十九年（一九〇六年）十月四日东京《国民新闻》记者采访李哀的《清国人志于洋画》的剪报。其次是大师致李圣章的十七通手札真迹和工楷书写的《晚晴剩语》七纸，对大师出家的经过和志愿及云游踪迹，以及精心撰述的散文传记等，都是极为宝贵的资料。"②故林子青将弘一法师记载着去普陀时间的这通致李圣章信札，引用在1924年条目注释中，明确弘一法师赴普陀山之时间为1924年。作为弘一法师手札原件持有者，林子青的文字叙述和时间记录，其可信度，对于读者来说，信之更甚。

3. 依据三：李鸿梁《我的老师弘一法师李叔同》

持弘一法师1924年去普陀之观点者，多以弘一法师学生李鸿梁的回忆文章《我的老师弘一法师李叔同》为依据，该文记录弘一法师第一次去绍兴的时间是1924年："师莅绍兴，先后共计三次，第一次是在一九二四年秋天。按林子青编《弘一大师年谱》中引蔡冠洛的《廓尔亡言的弘一大师》中说'我和弘一法师见面是在他将赴新登贝山掩关的一年（民国九年）……大约是在第三年吧（民国十二年），我在绍兴第五师范教书……'这是不对的，因为十

---

① 林子青：《弘一法师年谱》，宗教文化出版社1995年版，第139页。
② 林子青：《弘一法师年谱》，宗教文化出版社1995年版，"自序"第4—5页。

二年春我还在厦门集美学校教书,在那年秋季,才应绍兴五中、五师之聘,翌年秋,才兼长县女师职。所以法师第一次莅绍是在民国十三年,这是不会错的。并且我还记得,师在若耶溪上赞美过红叶,所以是在秋天无疑。"此回忆文章,李鸿梁撰于 1962 年 8 月,刊登在 1983 年第 26 辑《浙江文史资料选辑》上(图 2)。文中弘一法师莅绍之事与弘一法师致李圣章函中"因留滞上虞、绍兴者月余。"两者内容看似互相应和,故后人多以李鸿梁所述之 1924 年,来推论弘一法师"五月往普陀",亦时在 1924 年。林子青对 1944 年版《弘一大师年谱》进行修补增订后,在 1992 年版的《弘一大师新谱》中,亦采纳了李鸿梁的回忆时间,于 1924 年条,有作如是叙述说明:"八月,欲往杭州,抵海门,闻杭州发生变乱,因往绍兴访诸门人。此事因据蔡冠洛《郭尔亡言的弘一大师》一文所记,初版年谱误系民国十二年条。今据李鸿梁文,改正为十三年。"①

因此,弘一法师赴普陀参礼印光法师的时间,后人大都以林子青 1992 年增订版《弘一法师年谱》中所述 1924 年之时间为底本,当下出版流通中的不少著述,如台湾陈慧剑居士所撰《弘一大师传》,天津人民美术出版社《弘一大师略谱·谱后》等,皆引用此说。

图 2-1 1983 年第 26 辑《浙江文史资料选辑》

---

① 林子青:《弘一法师年谱》,宗教文化出版社 1995 年版,第 137 页。

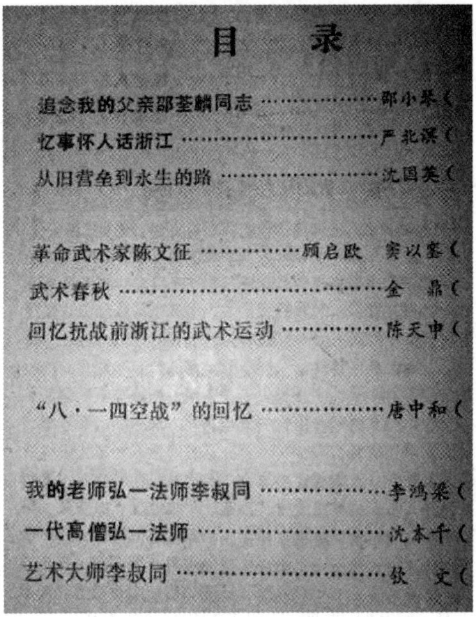

图 2-2 李鸿梁《我的老师弘一法师李叔同》

二、1925 年说

持 1925 年说者，其依据是福建人民出版社出版的《弘一大师全集》（全十册），其中《书信卷》中，将弘一大师致李圣章"五月往普陀，参礼印光法师。"这通函的时间归入 1925 年①，但没有作相应注释说明。而 1991 年版、2010年修订版之福建人民出版社《弘一大师全集》是目前信息量最丰富的弘一大师史料文献，多为学人著述所引用，影响甚广。故但凡以福建版《弘一大师全集》为文献依据者，在叙述弘一法师去普陀山参礼印光法师时间时，皆引用 1925 年说，如柯文辉《旷世凡夫——弘一大传》，金梅《悲欣交集——弘一法师传》等。

———————————

① 《弘一大师全集》第 8 册，福建人民出版社 2010 年版，第 336 页。

三、存疑待考说

除 1924 年和 1925 年之外,亦有学者在引用 1924 年之说的同时,亦开始出现存疑待考之见。陈星先生在其新近出版的《李叔同——弘一大师行踪图典》一书中,于《舟山》篇,先作如是云:"1924 年农历五月,弘一大师有了赴普陀山参礼印光大师之行,弘一大师来到普陀,拜师于法雨寺,并在那里住了七天。在这七天的时间里,他自晨至夕皆在印光大师身旁,观察他的一言一行,并一直铭记在心里,成了他日后的行为准则。后来,弘一大师在泉州檀林福林寺作过一次题为《略述印光大师之盛德》"[1],在随后的《宁波》篇,又云"弘一大师赴宁波七塔寺,一说为 1924 年夏,(农历五月)弘一大师赴普陀山,在法雨寺参礼印光大师后回温州,不久欲至杭州,抵海门,因'齐卢之战'未果,抵宁波七塔寺。一说 1925 年赴七塔寺,后因夏丏尊邀请至白马湖。有待详考。"[2]可见,对弘一法师普陀参礼印光法师之时间,当下学界学人,各持己见,纷杂不一。

四、考勘解析

如上所述,对于弘一法师去普陀的时间,所依据者,或是弘一法师 1941 年演讲自述,或是去普陀当年之信札自述;又或是《弘一大师全集》学术文献。或 1924 年,或 1925 年,说法不一。至于孰是孰非,后人对此乏有系统梳理考证和分析说明,故引用时,所取版本不同,则所得结果有异,各取所需,各得其所。且彼此持见皆云有据,言之凿凿,不以对方以为是。且双方又互乏推翻对方以竖己见可信并具有说服力之正见实据。故在弘一法师赴普陀参礼印光法师这段事相之时间论述上,形成观点混乱,说法未能统一,各执其理,各言其词。为绝后世之谬其传,而莫能名者,当厘清真相,解析还原之,以正视听。

---

[1] 陈星:《李叔同——弘一大师行踪图典》,西泠印社出版社 2019 年版,第 114 页。
[2] 陈星:《李叔同——弘一大师行踪图典》,西泠印社出版社 2019 年版,第 120 页。

(一) 对 1924 年说的否定

《略述印光大师之盛德》是弘一法师 1941 年的讲稿,时隔当年普陀山访事,相去已有十六、十七年之久,虽为自述,然回忆过往,年份若有偏差,亦不无可能;李鸿梁之文章,事隔 38 年之久,回忆时间之准确性,更很难确保无误。而致李圣章函,是弘一法师去普陀当年所记,事相清晰。三者相较,以手札信函可信度更高。只可惜此手札只署月日,未记年份。那么,弘一法师赴普陀参礼印光法师的时间到底是 1924 年呢,还是 1925 年? 我们该如何去界定? 我们能否从手札十月廿三日之所记时间,再结合信札所述内容,来推断信札之准确年份呢? 不妨试之。

弘一法师致李圣章函一:

> 五月往普陀,参礼印光法师,六月返温。八月将如钱塘,抵海门,乃知变乱复作,因留滞上虞、绍兴者月余。本月初旬归卧永宁,仍止庆福。居上虞、绍兴时,与同学旧侣晤谈者甚众,为写佛号六百余叶,普结善缘,亦希有之胜行也。老友丏尊,曾撰《序子恺漫画集》文,刊入《文学周报》,略记朽人近状,附邮以奉慧览。又佛号数叶,亦并邮呈,此未委具。
>
> 十月廿三日昙昉疏

圣章居士丈室①(图 3)

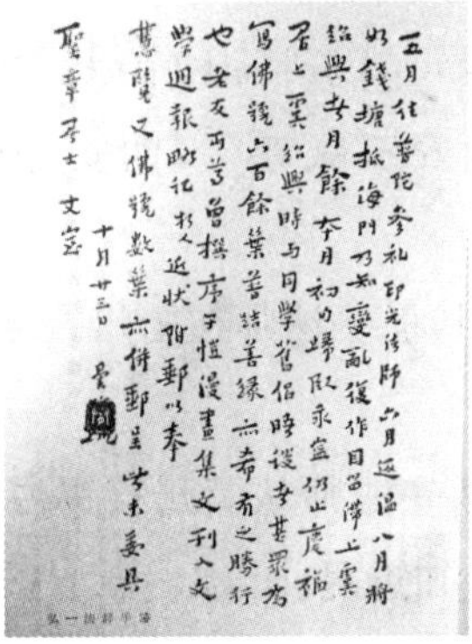

图 3 弘一大师致李圣章"五月往普陀"函

① 《弘一大师全集》第 8 册,福建人民出版社 2010 年版,第 336 页。

我们先从 1924 年弘一法师留下的文字着手,去梳理这年夏天弘一法师之云游行踪,看看是否与上札所记时间相契。

1. 否定之论据一

1924 年农历四月十七日,弘一法师在浙江衢州至函李圣章,告知驻锡衢州已有半年,云云如下。

弘一法师致李圣章函二:

圣章居士慧览:

居衢已来,忽忽半载。温州诸人士屡来函,敦促朽人返彼继续掩室,情谊殷挚,未可固辞。不久即拟启程,行旅之费已向莲华寺住持借用三十元。尊处如便,希为代偿,由邮局江兑此数,以汇券装入函内,双挂号寄交衢州莲花村莲华寺德渊大和尚手收为祷。温州通讯之处为大南门外庆福寺,是旧游之地也。此次赴温,由衢经松阳、青田,较绕道杭沪稍近,约七日可达。率复,不具。

昙昉四月十七日①

可知,1924 年春至初夏,弘一法师在衢州。

2. 否定之论据二

又依弘一法师《毗尼劝持录·自注》:"依南山《戒本疏》《羯磨疏》《行事钞》,并灵芝《行宗记》《济缘记》《资持记》节录。甲子三月廿二日始,廿五日写竟。沙门昙昉并记于西安三藏寺"②,西安是衢州之古称,1924 年为甲子年。

可知,1924 年农历三月,弘一法师在衢州。

3. 否定之论据三

1924 年农历四月底,弘一法师从衢州移锡温州,住庆福寺,农历六月初一在温州曾致函刘质平,告知近况。

---

① 《弘一大师全集》第 8 册,福建人民出版社 2010 年版,第 334 页。
② 林子青:《弘一法师年谱》,宗教文化出版社 1995 年版,第 138 页。

前月底始来温州（因衢州诸友人婉留，故续居数月），染患湿疾，今渐痊愈。顷有道侣约往茶山宝严寺居住，其地风景殊胜，旧有寮舍三椽，须稍加修改，需费约二十元以内。尊处倘可设法，希以布施（以此二十元修理房舍，倘有余剩，拟以充零用）。屡次琐求，叨在至好，谅不见异。

惠示仍寄"温州大南门外庆福寺转交弘一手收"，因彼处亦庆福之属寺也。弘一疏旧六月初一日

质平居士丈室①（图4）

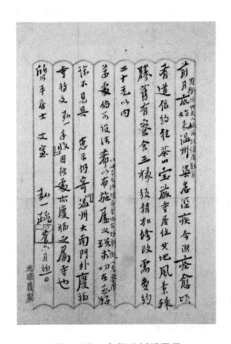

图4 弘一大师致刘质平函

可知，1924年农历五月，弘一法师在温州。

4. 否定之论据四

1924年农历六月廿一日，弘一法师在温州庆福寺去函李圣章，述其由衢州至温州两月来事况种种。

弘一法师致李圣章函三：

① 王维军：《李叔同—弘一大师手札墨宝识注考勘》，西泠印社出版社2017年版，第46页。

圣章居士丈室

昨承来旨,委悉一一,荷施资致返莲华,感谢无尽。四月初,衢州建普利道场,朽人入城随喜。以居室不洁,感受潮秽之气,因发寒热(非是疟疾),缠绵示已。延至五月初七八日乃愈。又其时并患咳嗽痰滞,迄今已将三月,虽颇轻减,仍未止息,想已转成慢性痼疾。然决无大碍,希为释怀。朽人于四月十九日自衢州起行,廿五日达温。比拟继续掩室,一以从事休养,一以假此谢客养痾。朽人近年已来,神经衰弱至剧,肺胃心脏,并有微恙,故须节其劳瘁,息心静养也。居此费用,周居士仍继续布施(前居温二年亦受其施),情不可却。前承仁者允施者,今可不须。矣他日有别种须用时,再以奉闻。谨致谢意,不尽欲言。

掩室已后,仁者及其他至友数处,仍可通信,惟希仁者勿向他人道及。以此次返温,知之者希,欲免其酬应之劳也。

昙昉疏答六月廿一日[①]

可知,1924年农历四月廿五日至六月,弘一法师在温州。

5. 否定之论据五

再依弘一法师手书《大方广佛华严经净行品偈·自跋》:"上海黄涵之居士以影印扶桑本《续藏经》施三衢佛学会,卷帙之富,仞房盈阁,见者闻者,靡不欢喜踊跃,叹为希有。余以夙幸叨预劝请之末,为写《华严净行品偈》一卷,并节录清凉疏文以奉居士,籍答法施之恩焉。于时病热逾月,缠绵未已,努力振毫,无敢惰怠。始于五月,四日写二十三愿;五日写二十四愿;六日同七日热剧,写十六愿遂辍;日夕,热益进,终夜惽惚。八日写八愿;九日小愈,写二十四愿;十日写二十二愿。经文都讫,宿痾亦霍焉若失。是诚佛慈冥加匪可思议者矣。聊记时事存之末尘,以示来贤焉。改元后十三年岁在阏逢沙门昙昉撰(图5)。"据跋文所示,时在1924年五月,其时弘一法师在温州病中抄经偈种种。

---

① 《弘一大师全集》第8册,福建人民出版社2010年版,第334页。

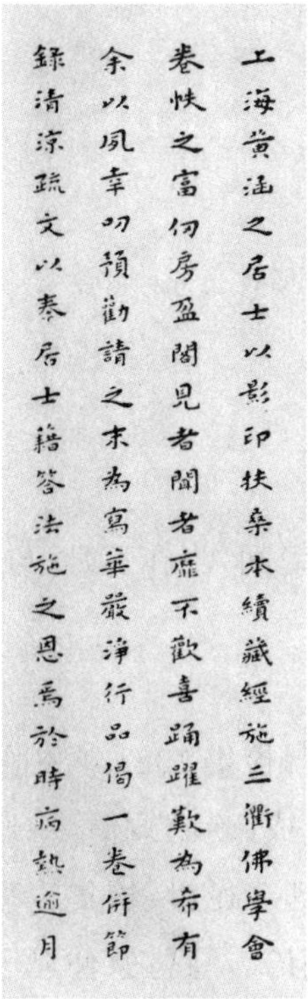
上海黄涵之居士以影印扶桑本續藏經施三衢佛學會卷帙之富仞房盈閣見者聞者靡不歡喜踊躍歎為希有余以夙幸叨預勸請之末為寫華嚴淨行品偈一卷併節錄清涼疏文以奉居士藉答法施之恩焉於時病熱逾月

图 5-1　弘一大师书跋

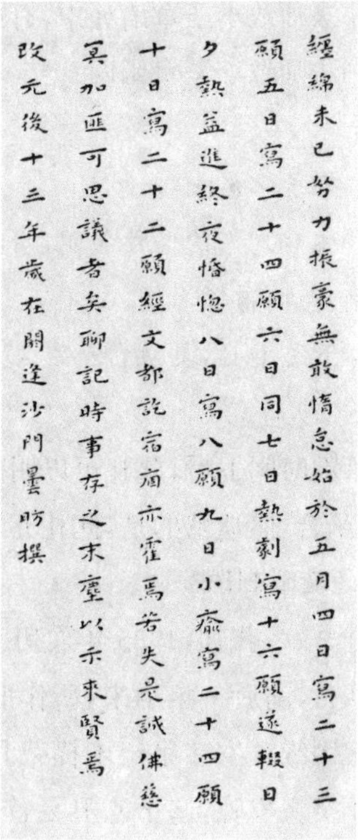
纏綿未已努力振豪無敢惰怠始於五月四日寫二十三願五日寫二十四願六日同七日熱劇寫十六願遂輟日夕熱益進終夜惛惚八日寫八願九日小瘉寫二十四願十日寫二十二願經文都訖宿痾亦霍焉若失是誠佛慈冥加匪可思議者矣聊記時事存之末麈以示來賢焉改元後十三年歲在閼逢沙門曇昉撰

图 5-2　弘一大师书跋

可知，1924 年农历五月弘一法师未在普陀。

6. 小结

从以上史料可知，1924 年整个春天，弘一法师驻锡浙江衢州；5 月 22 日（农历四月十九日），由衢州起行，经松阳、青田，于 5 月 28 日（农历四月廿五日）抵达温州；可见，阳历 5 月，弘一法师大都在衢州，5 月底抵达温州；农历五月、六月，弘一法师皆在温州，不可能有五月往普陀之说。此与致李圣章函中“五月往普陀，参礼印光法师，六月返温。”相悖。故此函时间当非 1924 年，也就是说，去普陀的时间并非 1924 年。

（二）对 1925 年说的肯定

1. 肯定之论据一

（1）致李圣章函

既非 1924 年，那弘一法师普陀之行就应该在 1925 年了。支撑论据何在？弘一法师致李圣章诸札中，有如下一函可充据证。

弘一法师致李圣章函四：

李圣章居士：

尔有友人约偕往普陀，附挂号寄写稿并书籍一包，希收入。今后居所确定后，再以奉闻。

五月七日，昙昉白①

从落款时间上看，此札可以明确前往普陀之时间，当在五月，与前"五月往普陀"函合，然遗憾的是，此札亦未署纪年。

（2）《晚晴剩语》

又查文献，获知，1925 年农历五月弘一法师曾检集 1923 年岁晚至 1925 年农历四月，前后一年半来，所作旧稿十余篇，辑成《晚晴剩语》一册。并书题记以纪因缘："岁在星纪木槿荣月，将入深山，埋名遁世，检集笺稿得十数首。始于癸亥岁晚，迄于乙丑夏首，题曰《晚晴剩语》，写付家仲兄子圣章居士，聊记遗念。永宁晚晴沙门昙昉"②。此题记所述"晚晴剩语"和"将入深山"，与弘一法师致李圣章函中所云"附挂号寄写稿"和"往普陀"，事事相应；题记"岁在星纪"，系岁星纪年，属丑年，时在 1925 年；而"木槿荣月"，则是农历五月之旧称，与致李圣章函中"五月七日"，时相契。

如此，弘一法师"尔有友人约偕往普陀"一函之纪年当系 1925 年，普陀之行应在 1925 年农历五月。

2. 肯定之论据二：弘一法师书赠尤玄父《晚晴剩语序文》

弘一法师所辑《晚晴剩语》，除抄奉李圣章外，另亦写付友人尤玄父，并书有序文交代因缘："甲子四月返永宁，治理毗尼残稿。绵涉一载，得文数首，是为最后呓语矣。比将入山，写付玄父居士以志诀别。论月。"（图 6）"论月"，是弘一法师当时常用的别号。弘一法师在文中交代了 1924 年农历四月返温州，至 1925 年这一年来，撰文数则；此次将入普陀山，抄录文稿赠尤玄

① 《弘一大师全集》第 8 册，福建人民出版社 2010 年版，第 336 页。
② 《弘一大师全集》第 7 册，福建人民出版社 2010 年版，第 641 页。

父,以作留念。

此序与写付李圣章之题记,内容互为呼应,皆可印证弘一法师普陀山之行,当在 1925 年。

图6 弘一大师序文

3. 肯定之论据三

大多持弘一法师普陀之行是 1924 年之观点者认为,弘一法师"五月往普陀"一函中提到:"八月将如钱塘,抵海门,乃知变乱复作,因留滞上虞、绍兴者月余。"札中"变乱"事相,与 1924 年秋间,驻江苏的直系军阀齐燮元为了夺取皖系军阀卢永祥控制的浙沪,而爆发的江浙战争之时间相符,依此据,故持 1924 年之说。那么,此疑又该作何释解呢?

(1) 1924 年江浙变乱

据史记,1924 年农历八月之浙江,确系变乱动荡之秋。9 月 3 日上午,江浙军阀在江苏宜兴打响了第一枪,江浙战争爆发。战事历时 40 天,浙军大败,10 月 13 日,卢永祥自解兵权,逃入上海租界。最终以皖系退出,孙传芳任闽浙巡阅使兼浙江督办,齐燮元兼淞沪护军使,江浙战熄。1927 年 4 月出版的第 17 期《世界佛教居士林林刊》许奏云《雷峰塔考》中有述其时："俗传塔砖可宜男镇邪辟火,游客争相挖取,塔基日削。甲子夏历八月二十七日未刻,突然倾倒。时正江浙兵争,战云弥漫。"1924 年秋江浙战际,值逢雷峰塔倾倒之时。

(2) 1925 年江浙变乱

其实,除了 1924 年秋的这场江浙之战,在 1925 年的江浙历史上,还有一场战事,也发生在风云变幻的秋天。1925 年 11 月 1 日出版的第 130 期《国语报》上,有短文《江浙战事又来了》,记录江浙变乱复作之际江浙时势:"江浙方面,又在那里布防了。快枪和大炮,又蠢蠢欲动了。对外的事情,正弄得一场无结果,一家兄弟,又何必弄枪使棒,教外人瞧了笑话呢。唉,过去的江浙战争,还使人惊魂未定,千万不要再来一个。别的事情,可以做周年纪念,这种杀人流血的周年纪念,是不敢领教的。我合着江浙千百万人民,求求双方军阀大人,请让我们安安稳稳的,把今年活下来吧!"此文作者似乎已预感到 1925 年又将是一个变乱之秋。

1924 年 10 月江浙战事平息后,11 月,奉军张宗昌率兵入驻上海。1925 年 8 月 29,段祺瑞应张作霖之请,任奉系将领杨宇霆为江苏督办,姜登选为安徽督办,津浦全线均为奉系军阀所控制,利益平衡再次被打破,浙奉军阀矛盾激化。于是,闽浙巡阅使孙传芳决定驱逐张作霖势力。10 月 10 日,孙传芳在杭州秘密召开闽、浙、苏、皖、赣等各省代表会议商讨反奉,同时与冯玉祥的国民军联络,决定先发制人,不宣而战。10 月 15 日,孙传芳以五省联军总司令名义,借口奉军驻浙沪破坏和平,通电声讨,向奉军突然发起猛烈进攻,浙奉战争大爆发。奉军为保存实力,从上海撤退,战事延至江苏。19 日奉军失守南京,21 日,吴佩孚自称 14 省联军总司令,宣布"讨逆"。

1925 年 12 月 10 日出版的半月刊《东方杂志》第 23 期"时事日志"栏目实录变乱其详:"(10 月)16 日,五省联军之浙军第二军谢鸿勋从松江进占上海,奉军大队已先退苏州,宪兵一营未及撤退,被迫缴械。第四军卢香亭亦占宜兴。孙传芳即出驻嘉兴,居中指挥。孙及夏超、周荫人联名电执政及各省,指斥奉军违淞沪永不驻兵令,声明讨伐张作霖。""17 日,孙传芳至上海布置军事,即回驻嘉兴。奉军续由苏州退常州;联军五路水陆齐进,追袭奉军后队。""18日,联军第四军从宜兴出丹阳,横袭正在退却之奉军,交战数小时,奉军溃退。""19日,津浦路乌衣站所驻陈调元部苏军奉令袭击退过该地之奉军,双方开战。""20日,孙传芳抵南京令联军第二路渡江追击奉军。""21日,吴佩孚抵汉口,通电受十四省推戴,就讨贼联军总司令职。""22日,孙传芳渡江督师,移总司令部于浦口。""24日,吴佩孚发讨奉通电(图7)。"战事复起,浙奉战争遂演变为争夺江苏、安徽地盘的第三次直奉之战,江浙交通再阻。1926年10月21日出版的第九号《钱业月报》刊登署名志华的《民国十四年杭州贸易之概况》文章中,叙述当时交通断绝之情况:"十月之初,军队之调动复起。各处船只轮船,皆一列被封,不能自由行动。乡间壮丁,则大都被拉而为军役。自十月十一起,二礼拜之间,此间与上海之轮舶,不能通行。沪杭甬铁路亦断绝交通(图8)。"如此势态,弘一法师计划中的九华之行,遂成泡影。

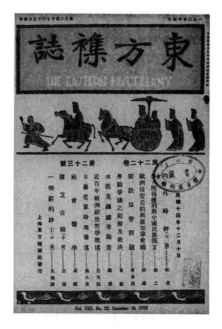

图 7 - 1 1925 年 12 月 10 日出版的第 23 期《东方杂志》

图 7-2　1925 年 12 月 10 日出版的第 23 期《东方杂志》——《时事日志》

图 7-3　1925 年 12 月 10 日出版的第 23 期《东方杂志》——《时事日志》

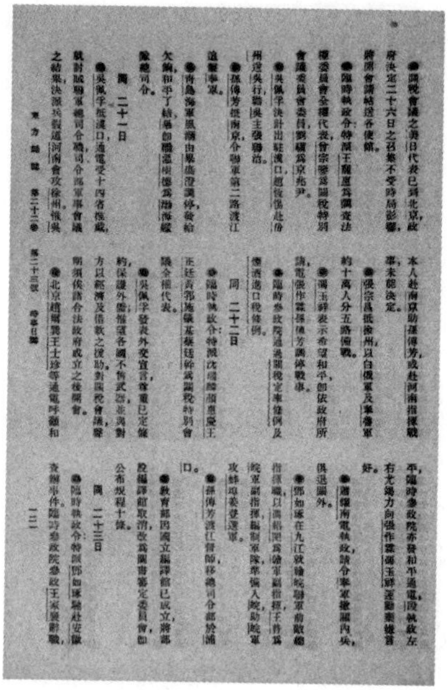

图 7-4　1925 年 12 月 10 日出版的第 23 期《东方杂志》——《时事日志》

图 7-5　1925 年 12 月 10 日出版的第 23 期《东方杂志》——《时事日志》

图 7-6 1925 年 12 月 10 日出版的第 23 期《东方杂志》——《时事日志》

图 8-1 1926 年 10 月 21 日出版的第九号《钱业月报》

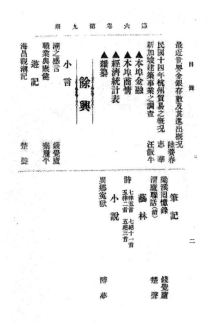

图 8-2 1926 年 10 月 21 日出版的第九号《钱业月报》

　　清晰了当时的时事背景,再分析弘一法师"五月往普陀"札中所言"变乱复作",思忖之,一个"复"字,其实弘一法师已经婉转交代了时间当在 1925 年。因为先有 1924 年的变乱,故弘一大师将 1925 年的再次变乱称"复作",只是以往大家都忽略这个"复"字而已。

　　如此,弘一大师普陀之行,当在 1925 年。

　　4. 肯定之论据四:夏丏尊《序子恺的漫画集》

　　若如此还不足以支撑 1925 年之说的话,那么我们不妨请出弘一法师好友夏丏尊,再听听他是怎么说的:"他这次从温州来宁波,原预备到了南京再往九华山去的。因为江浙开战,交通有阻,就在宁波暂止,挂褡于七塔寺。我得知就去望他。"[①]这段文字摘自夏丏尊的文章《序子恺的漫画集》,作者自署时间是"一九二五年十月二十八夜夏丏尊在奉化江畔远寺曙钟声中",刊于 1925 年 11 月 8 日出版的《文学周报》第 198 期上(图 9)。夏丏尊这篇记述"和尚的近事"的即时之文,与弘一法师"五月往普陀"函中"八月将如钱

───────────────

① 夏丏尊:《序子恺漫画集》,载《文学周报》第 198 期,1925 年 11 月 8 日。

塘,抵海门,乃知变乱复作,因留滞上虞、绍兴者月余。"时事相吻相合,故夏
丏尊之文字亦可当作弘一法师1925年"五月往普陀"之佐据。

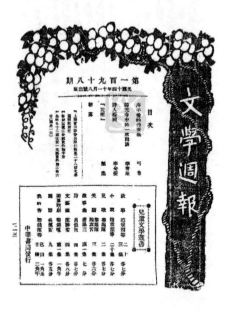

图9-1　1925年11月8日出版的第198期《文学周报》

图9-2　夏丏尊《序子恺的漫画集》一文,刊于1925年11月8日出版的第198期《文学周报》

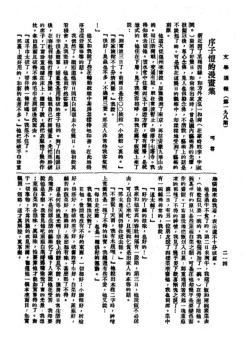

图9-3　夏丏尊《序子恺的漫画集》一文,刊于 1925 年 11 月 8 日出版的第 198 期《文学周报》

　　但亦有学者对夏丏尊的这段文字不以为然,守持他见。如慈溪胡迪军在其《弘一法师在宁波》一文中,如是道:"《子恺漫画》由上海开明书店于民国十五年一月出版,当时夏丏尊正担任开明书店的编辑,学生丰子恺要出版自己的漫画集,请他写序。而夏丏尊即在这篇旧文的基础上,在末尾增加了两段与丰子恺有关的文字,实际上前面大部分文字与丰子恺并无关系。据此我猜测:很可能是夏丏尊为了表示此文中特意为丰子恺所写,把原文落款中的'一九二四年'改为了'一九二五年'。"①胡先生认为夏丏尊此文撰于1924 年,只是后来应丰子恺请序,夏丏尊就在旧文后面续了段关于子恺漫画的文字,并将写作时间改为 1925 年,所以,认为弘一法师此行云游当是在1924 年。

　　本人以为,这只是一种缺乏实证的主观猜测,不足为据,故对此观点不

① 胡迪军:《弘一法师在宁波》,见《莲馆弘谭》,西泠印社出版社 2018 年版,第 121 页。

敢苟同。夏丏尊《序子恺的漫画集》,虽然文章约百分之八十的文字都在叙述自己与弘一法师亲历交集的故事因缘,但与序子恺漫画集,并非无甚关系。反而在文字衔接上尤显巧妙,在大篇介绍弘一法师事迹后,看似文近尾声,却话锋一转,一句"正怃然间,子恺来要我序他的漫画集。"把话题从弘一法师很自然地转向子恺漫画,然后用近200字的文字来介绍子恺和他的漫画,文词句句点题,言简意赅。最后,又笔峰回转:"子恺为和尚未出家时画弟子,我序子恺画集,恰因当前所感,并述及了和尚的近事,这是甚么不可思议的缘啊!",由此又引出弘一法师、夏丏尊、丰子恺彼此故友加师生之因缘交集关系和殊胜缘分,串联起全文的文脉结构和人脉感情。整篇序文,起承转合巧妙,娓娓道来,如叙家常,倍感亲切。故本人认为夏丏尊通篇此文,一气呵成,所作时间应如其落款所署,系"一九二五年十月二十八夜夏丏尊在奉化江畔远寺曙钟声中",而非1924年。

如此,弘一大师普陀之行之时间,亦应在1925年。

5. 肯定之论据五:1925年11月16日第40期《春晖》

夏丏尊《序子恺的漫画集》中叙道,此次与弘一法师的缘聚,曾邀弘一同往上虞,留其在白马湖畔的"春社"里小住几日。当时景况,除了夏先生序文所述,亦有他人文字留下痕迹,可作求证依据和参考。《春晖》半月刊,是上虞白马湖畔春晖中学所办之校刊,创刊于1922年10月31日,先后由夏丏尊、倪文宙、朱自清、冯三昧等主持,主要撰稿人有校长经亨颐、夏丏尊、丰子恺、朱自清、俞平伯、朱光潜、吴觉农、刘薰宇等。1925年11月16日出刊的第40期《春晖》,亦曾刊载弘一法师来白马湖小住的消息:"弘一大师,即未出家时之李叔同先生,吾国艺术界之先辈也,于前月底,由其至友夏丏尊先生伴,同来白马湖,住春社。本校教职员,出自大师门下者颇不乏人,皆前往拜谒,一时'南无阿弥陀佛'的佛号声,充满了春社。大师住春社约一周,每日写字念经,一日两餐,由夏先生备办供给,又往马家堰约一周,始于本月六日返湖,七日即离湖赴杭,同行者有本校校长经子渊先生,教员朱稣典先生,及其挚友夏丏尊先生。临行时,将平日所书之'南无阿弥陀佛'百余条,署名'昙昉'者,广赠本校教职员,以作纪念。得之者喜形于色,盖大师书法,素为世所贵重也。"此文交代之时间、地点和人物,皆可于夏丏尊《序子恺的漫画集》互相印证。

故此文可充作弘一大师1925年普陀行时间之佐证。

6. 肯定之论据六：冯三昧《忆弘一法师》

笔者还有一旁证可引，1943 年 11 月 15 日出版的杂志社丛书第三种《人物种种》中，刊有冯三昧的一篇文章《忆弘一法师》，回忆与弘一法师的两次交集，第一次是 1919 年夏季，冯三昧与陈望道一起去虎跑寺的晤见；"第二次是在民十四年或十五年罢，也就是我和子渊先生被夏定候所查缉的那年了。因了环境的关系，我先从宁波的四中，退避到奉化的锦溪中学，再从奉化撤退到白马湖的春晖中学。"弘一法师住在白马湖春社时，他的膳食素菜是由夏丏尊供养的，一天中午，夏家因故未曾送去，弘一法师便去冯三昧家里乞食，"当我邀请他进餐的时候，他谒然地向我声明，说这也是出家人的本色，可以克制自傲自大的意念的"，"我所住的正是弘一法师的弟子丰子恺先生的旧宅"。冯三昧回忆此段经历是在 1925 或 1926 年，但我们知道，1926 年弘一大师在温州、杭州、上海、庐山诸处行脚，不曾在上虞住歇；而 1924 年丰子恺尚住白马湖小杨柳屋，直至 1924 年底，丰子恺方离开春晖中学，去沪创办立达中学。故弘一法师留滞上虞之时间，既非 1924 年，亦非 1926 年，当在1925 年。

冯三昧的文字，为弘一大师 1925 年普陀之行，再添旁证。

7. 肯定之论据七：弘一法师书印光法语赠蔡丏因之题记

其实，弘一法师友人嘉兴蔡冠洛在 1946 年所撰《弘一大师年谱广证》(二续)中有一段文字也记录了弘一法师 1925 年初冬去绍兴的事实："录灵峰莲池印光诸法语，随机开导，因病与药。冠洛时学唯识，不免执滞名相，改习念佛法门，实自此始。下题'岁在星纪初霜，游方会稽，晤丏因居士，为书此纸，以志遗念。晚晴沙门论月'。"[①](图 10)而星纪在丑，系乙丑年之一九二五年。只是蔡冠洛疏忽了弘一法师题记所署落款时间是"星纪初霜"，而误将此事记录在《弘一大师年谱广证》的 1923 年中，致使人们未能将弘公的此次绍兴之行与 1925 年关联起来。而弘一法师此题记中所言 1925 年初冬"游方会稽"，与弘一法师致李圣章"五月往普陀"函中"八月将如钱塘，抵海门，乃知变乱复作，因留滞上虞、绍兴者月余""居上虞、绍兴时与同学旧侣晤谈者甚众"事契意合。

---

① 蔡冠洛：《弘一大师年谱广证》(二续)，载《觉有情》1946 年 1 月 1 日第 153—154 期合刊。

图 10　蔡冠洛《弘一大师年谱广证》(二续)一文,刊于
1946 年 1 月 1 日出版的第 153—154 期合刊《觉有情》

如此推敲算计,弘一法师书赠蔡冠洛之跋语,亦可充作 1925 年去普陀之有力佐证。

8. 肯定之论据八:《文学周报》刊名时间

为厘清事实真相,使论据更添说服力,笔者再次细读弘一法师"五月往普陀"一函,分析字句,考量再三,以求更多实证,以理服人。函中有言:"老友丐尊,曾撰《序子恺漫画集》文,刊入《文学周报》,略记朽人近状,附邮以奉慧览。"查刊物史,知《文学周报》是文学研究会的机关报。文学研究会于1921 年 1 月 4 日在北京成立,由郑振铎、沈雁冰、叶绍钧、许地山、周作人、王统照、耿济之、郭绍虞、孙伏园、朱希祖、瞿世英、将百里等十二人发起,是新文化运动中成立最早、影响和贡献最大的文学社团之一。《文学周报》创刊于 1921 年 5 月 10 日,先後由郑振铎、谢六逸、叶绍钧、赵景深等人负责编辑。初名《文学旬刊》,旨在"为中国文学的再生而奋斗,一面努力介绍世界

文学到中国，一面努力创造中国的文学，以贡献於世界的文学界中"。自
1923 年 7 月第 81 期起改名《文学》，每周一期，均附在上海《时事新报》，作为
《时事新报》副刊发行。1925 年 5 月第 172 期起定名《文学周报》，脱离《时事
新报》，开始按期分卷独立发行。第 4 卷起由上海开明书店出版。第 8 卷时
改由远东图书公司印行。1929 年 12 月出至第 9 卷第 5 期休刊，前后共出
380 期。

由此可知，《文学周报》始名于 1925 年 5 月，1924 年尚未有其名。如若
"五月往普陀"一函系 1924 年所写，其时《文学周报》名尚不存，弘一法师所说
之《文学周报》何将焉附？而刊夏丏尊《序子恺的漫画集》一文的第 198 期《文
学周报》，出版时间是 1925 年 11 月 8 日，也就是农历九月廿二日；而弘一大
师致书李圣章，告知老友夏丏尊在《文学周报》上撰文略记其近状，此函则写
于 12 月 8 日，即农历十月廿三日，两者前后因果关系和时间程序之衔接，皆
相契合。故 1925 年之说，当无疑。

9. 肯定之论据九：周群铮《见闻纪事》

就在本文拟将结题时，本人在查阅民国佛教期刊时，又获当时与弘一法
师同去普陀山参访印光法师的周群铮居士的一篇回忆文章《见闻纪事》，其
中，就有去普陀的纪事："民国十四年，余偕弘一师朝礼普陀，逗留十余日，乘
小汽船至舟山，再转大汽船回温。到舟山时，大船尚未抵埠，在码头等
候。"①该文刊登在 1930 年 5 月出版的第 31 号第 97 期《大云》"事纪"栏目中，
此系当事人亲历后不久之记述，与本文所引弘一法师致李圣章函四中"尔有
友人约偕往普陀"契合，可知约弘一法师同往普陀者，即温州周群铮居士。

故当事者周群铮居士五年后的忆文，可充作弘一大师 1925 年普陀之行
的又一时间实证。

10. 小结

至此，完全可以明确，弘一法师"五月往普陀"一函所写之时间，系 1925
年 12 月 8 日（农历十月廿三）。如此，弘一法师去往普陀的时间毫无疑问，可
以确证为 1925 年农历五月。

---

① 周师寿：《见闻纪事》，载《大云》第 31 号第 97 期，1930 年 5 月。

五、结论

综合以上种种论述,弘一法师于 1925 年农历五月,与周群铮居士一同赴普陀山参礼印光法师。

以往弘一法师"五月往普陀"一函之时间混乱,纷纭各说,自此得以厘清统一;1924 年之说及诸多误谬,亦得以一一释惑解析,证据清晰,以理服人。弘一法师 1941 年在福建泉州檀林乡福林寺念佛期作《略述印光大师之盛德》演讲时,所言民国十三年到普陀山礼印光法师,应是民国十四年之口误,如弘一法师在演讲结束时所说:"以上所述,因时间短促,未能详尽",我想,时间短促,十六年前旧事,忆年稍有偏差,当亦难免;而李鸿梁《我的老师弘一法师李叔同》中所述弘一法师 1924 年秋莅绍,应亦是 1925 年秋之误,李鸿梁在事隔近四十年后,回忆前尘旧事,时序有误,更可理解。

解析至此,再读弘一法师"五月往普陀"函,述之事相已然清晰。1925 年农历十月廿三日(1925 年 12 月 8 日),弘一法师在温州致函俗侄李圣章,告知年来近况:农历五月往普陀山参礼印光法师,居七日。每日自晨至夕,皆在印光法师房内,观察一切行为,以为模范,学习之;农历六月返温州;农历八月,计划先去杭州,转往南京,再赴安徽九华山礼地藏菩萨。可抵海门后,知军阀又战,江浙再乱,交通受阻,前行路断,计划不果。只得滞留宁波七塔寺、上虞白马湖、绍兴草子田头普庆庵等处,与好友夏丏尊、蔡丏因,学生李鸿梁、孙选青等晤谈者甚众。为写佛号六百余叶,广植善因,普结佛缘。蔡丏因、李鸿梁、孙选青等各得百叶,嘱分赠有缘人,并颜其室为"千佛名室"。农历十月初返归温州,仍驻锡大南门外庆福寺。10 月 28 日,夏丏尊撰文《序子恺漫画集》,记述弘一法师近况及面见因缘,刊于 1925 年 11 月 8 日出版的第 198 期《文学周报》上,弘一法师将此刊并手书佛号数叶一并寄奉俗侄李圣章,以释其牵挂。

云云如此,试作勘考厘析,以遣旧疑新惑,所陈未知当否,尚望诸方家不吝赐教。

谨以此文纪念弘一法师诞辰 140 周年、印光法师圆寂 80 周年!

(作者:平湖市李叔同纪念馆研究馆员)

灵山寺禅房

——弘一大师挂单沪上寺院之唯一遗存处

朱显因

一、灵山寺禅房——弘一大师挂单沪上寺院之唯一遗存处

李叔同出家后，成了弘一大师。出家后前十年，大师仍云游于浙沪之间。

据目前收集到的资料，弘一大师曾经在上海驻锡过的寺院有四处：护国院、太平寺、清凉寺和灵山寺。

1. 护国院

1921年，弘一大师在沪时，居护国院手书《佛说十二头陀经》一卷，并自作题记。手书《佛说十二头陀经》经末题记："辛酉三月十日，居上海护国院，弘一沙门演音敬写。愿将以此功德，回向四恩三有，法界众生，同离结着，集诸善本，发大乘心，往生西方，速得无上正真之道。"护园院即上海南市老关帝庙雅称。据林子青说，上海关帝庙主僧与西湖玉泉寺住持真空（河南人）同一系统，师与玉泉因缘特深，故到沪常居于此。[①]

关帝庙供奉三国时期蜀国的大将关羽，关帝庙应归属于道教。佛教中关羽的庙舍一般叫做伽蓝庙等，一些寺院里面也有伽蓝殿。

上海南市老关帝庙有几处，有的今已不存，有的仍存。无法确定当年弘一大师居哪个关帝庙。

2. 太平寺

1923年春夏间，弘一大师自温州至上海，在太平寺亲近印光大师，弘一

---

① 林子青：《弘一大师新谱》，（台北）东大图书中华股份有限公司1993年版，第187页。

大师于 1923 年农历三月三日致好友杨白民信中说:"比来沪,寓新闸陈家浜太平寺(玉佛寺北间壁)。有暇希过谈,他人乞勿道及,以未能一一接见也。"①1927 年,弘一大师暂居江湾学生丰子恺家。丰氏与夏丏尊、内山完造(日本书商)、叶绍钧(圣陶)、周予同、李石岑等,宴请大师于功德林素食馆。饭后并随师同访印光法师于太平寺。后来叶绍钧写了一篇两法师,就是描述这一次宴请弘一法师及同访印光法师的情况。②

　　1914 年,真达法师自普陀山至上海出任普陀三圣堂下院供养庵住持。因供养庵规模狭小,遂于 1922 年拆除重建,取名太平寺。该寺位于当时的新闸路陈家浜,今为成都北路西侧之 865 号,已成为一片工地。③

　　3. 清凉寺

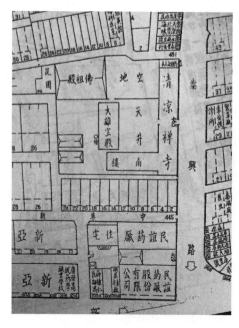

图 1　清凉寺

1928 年,弘一大师在沪时曾与蒋竹庄(维乔)居士同听应慈法师讲华严经于清凉寺。蒋竹庄在《晚晴老人道牍集序》中"回忆戊辰己巳间,上海清凉寺请应慈老法师宣讲华严经,余恒往列席。某日有一山僧翩然戾止,体貌清癯,风神朗逸,莫非弘一法师乎? 既而会中有认识法师者,告我曰是也。"④

　　1928 年秋弘一大师曾有上海之行,弘一大师与尤惜阴等赴泰国前是住在清凉寺的。上海清凉寺为常州清凉寺之下院,该寺位于泰兴路新闸路交汇处附近,即泰兴路 465 弄(图 1)。21 世纪初,上海市对此地进行改造,拆除了原清凉寺所在的旧房,改建为中华新村和"远雄风

① 陈星编著:《李叔同——弘一大师行踪图典》,西泠印社出版 2019 年版,第 31、32 页。
② 林子青:《弘一大师新谱》,(台北)东大图书中华股份有限公司 1993 年版,第 247 页。
③ 陈星编著:《李叔同——弘一大师行踪图典》,西泠印社出版 2019 年版,第 31、32 页。
④ 林子青:《弘一大师新谱》,(台北)东大图书中华股份有限公司 1993 年版,第 255、259 页。

华园"住宅区。原 445 弄至 519 弄之间的单号弄名不再存在。①

4. 灵山寺

1926 年夏,弘一大师与弘伞法师一起赴庐山,路经上海,暂居灵山寺。

丰子恺先生 1926 年 8 月 4 日记于石门的《法味》一文中述:"暑假放了,我天天袒衣跣足,在过街楼上——所谓家里写意度日。""有一天早晨","我下楼一看,果然是弘一弘伞两法师立在门口。""请他们坐下了,问得他们是前天到上海的,现寓大南门灵山寺,要等江西来信,然后决定动身赴庐山的日期。""这一次他来上海,因为江西的信没有到,客居无事;灵山寺地点又在小南门,离金洞桥很近;""二十岁时陪了母亲南迁上海,住在大南门金洞桥(?)畔一所许宅的房子——即所谓城南草堂。""翌晨九点钟模样,我偕 W 君,C 君同到灵山寺见弘一师","他就换上草鞋,一手夹了照例的一个灰色的小手巾包,一手拿了一顶两只角已经脱落的蝙蝠伞,陪我们看城南草堂去。""出了弄,步行到附近的海潮寺一游。"②

有丰先生的这段文字可将城南草堂、海潮寺作为确定灵山寺位置的参照物。

笔者最先查到的灵山寺资料是见于上海通志的"寺庙、佛塔"一节中"直至民国时期,上海旧县城厢内外,在今方浜中路有广福寺、城隍庙,在大东门有地藏庵、观音阁庙、公输子庙、龙王庙,在丹凤路有雷祖殿、真武庙、灵山寺。""丹凤路在南市区北部。北起人民路,南至方浜中路。长 423 米,宽 2.7—9.1 米,车行道宽 2.2—5.5 米。清宣统三年(1911 年)筑南段(福佑路至方浜中路),名天官坊街、天官牌楼街。民国元年(1912 年)筑北段(福佑路至丹凤楼),因路侧有丹凤楼,名丹凤路。后统称今名。沿路为住宅。"很显然该处的灵山寺不是《法味》中所述的灵山寺。

而后,在上海地方志办公室编纂的上海宗教志的"湮没寺院"章节中查见"灵山寺原名灵山禅院,又名小灵山。坐落于南市区后善堂街 236 号。清同治五年,里人陈秉天始建。陈后来出家于龙华寺,法名功圆。光绪二十年

① 陈星编著:《李叔同——弘一大师行踪图典》,西泠印社出版 2019 年版,第 37 页。
② 丰陈宝、丰一吟编:《丰子恺文集》第 5 卷,浙江文艺出版社、浙江教育出版社 1992 年版,第 26、27、29、32 页。

又增建殿宇。后由悦来任住持。上海解放后由了原任住持。现已废。"

在上海地方志办公室编纂的上海地名志查得"东江阴街在南市区中部。东起南仓街,西至跨龙路。长 483 米,宽 6.2—10.0 米,车行道宽 3.9—8.2 米。清光绪三十年(1904 年)筑。曾名校场街、复善堂街、后场稍街、校场稍街。1964 年因在江阴街东,改今名。沿路为住宅。"

上海书画出版社 2017 年 8 月出版的《上海城市地图集成》和上海社会科学院出版社 2008 年出版的《老上海百业指南》中分别查到灵山寺的确切位置,与《法味》中描述的灵山寺位置相吻合(图 2)。

图 2　灵山寺地图

2019 年 7 月中旬,笔者走访了东江阴街 236 号,但见原来的灵山寺禅房早已成为民居。而令人欣慰的是这幢由东、南、西厢房合汇的二层楼宇仍保留着寺院的框架。有一位 73 岁的居民称自己 8 岁(1954 年)起就住在里,这似乎与灵山寺的作废时间相吻合。这些年来,房管所对这幢楼宇大修过几次,屋顶的瓦片已非当年的,但有些房檐的雕饰仍保留着,二楼走廊恢复了原来的木质地板(图 3、4、5)。

图 3　灵山寺禅房图(一)　　　　　图 4　灵山寺禅房图(二)

图 5　灵山寺禅房图(三)

住在这里的年长居民还记得当年进门首先看到的是一尊弥勒佛。当时还有一位小沙弥住在寺院底楼厢房。二楼的东、西厢房原为大殿,现在的房门还是原来的,南厢房为法师居住处。二楼左边原系供往生牌位的佛殿。可以想像当初的灵山寺乃"一心观礼。灵山会上。亲承佛海。授与大乘无量寿经。嘱以弘扬净土法门。现在兜率内院。当来三会龙华。菩提树下。成等正觉。福德无边。弥勒菩萨"。

从《法味》的记述,"问得他们是前天到上海的,现寓大南门灵山寺,要等江西来信,然后决定动身赴庐山的日期。""江西信于昨晚寄到,已决定今晚上船"。可以确定弘一大师 1926 年夏驻锡灵山寺是三夜四昼。

1949 年上海有寺庙 1950 处,市区 320 处,以南市区最多,有 60 处。上海老城厢历代所建寺庙众多,随着历史的变迁,有的寺庙已湮没;有的已改作他用,其遗址虽然存在,但都已不作为宗教活动开放场所。毗邻灵山寺的东江阴街,旧时寺院庙宇密布,有三味寺、三味禅院、三味净寺和关帝庙等,虽遗迹尚存,但早已面目全非了。事隔 90 多年,凭借《法味》中对灵山寺的描述竟然能找到这所有 150 多年历史的寺院原址,真是不可思议。

迄今为止,灵山寺禅房成了弘一大师挂单沪上寺院之唯一遗存处。

另有一说,1923 年弘一大师来上海时在"居士林"暂住[①],容后再叙。

二、弘一法师为何居无定所?

弘一法师三十九岁发心出家,深知自己入佛门太晚,于是抓紧用更多的时间去精进;他很快就进入了学习和修行的状态,可谓深契佛法。大师在出家后短短二十四年的时间里,完全继承了印光法师的愿力,一不做住持,二不收徒,三不募化。弘一大师不沾惹僧俗名利,为自己节省出了大量修行和弘法的时间。所以,弘一法师经常云游各处,看似是闲云野鹤,实际上是在不辞辛劳的累于如来家业。

大师深谙安宁求真实者入得山门,方能够尽脱现实的虚幻。毅然决然地随缘,寻找自己清净的兰若,不留一点僧俗两界的牵挂。出家后的他一直在寻找清净的道场,辗转于不同的寺院,住久难免要落入种种的俗缘。南下厦门,他发现厦门的种种机缘,有地缘、身缘、心缘、机缘、人缘、法缘之六缘。

---

① 夏弘宁:《夏丏尊传》,中国青年出版社 2002 年版,第 212 页。

大师感受厦门的人文环境,相比浙江,有更好的护法助缘之力,尊法、礼法的良好人缘氛围。大师在上虞法界寺两次大病,皆因江南秋冬、春季的阴气潮湿寒冷所致。浙东之地,的确不适合大师老病之躯。大师出家修梵行,从1921年3月始,他居温州最久。他礼庆福寺住持寂山法师为导师,闭门谢客,钻研律学,完成著作《四分律比丘戒相表记》。

大师来到南闽,厦门的冬天相当温暖,四季如春,大师心里充满了欢喜。他自述"去秋往厦门后,身体甚健"。的确北地冬春严寒,非衰老之躯所能堪也。

从大师各个时期的信札中描述来看,厦门的地缘与身缘优点是"其气候颇适老病之体",这使大师身心愉悦。弘律与著作,他需要身心健康,愉悦欢喜。厦门气候和暖,为大师弘法利生大力助缘。厦门具有极为优良的气候,宜人的环境,不愧为极佳的宜居城市。大师自1929年至1938年间九次去厦门。他的著作弘法功德之卓越,得力于厦门宜居之气候。怡养安定,使他的身虚病患得到了缓解。对常年吃素、营养缺乏、身患多病的大师来说,厦门的环境寒暑调和,最益身心,凭借地缘的优越,以助他身缘弘律著作之圆满。厦门之始,闽南而终,成就圆满,这是大师人生最后的胜缘。①

有人统计,弘一大师自1918年旧历七月十三日正式剃度出家直至1942年旧历九月初四圆寂,他在浙江上海一带驻锡过至少25座寺院,在闽南一带驻锡过至少35座寺院,另曾北上青岛湛山寺讲律,合计超过61处。从2019年陈星编著的《李叔同——弘一大师行踪图典》罗列出的弘一大师国内行踪除了天津、南京外遍及十九个省市的寺院共有80余处,其中包括大师演讲或到过的。因此弘一大师驻锡过的寺院超过61处,可以这么说。

李叔同——弘一大师经历丰富,其曾经居住过的地方,在书中难免还会有遗漏。由于时代变迁,许多历史遗存已遭毁坏,城乡建筑物、道路改造情形复杂,若干文献记载不详或有所失误等,书中所记难免会有不甚准确的情况。②

譬如林子青编辑的弘一大师1926年谱文"夏与弘伞法师至江西庐山,参

① 张一德:《弘一大师在厦门》,西泠印社出版2018年版,第52、54、150、161—163页。
② 陈星编著:《李叔同——弘一大师行踪图典》,西泠印社出版2019年版,"前言"。

加金光明法会。道出沪上,与丰子恺同访旧居城南草堂,并参观江湾立达学园,应请至闸北世界佛教居士林,开示《在家律要》,由尤惜阴居士笔记。"内中遗漏了大师曾驻锡灵山寺的史料。

又如温州大学人文学院孙良好根据《重编醒世千家诗》的刊布①指导硕士生金星考证了弘一大师 1928 年夏驻锡温州景德寺时间为 1928 年 8 月 20 日至 9 月 14 日近两旬余(即 24 天)。可填补弘一大师 1928 年谱文中的或缺。

三、弘一大师云游上海其他地方的足迹及现状

1. 上海专科师范学校

1920 年 4 月上旬,弘一大师为赴新城贝山灵济寺闭关,赴沪商请杨白民相助。刘质平便迎请弘一大师至上海专科师范学校(黄家阙路某二层楼房舍)小居五日。今上海黄家阙路老建筑均划入拆迁区域。②

2. 城东女学

1921 年 4 月弘一大师因事至沪,居城东女学为女弟子朱贤英开示念佛法门。③ 城东女学地点在上海南市花衣街竹行弄杨家自宅。如今因城市改造,竹行弄已不见踪影。④

3. 永义里

1926 年秋、1927 年和 1928 年,弘一大师曾住丰子恺在江湾寓所永义里。永义里毁于 1937 年"八·一三"战火。永义里原址现位于上海复兴高级中学校门(车站南路 28 号)隔马路正对面的一片居民小区。⑤

4. 世界佛教居士林

1926 年夏,弘一大师与弘伞法师至江西庐山,参加金光明法会。道出沪

---

① 朱显因:《弘一法师与〈醒世千家诗〉》,见杭州师范大学弘一大师·丰子恺研究中心、翰德林智慧女性修养学堂编《慈悲与和谐:第四届弘一大师研究国际学术会议文集》,中国广播电视出版社 2013 年版,第 165 页。

② 陈星编著:《李叔同——弘一大师行踪图典》,西泠印社出版 2019 年版,第 31 页。

③ 林子青:《弘一大师新谱》,(台北)东大图书中华股份有限公司 1993 年版,第 183 页。

④ 陈星编著:《李叔同——弘一大师行踪图典》,西泠印社出版 2019 年版,第 27 页。

⑤ 朱显因:《弘一法师与江湾缘缘堂》,天津市李叔同——弘一大师研究会编《天心月园——弘一大师诞辰一百三十周年学术研讨会论文集》,2010 年 11 月印,第 171 页。

上,与丰子恺同访旧居城南草堂,并参观江湾立达学园,应请至闸北世界佛教居士林,开示《在家律要》。[1]

清宣统三年(1911),杨仁山与佛教界同仁商议共同创立了中国佛教研究会,(1918)三月在上海海宁路锡金公所成立了全国居士团体之首创上海佛教居士林。

从《申知沪志》资料表明上海有些地名原来都与移民有关。锡金公所是无锡籍移民及商贾汇聚之处;就是以籍贯命名的会馆。1947 年街道行号地图上标注有海宁路 1046 号锡金会馆。如今此处已夷为平地。

本文上述,另有一说,1923 年弘一大师来上海时在"居士林"暂住,估摸是佛教居士林,如今已无痕迹。

5. 某旅馆

1937 年,弘一大师应倓虚法师请,从厦门往青岛湛山寺讲律,在上海住二日。那旅馆是一面靠近民国路,一面靠近外滩。[2]

1937 年初冬,离青岛到上海。时上海战火正烈,于旅邸会见夏丏尊及诸旧友。住沪二日即南返。[3]

旅馆当指今人民路与新开河路对接处的人民路一段,即今人民路与丽水路口新北门附近,但具体地点乃无从确定。[4]

又一说:1937 年,弘一大师来上海,住新北门广东泰安旅馆。

6. 关于"李叔同(弘一法师)旧居"

一度在上海瑞金二路 198 弄 20 号前镶有一块"李叔同(弘一法师)旧居"标牌,未说明缘由。疑此标牌的设置系参考林子青著《弘一大师新谱》的记载"1920 年,赴上海新华艺专小住五日,受门人刘质平等供养"之所为。

上海新华艺术专科学校创办于 1926 年,发起人张聿光、潘天寿、俞寄凡、潘伯英、许开甫、俞剑华、谭抒真等。初址为金神父路南端打浦桥(今瑞金二路)南端。1929 年改为新华艺术学院。1937 年毁于日寇炮火,迁薛华立路薛华坊,即现今建国中路 155 弄。

---

[1] 林子青:《弘一大师新谱》,(台北)东大图书中华股份有限公司 1993 年版,第 238 页。
[2] 夏丏尊:《怀晚晴老人》,见《弘一大师永怀录》,上海佛学书局 2005 年版,第 64 页。
[3] 林子青:《弘一大师新谱》,(台北)东大图书中华股份有限公司 1993 年版,第 371 页。
[4] 陈星编著:《李叔同——弘一大师行踪图典》,西泠印社出版 2019 年版,第 39 页。

  刘质平系于 1932 年才任新华艺校任艺术教育学主任。所以 1920 年春，大师去上海刘质平家小住五日，是住在 1919 年夏，由吴梦非、刘质平创办的上海艺术师范专科学校。

  如此看来，瑞金二路 198 弄不在新华艺校的地理位置；今年 6 月，瑞金二路 198 弄 20 号外墙镶的这一块"李叔同（弘一法师）旧居"标牌，未说明缘由已经消失。

  想不到，2021 年新年伊始，这块旧居标牌又在原处复现；同时多出一块"舆服志"标牌。"舆服志"的营业内容为甲胄礼仪展演及甲胄体验。

  从陈星编著的《李叔同——弘一大师行踪图典》罗列出的弘一大师曾驻锡、讲经或到过的 80 余处寺院中，江浙 28 处寺院中迄今尚存（含遗址）17处，其中有纪念馆 4 处，旧居 1 处。闽南 46 处寺院中迄今尚存 32 处，其中有纪念馆（堂）6 处，旧居 5 处。

  1898 年 10 月，李叔同离开了天津的大家族，奉母携眷迁居上海。去南方求学立业。李叔同 1898—1918 年在上海期间，曾经居住过的寓所旧居或有八处，出现的住址共有十处。[①] 由于时代变迁，如今这些住处大多已经不确切或因旧区改造而被封堵。

  李叔同等初到上海时，最初赁居于法租界的卜邻里。其位置今为金陵东路 389 弄。李叔同曾居住过的房屋已在 1929 年拆除，原来弄内房屋外墙上镶嵌着"李叔同（弘一法师）故居"的铭牌已不可见。

  1900 年春—1905 年春，李叔同居住在小南门外青龙桥南堍城南草堂，即现在的黄浦区薛家浜路与青龙桥街交汇的青龙桥街南段之青龙桥街 100号。现已成为旧区改造的工地。

  1901 年—1902 年，李叔同在南洋公学求读期间居住在校内上院学特班宿舍，即现在的徐家汇华山路 1954 号上海交通大学徐汇校区新上院。另外，在上海交通大学闵行校区内有一条命名为叔同路。这二处可权作上海纪念李叔同的写照。

  要说上海纪念弘一大师之举尚有一则：1943 年 1 月，时任上海玉佛禅寺方丈的震华法师对弘一大师圆寂深悲法门秋晚，老成凋谢，乃与白圣法师

---

① 王维军：《当湖人家》，天津人民美术出版社 2017 年版，第 176 页。

及窦存我、夏丏尊居士等,为了表彰大师的盛德高风,在玉佛寺成立弘一大师纪念会。会上,窦存我、夏丏尊、叶圣陶、丰子恺等人发起,同时在寺内成立图书馆。2000年6月,玉佛寺复办该图书馆,正式命名为"弘一图书馆",并对外开放。馆内藏各类佛学书籍3万余册。馆内有弘一大师半身法相雕塑。2017年9月起,因玉佛寺改建大雄宝殿整体平移,弘一图书馆暂停开放。

说到弘一大师雕像,上海戏剧学院和上海交通大学安泰管理学院,这两个地方均有一尊。上海戏剧学院的雕像表有"中国话剧创始者"。

另有袁希濂之说"十八年又于夏丏尊家与师会晤,以后遂不克见师之面矣"[1],容以后待考。

四、灵山寺的后望

灵山寺原址东江阴街236号,虽则保留着当年寺院的框架,但早已成为有30多户人家的民居,其中不少房客又将住房转租给外来务工。整个天井被底楼住户违章搭建得水泄不通,迄今整幢房没有卫生设施,家家户户仍需倒马桶。居住在这幢房里的居民怨声载道,期盼旧区改造,落实动迁政策彻底改善居住条件。笔者在上海怀旧吧中见到有记者曾为236号照片配的文字"灵山寺禅房成为民居。等待拆除的到来"。然而236号与毗邻的街面商铺同样受到背腹是市南中学地界的限制,这一条占地面积不大的地块很难引起开发商的兴趣。

有一位中年居民告诉笔者,236号的产权归属不清,一旦有人接盘可能要牵涉到区房管局、教育局、宗教局。据说236号还是庙产。笔者从一位接近佛协的人士获悉,目前在上海市区和郊区有几处保存完好的寺院申报对外开放,均没有获准。何况灵山寺在新中国成立之初已经被毁,当初侵占寺院的居民为了扩大使用面积,早已请走了庙宇内供奉的佛像、法器及家具等。要恢复寺院最棘手的还是怎么安置这30余户房客;这不仅是要花大量的财力,还要花大量的精力。

---

[1] 袁希濂:《余与大师之关系》,见《弘一大师永怀录》,上海佛学书局2005年版,第130页。

　　总之,尤其对恢复灵山寺感到无望,还不如为灵山寺禅房能保留至今而感到欣慰。要不是新中国成立之初当地居民乘虚而入这座废庙,灵山寺必会遭"文革"的灭顶之灾。

　　弘一大师与上海的缘份是很深的。他的许多著作、手书佛经等都由上海佛学书局等出版社印行,他的文章登载或连载于上海的佛教期刊或报纸。由于江浙一带的气候不适宜大师老病之躯,因此他曾驻锡过上海寺院仅 4 处,且仅有灵山寺禅房一处遗存。

　　2017 年 10 月第六届弘一大师研究国际学术会议结束后,部分海内外学者到上海参观了华山路上的上海交通大学新上院和陕西南路 39 弄 93 号上的日月楼(丰子恺旧居)。今年恰逢弘一大师诞辰 140 周年,上海东江阴街 236 号内遗存的灵山寺禅房则可成为缅怀弘一上人的好去处。

(作者: 上海黄浦区丰子恺研究会副会长)

弘公灵骨落寞归杭之谜

叶瑜荪

一

弘一大师于 1942 年 10 月 13 日（农历九月初四）圆寂于泉州不二祠温陵养老院晚晴室。当时正值战火连天的抗战后期，国运艰难，民生困厄。弘公对自己的后事安排，只嘱咐焚化后遗骸分为两坛，就地分存承天、开元两寺普同塔。没有要求分送到泉州以外，与他渊源很深的地方，更无立碑、建塔、纪念等遗愿。以弘公的品性，绝不会让别人增加负担，这是可以理解的。

但弘公人格的感召和影响力实在无可估量，尽管时势艰困，弘公圆寂的消息还是很快传遍环宇。人们都默默为弘公燃起悼念心香，并以各种方式展开了纪念。

"一九四二年十二月至一九四三年三月，上海《觉有情》杂志，连出《弘一大师纪念号》五期。登载有夏丏尊、性常、震华、范古农、李圆净、袁希濂、姜丹书、显念居士（钱均夫）、胡朴安、马叙伦、观一居士（叶恭绰）、蔡冠洛、朱文叔、陈祥耀、陈海量、陈无我、徐松、丁桂樵、张一留、费慧茂、王心湛、温定常、屈翰南、章锡琛、庄子才等纪念文字。"①

丰子恺是 10 月 18 日在遵义收到泉州开元寺性常法师电报，得知弘师圆寂消息的。即"在窗前沉默了几十分钟，发了一个愿：为弘一大师画像一百尊，分寄各省信仰他的人，勒石立碑，以垂永久。"②

---

① 林子青：《弘一法师年谱》，宗教文化出版社 1995 年版，第 317 页。
② 陈星：《丰子恺年谱长编》，中国社会科学出版社 2017 年版，第 424 页。

1943 年 10 月，弘公圆寂周年之际，夏丏尊作序的《弘一大师永怀录》由上海大雄书局出版。10 月 17 日，上海玉佛寺举行弘一大师圆寂周年纪念会，展出大师墨宝数十件。[①] 同时，玉佛寺成立"弘一大师图书馆。"

同年，泉州编印出版《弘一大师生西纪念刊》。上海弘一大师纪念会编印《晚晴老人讲演录》。

1944 年，上海弘一大师纪念会编印《晚晴山房书简》铅印本，由开明书店出版。林子青著《弘一大师年谱》由上海杂华精舍出版。[②] 上海玉佛寺又举行弘一大师圆寂两周年纪念会，并展示大师墨宝。

1945 年 8 月，日本宣布无条件投降，终于迎来了抗战的胜利。积压在人们心里，对于弘公生西的哀怀和悼念得以尽情抒发。

1947 年 11 月 9 日，上海玉佛寺隆重举行"弘一法师圆寂五周年纪念会"，同时举办弘一大师遗墨展。弘公挚友，杭州堵申甫先生保存的李叔同《断食日志》手迹首次公开展出。[③] 同时，刘质平在国立福建音乐专科学校举办弘一大师遗墨展。

二

正当沪闽等地纷纷举办弘公纪念活动，编印纪念书刊之际，弘公在浙江的知友、学生岂能等闲视之！尤其是杭州，浙江省立一师是李叔同任教过六年的名校，有过很多的同事、挚友和学生。虎跑定慧寺是其断食、披剃之地，灵隐寺即是他受戒之处。要论因缘，杭州无疑是与李叔同—弘一大师关系最密者之一。

1948 年 6—7 月间，弘公的同门师弟弘伞法师，派人去泉州见弘公遗嘱执行人妙莲法师，表明要迎请弘公部分灵骨回归杭州虎跑寺，造塔供养之意。[④] 弘伞法师时为定慧寺（俗称虎跑寺）、招贤寺住持。妙莲法师因未能私

---

① 李莉娟主编：《圆月耀天心——弘一大师略谱·谱后》，天津人民美术出版社 2014 年版，第 47 页。

② 李莉娟主编：《圆月耀天心——弘一大师略谱·谱后》，天津人民美术出版社 2014 年版，第 48 页。

③ 林子青：《弘一法师年谱》，宗教文化出版社 1995 年版，第 318 页。

④ 沙弥：《弘一律师灵骨过沪奉供速记》，载《海潮音》第 29 卷第 10 期（1948 年 10 月 10 日），第 279 页。

作主张准其所请。

　　未曾想到的是,同年 9 月,弘公灵骨竟由一位菲律宾华侨刘胜觉居士从泉州送到了杭州。其中因缘之奇,亦足见弘公感化、影响之深。

　　刘胜觉(1910—1993),原籍福建晋江,"世代经营厦门至山东之商船生意,偶因台风吹至菲律宾,遂落籍岷市(马尼拉)"①,成了菲律宾华侨富商。其"诞生之前一夜,母梦紫微星落天井中,故取名紫微,又名谪星。"②及长,改名梅生。因三代信奉天主教,故自幼即被送入教会学校读书。

　　天主教中学毕业后,回祖籍福建,就读于厦门大学,学习新闻与教育。厦门大学与南普陀寺毗邻。时弘公正居寺中,刘梅生有机缘亲近弘公,深受感化,由一个专门批评佛教,骂佛寺的天主教徒,转变成佛教徒。

　　刘梅生大学毕业返回马尼拉,去中学教书,并在华侨联合日报任职,却不再上教堂做礼拜。当时马尼拉有"旅菲中华佛学研究会,"会员仅数十人,每逢星期日举行法会、讲演等活动。刘梅生每请必到,成了会中最年轻的一员。后佛学研究会需聘请一位僧伽长住菲岛宏法,并拟建大乘信愿寺,决定礼请闽南高僧性愿法师到菲。为办理性愿法师来菲一切相关手续,佛学会就请梅生居士来做。

　　性愿法师是弘公在闽南交谊最深的法侣,弘公在闽南安居,多受其照拂。性愿法师临去菲前,弘公托他带一书信给刘梅生,"大意说:性愿法师是一位有修持有德行的大德,要他时常亲近他。"③后来"刘梅生请求性愿法师为他讲解《普贤行愿品》,法师慈悲应允,于是一对一,足足讲了一个月,刘居士就决定皈依佛教"。④

　　于是,性愿法师特地写信给弘公,"说:'你度的那位年轻人,已发心要皈依了,你就为他皈依吧!'"弘公接信后就致函梅生,"在信中叮嘱刘居士要就

① 侯秋东:《弘一大师与刘梅生居士(觉生法师)》,见陈慧剑编《弘一大师有关人物论文集》,台北弘一大师纪念学会 1998 年版,第 192 页。
② 侯秋东:《弘一大师与刘梅生居士(觉生法师)》,见陈慧剑编《弘一大师有关人物论文集》,台北弘一大师纪念学会 1998 年版,第 192 页。
③ 侯秋东:《弘一大师与刘梅生居士(觉生法师)》,见陈慧剑编《弘一大师有关人物论文集》,台北弘一大师纪念学会 1998 年版,第 198 页。
④ 侯秋东:《弘一大师与刘梅生居士(觉生法师)》,见陈慧剑编《弘一大师有关人物论文集》,台北弘一大师纪念学会 1998 年版,第 199 页。

近亲近性愿法师,请求皈依。"①同时也复信给性愿法师,告知其意。性愿法师便为刘居士举行皈依仪式,取法名——胜觉。表示他是弘公和性愿法师共同的皈依弟子。刘居士时年26岁。

1937年起,性愿法师长住菲岛弘法,并任大乘信愿寺住持。胜觉居士便成了性愿法师重要助手。

胜觉居士于1984年正式出家,并受三坛大戒,法号觉生,出任马尼拉罗汉寺第二任住持。1993年4月圆寂,世寿84岁,僧腊10年。

三

1948年9月,刘胜觉居士代表性愿法师回泉州处理法务。故有机缘赴"开元寺瞻仰弘一大师遗迹,朝拜灵骨舍利,并且访问弘公昔日的侍者妙莲师与传贯师。"②也闻知了弘伞法师曾派人来迎弘公灵骨之事。胜觉认为"虎跑寺为先师披剃、常住,亦应建一骨塔,留其后世追念。乃与开元、承天两寺主持人商得同意,各分少分灵骨……恭送至杭。"③

刘胜觉奉到弘公灵骨,亲自从泉州恭送至杭。途经上海,弘公在沪友人、学生先已闻知,不胜欣喜,认为机缘难得,商请在沪停留一日。9月12日11时,侍供仪式在静安寺举行。"这一天由静安学苑全体学员诵经,经坛设于静安寺大楼上。供桌中央奉有一黄布袋,袋中就是一世身兼两种大师的弘一律师灵骨。"④仪式中,由道源法师、苇一法师和刘胜觉居士分别拈香,仪式简单而庄严。供毕,林子青居士报告此次奉供要义;刘胜觉居士报告此次奉送弘公灵骨从泉州到杭州经过;最后是大醒法师讲演。

事后,刘胜觉居士在刘质平、林子青陪同下,将弘公灵骨护送到杭州西湖招贤寺,交弘伞法师保管。

---

① 侯秋东:《弘一大师与刘梅生居士(觉生法师)》,见陈慧剑编《弘一大师有关人物论文集》,台北弘一大师纪念学会1998年版,第199页。
② 侯秋东:《弘一大师与刘梅生居士(觉生法师)》,见陈慧剑编《弘一大师有关人物论文集》,台北弘一大师纪念学会1998年版,第210页。
③ 沙弥:《弘一律师灵骨过沪奉供速记》,载《海潮音》第29卷第10期(1948年10月10日)。
④ 沙弥:《弘一律师灵骨过沪奉供速记》,载《海潮音》第29卷第10期(1948年10月10日)

与沪、闽不同的是,弘公灵骨抵杭,却未燃起杭州纪念弘一大师的热情。既未见举行法会之类纪念活动,更没有奉安、立碑、建塔之举,不免让人觉得有些冷寞。俟到深秋,是"堵申甫约了几位佛教信徒护送弘一灵骨到虎跑定慧寺,暂时安埋于寺后的山冈上,前面立了块简易的石碑,石碑约两尺见方,请马一浮书写'弘一法师灵骨瘗处'八个大字。"[1]堵申甫虽是李叔同挚友,弘一大护法。但经抗战劫难,此时已家境败落,靠变卖家产、出售古玩度日,故再无为弘公立碑建塔之力。

弘公灵骨回归杭州所碰到的落寞境遇,很令人费解。虽说当时内战正烈,局势堪忧。但战火还远在关外、华北和淮海一带,杭州相对还是安定的。

一代律宗高僧,如此简陋的坟茔,一直维持到1953年春,被前来祭拜的丰子恺先生发现,顿时感伤万分。陪侍叩祭的宽愿法师(弘公在虎跑的弟子)告诉子恺先生:"先师在日谆嘱,不得为身后事募化。因此宽愿无法立碑。"[2]子恺先生闻言,发愿独力为先师树碑,决不募化。事在友人圈中传开,钱君匋、章雪村、叶圣陶等均自愿助资,并表示非造塔不可。乃由马一浮先生指示,依照永明寿禅师塔式(其塔在净寺旁)建造。1954年1月,虎跑的"弘一大师之塔"才展现于世人之前。

四

1992年6月,《丰子恺文集·文学卷》出版,我们得以读到丰先生"文革"期间所写《缘缘堂续笔》的全部文章。《缘缘堂续笔》是丰先生留给我们的最后一部随笔散文集,为其晚年75~76岁时所写。共有33篇,大多是以其早年亲历、亲见、亲闻的珍贵史实为题材的记实散文。其中有一篇《宽盖》,读罢,不禁让我拍案。因为它完全解开了1948年弘公灵骨归杭为何遇到冷寞的谜团。

宽盖是弘伞法师的徒弟,该文揭开了弘伞法师"失踪"之谜。

① 陈谅闻《造福诜诜、屹山仰之——怀念堵申甫(福诜)先生》,载2014年《文澜》第1期(总第13期),第17页。
② 柯文辉:《旷世凡夫:弘一大传》,北京大学出版社2010年版,第434页。

弘伞法师，俗名程中和，安徽安庆人。第二次革命时当过师长，后看破红尘，在虎跑与弘公先后出家，为人朴厚，面相慈祥。弘公云游各地，不常在杭州。弘伞法师则做了虎跑、招贤诸寺住持。

抗战胜利后，一次弘伞法师因事到上海，住城内关帝庙中。忽有一男子进来找他，跪地抱住他双脚，痛哭求救。"质问情由，方知道此人名叫某某（我记不起来了），敌伪时代曾经当过特务，用手枪打死不少人，现在忏悔了，决心放下手枪，出家为僧，请求弘伞法师接引。弘伞法师……十分同情，立刻给他摩顶受戒，取法名曰宽盖，带他回杭州，在虎跑寺修行。"

"这位宽盖法师非常能干。他到虎跑后，勤劳办事，使得寺内百废俱兴。弘伞法师十分得意，曾经向我夸奖此人，认为这是风尘中的奇迹。也是佛教界的胜缘。他非常信任他，就把虎跑寺的大权交给他，连自己的图章也交给他保管。弘伞法师自己就常住招贤寺，勤修梵行。"

"过了几时，宽盖法师来邀我到虎跑寺去吃斋，说是新近替师父在虎跑造了一间房子，请我和马一浮先生去参观。我如期而往，但见寺后山坡上竹林深处，建着一间红屋顶的小洋房。其中前为客室，后为卧房；铜床、沙发、镜台、屏帏，一应俱全。这不像僧房，竟是香闺。我口头赞美，心中纳罕。弘伞法师板起面孔说：'何必造这房子，我不需要。'宽盖答说：'师父赏光，这是弟子的一点孝心'。"

又"过了几时，忽然有一天杭州法院传弘伞，说有人控告他卖虎跑寺产田地若干亩，卖契上盖着他的图章，弘伞连忙找宽盖，宽盖正往上海去了。而法院传票接连而至。弘伞法师悄悄地逃出杭州，孤云野鹤一般不知去向了。"[①]

当时的杭州，如要为弘公举办纪念活动，弘伞法师是理所当然的牵头人。故弘伞的被迫出逃，造成弘公灵骨归杭后的落寞境遇。

丰先生后来因离开了杭州，宽盖的下场不得而知。

2018年8月，在虎跑参加"纪念李叔同·弘一法师出家一百周年学术研讨会"期间，虎跑文管所老领导张子华先生告笔者，他曾在公安档案中查得：

① 丰子恺：《宽盖》，见《丰子恺文集》第6卷，浙江文艺出版社、浙江教育出版社1992年版，第756页。

1963 年，寺里主持被查出是国民党特务而逮捕，名赵连海。此赵连海是否即是"宽盖，"尚未弄清。今附记于此，愿有心者一同考查。

（作者：桐乡丰子恺研究会顾问、嘉兴市文史研究馆馆员）

安心头陀谆约弘公赴陕弘法一事时间及地点考

陈 佩

一、关于时间点的考论

对于刘质平将弘一大师从甬轮上背下来一事发生的时间,林子青、王维军、秦启明、金梅、柯文辉、陈慧剑、姜丹书七位学者老师,已然存在 1929 年秋、1930 年夏、1931 年 5 月 2 日、1932 年四个观点。而目前所得知的最具价值的线索即为大师致刘质平信中"星期六(二日)"可供参考。再一点,大师此时还是重病未愈的状态。那么,诸位学者老师观点中,到底哪一个时间节点更接近真实情况呢? 笔者将从对应时间段之相关旁证信息入手,作以考证分析。

1. 1929 年之说

林子青《弘一大师书信》大师于 1929 年 9 月在上虞法界寺致刘质平函载:"安心头陀,匆匆来此,谆约余同往西安一行,义不容辞。余准于星期六(即二日)十一时半到宁波。一切之事,当与仁者面谈。"①

柯文辉在《旷世凡夫弘一大传》中认为,1929 年 9 月一公自法界寺致书质平,10 月 2 日,一公到宁波,质平去码头迎接时,坚持法师病后体弱,不宜去西北。②

陈慧剑在《弘一大师大传》中认为,1929 年 9 月底一天的下午二时许,与那位发心西去长安的和尚,带了行李上船。③

---

① 林子青:《弘一大师书信》,生活·读书·新知三联书店 2016 年版,第 100 页。
② 柯文辉:《旷世凡夫:弘一大传》,北京大学出版社 2010 年版,第 291 页。
③ 陈慧剑:《弘一大师传》,商务印书馆 2013 年版,第 256—257 页。

姜丹书在《弘一法师永怀录》之《弘一大师传记》中认为,民国十八年,即1929年,大师在白马湖过完五十诞辰。继而至甬上,有某僧,以筹济陕灾,请至长安。①

以上四位学者老师皆认为此事发生在1929年。下面,笔者将尝试着从1929年相关信件信息针对性考证与分析。

林子青《弘一法师书信》中大师于1929年10月3日在上虞白马湖致信夏丏尊、丰子恺,并恳请二位代表大师迎请虎跑寺弘祥法师到山房闭关用功之信载:"前日寄奉一函,想已收到。至白马湖后,承夏宅及诸居士辅助一切,甚为感谢。前者仁等来函,曾云山房若住三人,其经费亦可足用云云。朽人因思,现在即迎请弘祥师来此同住。……仁等于旧历九月月望以后(即阳历十月十七八日以后),来白马湖时,拟请由上海绕道杭州,代朽人迎请弘祥师,偕同由绍兴来白马湖。"②信中所言口吻,10月1日曾在白马湖致信给夏与丰,完全看不出期间2日有离开白马湖至宁波之意。

林子青《弘一法师书信》中大师于1929年旧历八月二十九日(即新历10月1日)在上虞白马湖致信蔡丏因载:"前夕来白马湖,秋暮或游他方。"可以看出,大师次日并没有去宁波甚至前往陕西的意向。③

林子青《弘一法师书信》中大师于1929年旧历八月二十九日(即新历10月1日)在上虞白马湖致信丰子恺载:"前日已至白马湖。承张居士代表招待一切,至用感慰……闻仁者近就开明编辑之事,想甚冗忙,如少闲暇,九月中旬可以不来白马湖。俟他时朽人至上海,仍可晤谈也。"④依旧可见,大师次日并没有去宁波甚至前往陕西的意向,而是有后期至上海的意向。

再者,1929年10月2日并非周六,故宁波见面10月2日之说亦不成立。

查看万年历,1929年2月2日(过小年)、3月2日(正月二十一)、11月2日,此三个二日皆为周六。然《弘一大师全集》第8册所收书信卷中《南闽十年之梦影》载:"第二回到闽南,是在民国十八年十月。起初在南普

① 夏丏尊、蔡冠洛等:《弘一法师永怀录》,吉林出版集团时代出版社2009年版,第8—9页。
② 林子青:《弘一法师书信》,生活·读书·新知三联书店2016年版,第31页。
③ 林子青:《弘一法师书信》,生活·读书·新知三联书店2016年版,第156页。
④ 林子青:《弘一法师书信》,生活·读书·新知三联书店2016年版,第81—82页。

陀寺住了几天……不久,我又到小雪峰去过年,正月半才到承天寺来……这样在寺里约莫住了三个月,到四月,怕天气要热起来,又回到温州去。"①文中可知,大师于 1928 年 10 月到了闽南,直到 1929 年 4 月才由承天寺回温州。所以,1929 年 2—3 月大师在闽南,根本不在宁波,故此二个时间点自然不成立。

那么,有没有可能是 1929 年 11 月 2 日(即旧历十月初二日)呢?且研味林子青《弘一法师书信》中大师于 1929 年旧历十月四日(11 月 4 日)在厦门致信夏丏尊的信函:"别后,安抵厦门,寓太平岩,拟暂不往泉州。……夏居士、章居士、陶居士等,乞便中代为致候。并谢余在沪时,承招待之厚情。"②信中可见,大师该是刚从上海离开抵达厦门。倘若宁波见面之事发生在 11 月 2 日,那么短短 2 日从宁波至上海,再由上海至厦门,几无可能。所以,此 1929 年 11 月 2 日之假设也不成立。

综上,姜丹书"1929 年大师五十岁生日后之说"、林子青"1929 年 9 月之说"、柯文辉"1929 年 10 月 2 日之说"和陈慧剑"1929 年 9 月底之说"皆不成立。

2. 1930 年之说

金梅在《月印千江:弘一法师李叔同大传》中认为,1930 年夏天,宁波白衣寺寺主安心头陀得知弘一法师移锡白马湖,前来恳请,约其往甬。法师以"刚来山房,需要修整静养"婉拒,头陀声泪俱下恳求不已,法师实难推脱,只好一起上路。③

那么,金梅之"1930 年夏天"的观点成立吗?笔者将尝试着从 1930 年相关信件信息针对性考证与分析。

林子青《弘一法师书信》中大师于 1930 年新历 5 月 29 日在温州致信夏丏尊函载:"余拟于新历六月五日(星期四)到宁波(三日自温动身)。在北门白衣寺暂住二三日。乞仁等于六日(星期五)或七日(星期六)自上海搭轮船来为盼。"④信中可见,法师将自温至宁波白衣寺暂住两三日。

① 《弘一大师全集》第 8 册,福建人民出版社 1991 年版,第 20 页。
② 林子青:《弘一法师书信》,生活·读书·新知三联书店 2016 年版,第 32—33 页。
③ 金梅:《月印千江:弘一法师李叔同大传》,金城出版社 2014 年版,第 219—220 页。
④ 林子青:《弘一法师书信》,生活·读书·新知三联书店 2016 年版,第 37—38 页。

林子青《弘一法师书信》中大师于 1930 年 6 月 10 日在上虞白马湖致信夏丏尊："书悉。自惭凉德，本无可传。拟自记旧事数则，或足以资他人改过迁善之一助尔。稍迟当写奉，不宣。"①从此信所署时间看来，大师该是刚从宁波白衣寺回到上虞白马湖。

林子青《弘一法师书信》中大师于 1930 年旧历闰六月十日（新历 8 月 4 日）在上虞法界寺致信夏丏尊："南京经书已寄到，乞勿念。居法界月余，甚安。与闭关无以异也。"②可知，至 8 月 4 日时，大师已经由白马湖移居法界寺一个多月了。

然，查万年历，1930 年符合"星期六（二日）"要求的时间点只有 8 月 2 日，若 2 日发生过宁波之事，一来与"居法界月余……与闭关无以异也"之在法界寺近乎闭关待了一个多月相悖；二来信中也不会只字不提由宁波返回上虞之字眼，又，信中并无体现重病未愈之言，且"甚安"一词与刘质平从甬轮上背下大师时以师"大病未愈不胜跋涉"之由相悖。

如此看来，金梅的"1930 年夏天之说"，似乎也不成立。

3. 1931 年之说、1932 年之说

王维军先生在《李叔同——弘一大师手札墨宝. 识注考勘》中分析后认为，致刘质平函时间该为 1931 年 4 月 30 日，即安心头陀约请当日。③

秦启明在《弘一大师新传》中认为，1931 年 4 月下旬，大师在上虞法界寺再次大病。不料大病未愈，宁波白衣寺住持安心头陀前来法界寺，跪请弘一同赴西安弘法赈灾。大师为法忘躯，当场慨允愿舍身随行。5 月 2 日午前抵达宁波，幸刘质平知师"著作未竣"，不忍弘一就此舍身，故即赶往三北码头，以师大病未愈"不胜跋涉"为由，从甬轮三楼背负弘一下岸，师生俩禁不住当场抱头大哭。④

林子青在《弘一法师年谱》中认为，1931 年 4 月，是时传师为某僧劫持入陕，在甬已上船，为学生刘质平夺回。师云传言失实，并非"劫持"。⑤

---

① 林子青：《弘一法师书信》，生活·读书·新知三联书店 2016 年版，第 38 页。
② 林子青：《弘一法师书信》，生活·读书·新知三联书店 2016 年版，第 40 页。
③ 王维军：《李叔同——弘一大师手札墨宝识注考勘》，西泠印社 2017 年版，第 109 页。
④ 秦启明：《弘一大师新传》，江苏人民出版社 2011 年版，第 212—213 页。
⑤ 林子青：《弘一法师年谱》，宗教文化出版社 1995 年版，第 185 页。

以上三位学者老师皆认为宁波之事发生在 1931 年。此外，还有两处资料显示出 1932 年的观点。

那么，宁波之事会不会发生在 1931 年或者 1932 年呢？笔者继续仔细研味林子青《弘一法师书信》中大师在这两年致友人们的相关信件，且先关注 1931 年相关信件。

林子青《弘一法师书信》中大师于 1931 年在上虞致信堵申甫载："曩承惠桂圆，新春返法界寺，乃获收领，深感深感！"①1931 年春节为 2 月 17 日，以此推算，大师 2 月 17 日左右即至法界寺。

其后，大师应返回过温州，从林子青《弘一法师书信》中大师于 1931 年正月初九（2 月 25 日）在温州致信夏丏尊可知："山房潮气全除，至用欣慰。唯此次余返驿亭时，仅携带薄棉被一件。其他蚊帐被褥等，皆存在法界寺中，以是之故，未能在山房止宿。且俟秋凉时，再当来山房也。动身之时未定。早者二十左右，至迟者在月底。谨复，不具。"②

又，林子青《弘一法师书信》中大师于 1931 年 3 月 21 日在温州致信刘质平："昨夕返温州，以后为《清凉歌集》事，须常常与仁者通信。……惠函寄温州大南门外庆福寺弘一收。不宣。"③从该信内容亦可证实，春节后，大师于 3 月 20 日曾返回温州一阵子。

此外，林子青《弘一法师书信》中另外二通信函亦可反馈出相关信息——

林子青《弘一法师书信》中大师于 1931 年 4 月 28 日在上虞法界寺致弘伞法师函载："乃今春以来，老病缠绵，身心衰弱，手颤眼花，臂痛不易举，日恒思眠，有如八九十老翁……不久拟闭关用功，谢绝一切缘务。"④可见，此时，大师已从温州回到法界寺，且已是重病状态。

林子青《弘一法师书信》中大师于 1931 年旧历四月八日（新历 5 月 24 日）在上虞法界寺致蔡丏因函载："尔来目力大衰。近书《华严集联》，体兼行

① 林子青：《弘一法师书信》，生活·读书·新知三联书店 2016 年版，第 146 页。
② 林子青：《弘一法师书信》，生活·读书·新知三联书店 2016 年版，第 44 页。
③ 林子青：《弘一法师书信》，生活·读书·新知三联书店 2016 年版，第 105 页。
④ 林子青：《弘一法师书信》，生活·读书·新知三联书店 2016 年版，第 369 页。

楷,未能工整。"①

此二信中所言,似可得知大师 1931 年上半年路线:春节左右,大师到了法界寺,又于 3 月 20 日至温州庆福寺,后即返法界寺。亦可知:春始,大师就生病了,病情较严重,且至少到 5 月底亦还在被病痛折磨。这一点,与刘质平从甬轮上背下大师时以师"大病未愈不胜跋涉"之由是吻合的。再有,1931 年 5 月 2 日正是周六,若 4 月底大师重病未愈期间发生安心头陀声泪俱下谆约赴陕之事,也是成立的。

又,林子青《弘一法师书信》中大师于 1932 年正月二十一日在镇海伏龙寺致蔡丏因函载:"朽人近年以来,两游闽南各地,并吾渐甬、绍、温诸邑,法缘甚盛,堪慰慈念。惟以居处无定,故久未致书问讯耳。去岁夏间,曾立遗嘱,愿于当来命终之后,所有书籍,悉以奉赠于仁者。(若他人有欲得一二种以为纪念者,再向仁处领取。)是遗嘱当来由夏居士等受收耳。数日后,即返法界寺。秋凉仍往闽南。"②信中可见,1931 年夏间,大师曾立过遗嘱。因重病未痊期间去陕西,定然凶多吉少。于是,大师想到了立遗嘱给夏丏尊等好友。所以,在 5 月 2 日去往宁波之前致信刘质平并立遗嘱欲交之也在情理之中,时间节点亦能对应上。

综上所述,大师赴陕之行经宁波码头时被刘质平背下邮轮之事,发生在 1931 年 5 月 2 日的可能性比较大。

然,宁波之事发生于 1932 年是否有可能呢?继续研味以下两则信件。

《弘一大师全集》第 8 册所收书信卷中大师于 1932 年 6 月下旬在上虞白马湖致刘质平函载:"安心头陀匆匆来此,谆约余同往西安一行,义不容辞。余准于星期六(即二日)十一时半到宁波。一切之事,当与仁者面谈。"③清晰可见,此信日期标注为"1932 年 6 月"。

林子青《弘一法师书信》中大师于 1932 年 3 月 14 日在上虞致信广洽法师:"音本拟在此过夏,乃昨夕忽有友人来此,谆谆约往远方一游。义不容辞,拟于明晨动身。大约至迟于中秋前返法界寺。料理一切。然后再动身

① 林子青:《弘一法师书信》,生活·读书·新知三联书店 2016 年版,第 158 页。
② 林子青:《弘一法师书信》,生活·读书·新知三联书店 2016 年版,第 159 页。
③《弘一大师全集》第 8 册,福建人民出版社 1991 年版,第 107—108 页。

往厦门,亲近法座也。"①

查看万年历,1932年1月2日、4月2日、7月2日皆为周六。此三日期均符合大师致宁波时间点"星期六(即二日)"的条件,但值得注意的是,已知此时大师个人身体状况线索是"大病未愈"。那么,在此三个巧合的时间点,大师个人身体状况又符合"大病未愈"的条件吗? 且留意这三个时间点左右大师致友人的相关信件。

《弘一大师全集》第8册所收书信卷中大师于1931年旧历十二月十三日(即1932年1月20日)在镇海伏龙寺致刘质平函载:"是间气候不寒,无须添制衣服。"②信函之中,大师告知质平寺中气候不冷,不用再添制新衣,似可推测,身体状况尚可。而不久之前的1月2日,大师该也不会是重病未愈的状态。

《弘一大师全集》第8册所收书信卷中大师于1932年4月12日在镇海伏龙寺致崇德法师函载:"两奉慧书及写表,悉收到。所云'入道表'登入《海潮音》,可尔。余近来多忙,讲义恐今年不能编出。"③信函之中,"余近来多忙"可见大师此阶段非常忙碌,身体状况应该尚可,似可推断,此阶段就近的4月2日几无重病未愈之可能。

《弘一大师全集》第8册所收书信卷中大师于1932年7月21日在镇海伏龙寺致刘质平函载:"半月前,曾寄函至海宁,久未得复,想仁者尚未返里。新历七月六日,海印法师来余处,历述以前对仁者失言之事,甚用抱歉,嘱为转述。"④可知,7月初或者更早大师曾在伏龙寺致函刘质平,且一直未收到其回信,7月6日海印法师还曾去拜访大师。可见,大师7月2日该没有外出迹象,且未曾见身体抱恙之迹。

查阅《弘一大师全集》第8册所收书信卷,唯有一封大师致夏丏尊信函可得知大师于1932年重病之时间点——大师于1932年8月19日在上虞法界寺致夏丏尊函载:"朽人于八月十一日患伤寒,发热甚剧,殆不省人事。入夜,兼痢疾。延至十四日乃稍愈。至昨日(十八日)已获痊愈。饮食如常,惟

① 林子青:《弘一法师书信》,生活·读书·新知三联书店2016年版,第376—377页。
②《弘一大师全集》第8册,福建人民出版社1991年版,第105页。
③《弘一大师全集》第8册,福建人民出版社1991年版,第296页。
④《弘一大师全集》第8册,福建人民出版社1991年版,第108页。

力疲耳。此次患病颇重。……乞惠临法界寺，与住持预商临终助念及身后之事，至为感企。此次病剧之时，深悔未曾预备遗嘱（助念等事）。故尤未能一意求生西方，惟希病愈，良用自惭耳。"①可知，大师于 8 月 11 日生病，且从信中所言"朽人于八月十一日患伤寒"、"此次患病颇重"及"深悔未曾预备遗嘱（助念等事）"之字眼，得知大师此次由于患了伤寒导致病情严重，直到 8 月 18 日才痊愈。而一个多月前的 7 月 2 日，大师身体应该无恙，无重病之可能。

综上所述，1932 年之三个巧合的时间节点皆不在大师重病未愈期间。所以，两处"1932 年之说"皆不成立。

那么，大胆推测，若是林子青所编书信在时间标注方面有误呢？若以上所列载于《弘一大师全集》第 8 册所收书信卷中大师于 1932 年 6 月下旬在上虞白马湖致刘质平函、林子青《弘一法师书信》中大师于 1932 年 3 月 14 日在上虞致广洽法师函此两封时间标注为 1932 年的信，皆为 1931 年所写呢？且再细细对比研究——

林子青《弘一法师书信》中大师在上虞致广洽法师函所注时间"1932 年 3 月 14 日"假设为 1931 年旧历三月十四日，即新历 5 月 1 日，当日大师致信广洽法师，所言"明日即动身"，即 5 月 2 日动身。而 1931 年 5 月 2 日正好是星期六，此与大师致刘质平函中"星期六（二日）"完全对应。再者，《弘一大师全集》第 8 册所收书信卷中大师于 1931 年旧历四月六日在上虞法界寺致蔡丏因函载："传言失实，非劫持也。今居法界尚安。"②此函日期为旧历四月六日，即新历 5 月 22 日，似可推测，发生 5 月 2 日质平之忧师情切而匆忙赶赴码头从邮轮上背下大师之事后，外界或传大师是被安心头陀劫持赴陕而上甬轮的。丏因听之，即去信关心大师，大师收到信后，于 5 月 22 日回信否定此传言。时间节点完全呼应，在情理之中。再回忆上文，从相关信件得知：1931 年春始，大师就生病了，病情较严重，且至少到 5 月底都还在被病痛折磨。这一点，与刘质平从甬轮上背下大师时以师"大病未愈不胜跋涉"之由是吻合的。

① 《弘一大师全集》第 8 册，福建人民出版社 1991 年版，第 129 页。
② 《弘一大师全集》第 8 册，福建人民出版社 1991 年版，第 162 页。

且,《弘一大师全集》第 10 册所收刘质平《弘一大师遗墨的保存及其生活回忆》一文载:"先师出家后,曾生大病三次。第一次在上虞法界寺,病未痊,被甬僧安心头陀跪请去西安弘法。师被迫,允舍身,有遗嘱一纸附余。"①刘质平明确指出,大师被安心头陀力邀赴陕弘法时,正值其在法界寺大病期间,与前面从相关信件推出的"1931 年春始,大师就生病了,病情较严重,且至少到 5 月底都还在被病痛折磨"完全呼应。又,信中,刘质平言及大师有一份遗嘱给他,与上文提及的大师致蔡丏因函中所言"去岁夏间,曾立遗嘱"、"是遗嘱当来由夏居士等受收耳"等反馈出 1931 年夏间给夏居士等友人立遗嘱之信息完全呼应。

由此,不难得知,安心头陀该是 1931 年 4 月 30 日夕谆约大师赴陕西,大师即写信告知刘质平赴陕之事并约定在宁波码头见面时间点,且大师于动身的前一日 5 月 1 日这天致信广洽法师,5 月 2 日(星期六)十一时半到宁波,刘质平即于当日准时赶赴码头,看见大病未愈舍身赴陕的法师,无比心疼,情难自禁,即不由分说背起大师下甬轮……所以,"以上两封标注 1932 年的信件或写于 1931 年"的大胆假设成立,大师致广洽法师的信件日期该是 1931 年旧历三月十四日(即新历 5 月 1 日),而虽大师致刘质平函中并未明确指出安心头陀匆匆到此的具体时间,但不难推测出:大师该是在 1931 年 4 月 30 日安心头陀到的当日或者次日 5 月 1 日写信给刘质平告知赴陕之事并约定宁波码头见面时间点,而非《弘一大师全集》第 8 册所收书信卷中大师至刘质平函所标注的 6 月下旬。

所以,王维军、秦启明,以及林子青(其在《弘一法师年谱》中之记载)三位先生的"1931 年之说"完全成立。

二、关于地点的考论

对于安心头陀"匆匆来此"约大师赴陕之事时所在地点,一直存在争议。根据前面所提及的资料,可以总结出两种观点:一说为上虞白马湖晚晴山房,一说为上虞法界寺。前面已经考证出大师致函刘质平的日期为 1931 年

---

① 《弘一大师全集》第 10 册,福建人民出版社 1991 年版,第 110 页。

4月30日或5月1日,接下来再根据相关资料推理大师写此信时所在的地点。

虽然《弘一大师全集》第8册所收《弘一大师遗墨的保存及其生活回忆》一文中刘质平已然指出安心头陀跪请之时,大师是在法界寺,即大师写信时是在法界寺。但若能再附以相关信件旁证之,或许更圆满。

从上文1931年所分析的信件内容得知,大师于1931年春节后由法界寺回温,至3月依然在温州,不久即返回法界寺。而细研味上文提及之大师4月28日在上虞法界寺致弘伞法师函,其中反馈的"老病缠绵"与刘质平所言"第一次大病在法界寺"呼应。值得一提的是,从此信中"不久拟闭关用功,谢绝一切缘物"可知,大师虽重病,却依然准备在寺中闭关,那么,大师在短期内应该没有外出的打算。所以当两日之后的4月30日,安心头陀到法界寺谆约大师赴陕西,大师致刘质平等人的信中才会出现"忽"、"匆匆来此"、"义不容辞"等字眼。而当5月2日在宁波被刘质平从甬轮上背下来终止赴陕弘法后,大师即回上虞法界寺继续自己之前的闭关事宜,此由林子青《弘一法师书信》中大师于1931年旧历四月一日(新历5月17日)在上虞法界寺致刘质平函中可见:"将来属写歌词大幅屏,仍以夹贡纸(即夹宣纸煮硾者)为宜。因单宣纸不甚好写,且大幅尤为不宜也。后园开门之事,余曾再四详思,仍以不开为宜。因有客人来时,余可绕至当家师房内而出也。其余一切皆做好。后面庭园尤加修饰,甚为美观。"①此信可知,大师该是为了闭关不受扰,在与刘质平探讨后园开门之事,而提及的当家师,该是法界寺然庆老法师。又,上文已提及的1931年5月22日大师致蔡丏因函中"今居法界甚安"字眼,亦可证实大师此时已回到了法界寺。

综上所述,可得知,安心头陀跪请大师赴陕的地点及大师致函刘质平等人告知此事时的地点皆为上虞法界寺。

三、关于疑似信件的考论

有一封大师写给夏丏尊的信件值得注意,标注信息是"1930年,上虞白

---

① 林子青:《弘一法师书信》,生活·读书·新知三联书店2016年版,第105页。

马湖"，并没有具体日期——林子青《弘一法师书信》载："返山房后，诸承照料，感谢无尽。子渊及尊府送来烧饼甚多，乞仁者勿再买饼干，亦勿买罐头。闭门用功之广告，拟即日贴于门外（不俟七月六日）。但此是对外方人。若仁等则非此限也。白衣寺安心头陀，今日来山房。声泪俱下，约余往甬。泥水工人，昨日已做工一日。因天气阴雨无定，嘱彼暂止。以后如有出家人在家人等，向尊处或子恺处，询问余之消息。乞告以不晤客、不通信等。"[1]

研味此信，反馈出两个信息：一是此信时间应该是在 7 月 6 日之前，二是也提及了安心头陀声泪俱下约之往（宁波）。而 1931 年大师受安心头陀跪请赴陕弘法，也是先到宁波。那么，此处安心头陀声泪俱下约之往甬是否与赴陕弘法为同一件事呢？

然上文已经分析过，大师因安心头陀力邀而舍身赴陕之事并无发生在 1930 年的可能。所以，此标注"1930 年"的信中提及安心头陀约请大师去甬之事，并非赴陕弘法一事。

既然此信所言安心头陀"声泪俱下，约余往甬"与赴陕弘法并非同一件事，那么，这封信会否为大师 1930 年 6 月初去过宁波白衣寺，抵达上虞白马湖晚晴山房之后所写呢？

从上文所提及的大师 1930 年 5 月 29 日致夏丏尊函得知，大师将于新历 6 月 5 日（星期四）自温到宁波（三日自温动身），且将在宁波白衣寺暂住两三日。

《弘一大师全集》第 8 册中大师于 1930 年旧历五月十七日在上虞白马湖写给孙选青、蔡丏因的信载："余于前日返山房，拟在此过夏，秋凉之时，或往禾中。"[2]查老黄历，得知 1930 旧历五月十七日为新历 6 月 13 日，即大师于 1930 年 6 月 11 日到白马湖晚晴山房。而上文中提及写给夏丏尊的信中所言新历 6 月 5 日到宁波，在白衣寺暂住二三日，那么 6 月 8 日左右离开，6 月 11 日到白马湖，时间上完全吻合。

又，《弘一大师全集》第 8 册中大师于 1930 年 5 月在上虞白马湖致丰子恺函载："余本拟在白马湖过夏。因是间近来兵士忽至。昨午曾到山房扰

---

① 林子青：《弘一法师书信》，生活·读书·新知三联书店 2016 年版，第 38—39 页。
② 《弘一大师全集》第 8 册，福建人民出版社 1991 年版，第 179 页。

乱。又闻夏宅即拟移居上海。今后一人居此，诸事困难，现已决定往金仙寺亦幻法师处或他处。二三日内即拟动身也。"①

《弘一大师全集》第 8 册中大师于 1930 年旧历六月初在上虞法界寺致夏丏尊函载："移居之事，诸承护念，感谢无尽。居此已数日，至为安适。气候与普陀相似。蚊蝇等甚稀，用功最为相宜。居此山中，与闭关无以异也。以后出家在家诸师友，有询问余之踪迹者，乞告以云游他方，谢客用功，未能通讯及晤谈，云云。附一纸，便中乞交给丰居士。不具。……每月应付寺中之伙食费及工人费，拟请由山房存款利息内支付。因余居彼居此，无以异也"②

大师致丰子恺信件，其 5 月该为旧历五月了。从函可知，因为山房有兵士扰乱，所以准备移居。而大师致夏丏尊函时间为旧 6 月初，即新历 6 月下旬 7 月初，从函内容不难推测，为大师移居之事，诸师友皆关心帮助，最终，大师顺利移居法界寺。寺中居住数日后，大师即致信夏丏尊告知近况，且信中有言"每月应付寺中之伙食费及工人费，拟请由山房存款利息内支付。因余居彼居此，无以异也"，即：于大师而言，居晚晴山房和居法界寺并无区别，可知，大师正是由晚晴山房移居到法界寺。另外，信中所言"闭关、谢客"等字眼与此标注 1930 年在上虞白马湖致夏丏尊疑似信件中之"闭门用功、不晤客"完全呼应。

综上所述，此疑似信件与 1931 年 5 月大师赴陕之事并无联系。似可推测，大师于 1930 年 6 月 5 日到宁波，暂住白衣寺二三日后，于 6 月 11 日抵达上虞白马湖晚晴山房。两天后的 13 日，即致信孙选青、蔡丏因，告知打算在山房过夏。此时，安心头陀即离开白衣寺追随大师而来到晚晴山房，诚请大师回白衣寺再住时日。大师因决定静心闭关而婉拒之，遂随即致信夏丏尊告知"闭门用功之广告，拟即日贴于门外（不俟七月六日）"。不久，兵士忽来扰乱，大师即致信丰子恺，告知本欲在此过夏，然却遭兵士扰乱而准备移居。继而得夏丏尊等友人帮助，于 6 月下旬左右由晚晴山房移居到法界寺，居此数日后，大师即致信夏丏尊告知近况。且，上文中提及过：大师曾于 1930 年 8 月 4 日致夏丏尊信所言"居法界月余，甚安"，推测可知，大师该是 6 月下旬

---

① 《弘一大师全集》第 8 册，福建人民出版社 1991 年版，第 189 页。
② 《弘一大师全集》第 8 册，福建人民出版社 1991 年版，第 126 页。

左右由他处至法界寺。于此，时间节点完全契合，即大师于 6 月下旬左右由晚晴山房移居至法界寺。

所以，初步考证得出：此封大师致夏丏尊的疑似信件，应与大师赴陕之事无关，而是大师在 1930 年 6 月初去过宁波白衣寺，抵达上虞白马湖晚晴山房之后所写，且写信时间点应在 6 月 13 日之后，6 月底之前。

四、结语

综合以上，1931 年 4 月 30 日，安心头陀到法界寺谆约大师赴陕西弘法赈灾，大师即致信刘质平、广洽法师等友人，并在给刘质平的信中与其约定 5 月 2 日周六十一时半在宁波码头甬轮见面，也正是此时，刘质平因担心大病未愈的大师身体虚弱不胜此行，即从甬轮三楼背下大师，师生之情深传为佳话。另，标注 1930 年大师致夏丏尊的疑似信件，或为 1930 年大师去过宁波白衣寺，抵达晚晴山房之后的 6 月下旬左右所写，与次年赴陕之事并无关系。

（作者：上海初阳信息科技有限公司合伙人）

三访李叔同的上学路

——踏上通往谷中的小路

［日］大桥茂　大桥志华

一、引言

　　杭州师范大学陈星先生编撰的《李叔同——弘一大师影像》中有一幅照片，是当年日本《国民新闻》记者采访李叔同后刊登在该报上的报导，题为《清国人志于洋画》。① 我们在东京的国会图书馆找到了它的微缩版。（图1）见到这张百年老报，着实让我们兴奋了好一阵子。通过这篇日文800字的短文，能进一步了解当年李叔同留学日本期间的生活、学习、地理环境、交友关系等状况。如再深入探讨一下，或许对他后来皈依佛门的原因推断会多一些帮助。本文先将这篇文章的内容介绍给读者，然后就其中涉及到当时的地理、文化、人物等若干方面作一些资料查证和实地踏勘的收获和大家分享。

图1

---

① 陈星：《李叔同——弘一大师影像》，上海三联书店2017年版，第41页。

二、《清国人志于洋画》

听说一个名叫李哀的清国人考入了美术学校，还是专修西洋画的，于是赶紧冒着拍打着狗尾草的秋雨，踏上通往谷中的小路，走访了下谷上三崎北町三十一番地。黑色的围墙七八米宽，长在墙根的退了色的秋海棠被雨点淋弯了身躯，墙内是个花草稀疏的庭院。进了说是门厅又不像门厅的三叠①大小的空间，毫无装饰的粗糙的柱子上挂着一顶草帽。应声从里面走出一个二三十岁看上去像女佣的矮小女人，听记者问："李先生在吗？"显得有点手足无措。这时从隔壁房间意外地走出一个五尺五六寸的高个子男子，稍后知道他就是李哀。这个垂肩膀年轻人身穿藏青色碎白花纹的久留米棉织和服，腰系一条棉织兵子带，标致的三七开发型，语音温和地说了声："这边请。"记者被让进一间同为三叠大小的房间，这是李哀的书房。四周墙壁被乐器、书架和椅子遮挡，越发显得狭窄。"请坐。"李哀送上一张椅子，显得有点茫然，似乎在问来人，"你是谁？有何贵干？"看了记者的名片，这才点了点头莞尔一笑道："是槐南诗仙的报社啊？""是啊，本报刊载的诗里也有槐南先生的诗。你也知道他？""是的。槐南、石埭、鸣鹤、种竹等诸诗仙都是我的朋友。我最喜欢诗了，我会投稿的，请多指教。""你会乐器？""会拉小提琴。其它乐器基本上都会。我最喜欢西洋画。""令尊令堂呢？""都健在。""想家吗？"李哀摇了摇头，说："不想。""娶妻了没有？"李哀笑着说："没有，单身二十六岁，尚未娶妻。""你什么时候进美术学校的？""九月二十九日。""听得懂日语讲义吗？""听不懂。我不听下午的讲义，听英文讲义。我在英文上下了不少功夫。"

茶过一巡，李哀一一介绍了贴满墙上的黑田画的裸体画、美女画和山水画，还有中村等其它人的作品。边说边把记者引进里面的六叠房间，自豪地介绍起放在书桌上的尚未完成的苹果写生。当记者夸道"笔调真素雅"时，女佣在一旁插话说："这是今晨一气呵成的。""是的，"李哀笑着说："改日拜访贵社，国民新闻是一家不错的报纸。"

---

① 叠，也写作"帖"，一张榻榻米大小的面积。通常一叠为(910mm×1820mm＝)1.6562m²。

三、短文细解

《国民新闻》是 1890(明治 23)年创刊的报纸,今《东京新闻》的前身。这篇短文报导刊登在明治 39(1906)年 10 月 4 日的第五版上。

记者称李叔同叫"李哀",我们在东京美术学校西洋画科毕业生名册(图 2,图 3)中看到了如下记载:

图 2

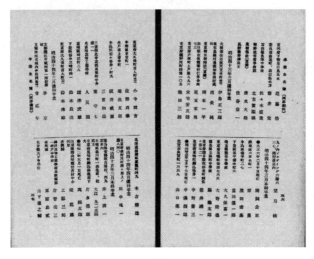

图 3

明治四十四年三月选科卒业

支那浙江省杭州第一师范学校　李岸

李叔同一生中有过许多别名，看来仅在日本留学期间就用过不止一个名字。顺便提一下，毕业生名册中李岸左边的是来自四川，也是李叔同的好友，曾与李叔同在"春柳社"同台演出《茶花女》，开中国话剧之先河，日后诗文字画俱佳的曾延年。

选科生也写作"撰科生"，仅选修部分规定学科，课程准照本科。

李叔同考入的东京美术学校为今东京艺术大学的前身，当时居住的下谷上三崎北町三十一番地是旧地名。下谷是从前的区名，1947 年和邻近的浅草区合并成现今的台东区。我们找到一张明治末年下谷区街景的老照片，(图 4)时逢东京下雨发大水，人们打着伞在雨中艰难地行走。隐约可见沿街一家店铺看板上"制造卸洋毛织物"的字样，像是一家纺织品制造批发商。上三崎北町(图 5，红色箭头所指位置)位于日暮里车站西南方向，谷中墓地左侧。艺术大学位于上野公园左上边缘，李叔同住所的南面。

图 4

记者采访李叔同时李叔同身穿藏青色碎白花纹的久留米棉织和服,久留米是日本九州地区的地名,棉织品是该地特产之一。藏青色碎白花纹布的生产工艺非常讲究,用事先染成蓝白相间的经线和纬线纺织而成,该工艺 1956 年被认定为非物质文化遗产。兵子带,又写作"兵儿带",是一种系在和服外面的腰带,和男人系领带一样,系法考究多样,腰带系完后将带结移至背后。当时李叔同的背影可能就是附图显示的样子,既大方又潇洒。(图 6)

图 5

图 6

下面介绍几位这篇报导的相关人物。李叔同和记者的交谈中提到了"槐南""石埭""鸣鹤""种竹"等人,称他们都是自己的朋友。

森槐南(1863—1911),明治时期的汉诗诗人、官僚。1909 年作为秘书陪同首任日本内阁总理大臣的伊藤博文访问哈尔滨,同遭朝鲜爱国志士安重根枪击负轻伤,一年半后离世。

永坂石埭(1845—1924),明治与大正时期的医师、书法家、汉诗诗人。

日下部鸣鹤(1838—1922),日本的书法家。受中国特别是六朝书法的影响,笔力强劲,无论作为艺术家还是教育家,都留下了许多功绩,有"近代日本书法之父"之称。

本田种竹(1862—1907),明治时期的汉诗诗人,1892年任东京艺大的前身东京美术学校教授,后任文部大臣官房秘书等职。

这篇报导还称,李叔同书房的墙上贴满了黑田等人的画。

黑田清辉(1866—1924),日本的西洋画家、政治家,曾任东京美术学校教授、帝国美术院院长,西洋画团体"白马会"的发起人,还是李叔同在东京美术学校学画时的指导教官。明治末年的日本还不是很开放,黑田画的一幅裸女像,拿到白马会画展展出时引起非议,甚至招来了警察。最终想出个折中的办法,在画像的腰部以下围上一块布,人称"腰卷事件"。

我们注意到,近年日本的学术界对李叔同考入东京美术学校后的绘画活动,有如下的几段论述。[1]

"入学后,李叔同美术创作积极,1909至1910年在白马会主办的美术展上展出了四幅画作,还为1911年的毕业创作展提供了一幅自画像。

……

图7

"这幅自画像运用了点描技巧,具有当时受高度评价的新印象派特征。李叔同回国后转辗天津、上海、浙江、杭州等地,在直隶省高等工业学堂和浙江省师范学校任教期间,为中国近代西洋画美术教育作出了贡献。李叔同是中国近代学校引进西洋油画教育的开拓者,也是在中国首先采用裸体模特的美术教育家。他尽全力介绍西洋美术史和西洋画家,那个时代的中国人通过他的美术活动开始关注西洋近代美术了。近代西洋画在中国的发展始于李叔同,他的美术活动给中国画界带来了巨大的影响。"

---

[1] 赵忠华:《近代中国画の革新——日本からの影響》,大学美术教育学会《美术教育学研究》第48号,2016年。

李叔同的自画像(图7)是一幅60.6 cm×45.5 cm的布面油彩画,现收藏于东京艺术大学。

四、踏上通往谷中的小路

2018年樱花盛开的季节,为寻访李叔同当年居住的下谷上三崎北町三十一番地旧址(以下简称"旧址"),我们从同属台东区的上野公园出发,踏上了通往谷中的小路。想必这是一条李叔同当年往返了无数次的上学路。

上野公园面积约54万平米,全称"上野恩赐公园",是个文化设施集中的地方,园内有东京国立博物馆、国立西洋美术馆、国立科学博物馆、恩赐上野动物园、东京艺术大学、东京都美术馆、黑田纪念馆等,还有著名的西乡隆盛①铜像。沿452号都道往西北方向不远,就看到东京艺术大学的校门了。马路不宽,右侧是音乐学部(图8),左侧是美术学部(图9),门对门。美术学部的前身就是当年的东京美术学校(图10),这是一张摄于1913年的老照片,校内这幢白色墙体的房子是当年美校的事务大楼,位于现今的音乐学部正门内左侧。

图8

---

① 西乡隆盛(1828—1877),江户末期的武士、军人、政治家,明治维新的功臣,"维新三杰"之一。

图 9

图 10

　　往前来到一个四岔路口，前面的路更窄，是个单行道出口，也是通往上三崎北町旧址，即现今谷中五丁目的小路。当年采访李叔同的《国民新闻》记者是从这条路去的谷中？还是在日暮里车站下车往西南方向去的谷中？细节耐人寻味。马路确实窄得可以，但经历了百年变迁，现今的沥青路面上车流客流川行不息，找不到丝毫会被秋雨拍打的狗尾草的痕迹。再往前，来到一个名叫"上野樱木"的四岔路口（图 11），过了马路前方就是谷中地区了。

图 11

当年的下谷上三崎北町就是现今台东区谷中五丁目的一部分，绕五丁目徒步一圈不过半个小时。马路左侧的谷中四、五、六丁目，大大小小的寺院随处可见，右侧的谷中七丁目绝大部分为谷中灵园。

2019 年 4 月，又是一个赏樱季节，我们事先做了些功课。在查找资料并通过新版地图（图 12）和前述旧地名（图 5）的特定地理位置比对，后再次来到这里寻访旧址。旧址位于"安立寺"右下角，和现今谷中五丁目 3 番地 18、19、20 号一带相重叠。我们来到这里时，一辆刚从安立寺正门驶出的白色微型轿车迎面而来。（图 13）

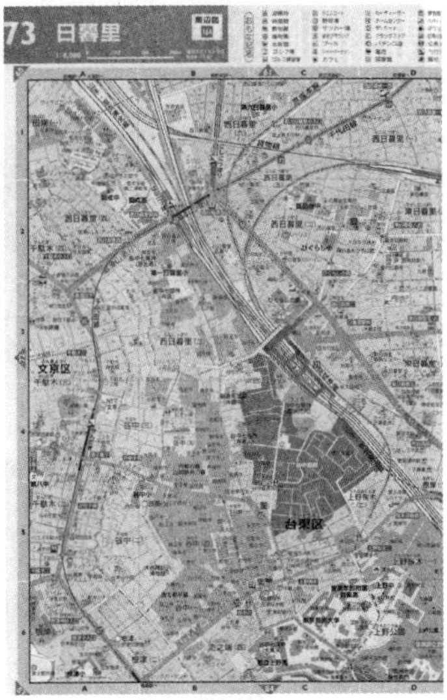

图 12

图 13

近处有幢淡黄色三层楼房(图 14),门口停着一辆蓝色微型轿车,这是 3 番地 20 号,18、19 号位于它的左侧。除了寺院,如今这一带很难见到明治、大正时期的老民房,较多见的就是这种外观酷似砖体水泥结构,实际是用 SE 工法(Safety Engineering)建造的木结构房屋。若将离这儿不远的一处百年老建筑搬到这里,或许能在一定程度上重现当年采访李叔同的记者眼里的"墙内是个花草稀疏的庭院,……说是门厅又不像门厅的三叠大小的空间"的传统日式建筑(图 15)。

图 14

图 15

日本的地图在标注寺院时一般用"卍"记号，灵园墓地用倒 T 字"▢"来表示。看图 12 可以发现寺院"卍"遍布谷中一、四、五、六丁目，大致数一下，多达 60 多处；而谷中灵园的墓地"▢"几乎占满了谷中七丁目。下面展示几张我们在附近拍摄的部分寺院和谷中灵园的照片。

安立寺（图 16）是一座 1630 年修建的日莲宗寺院，常在寺（图 17）也是一座日莲宗寺院，建于 1682 年。明王院（图 18）是新义真言宗寺院，1611 年在神田北寺町开山，1648 年移来此地，观智院（图 19）也是一座 1611 年在神田北寺町开山，1648 年移来此地的真言宗丰山派寺院。[①] 日本的寺院大多对外提供墓地，观智院的土地菩萨石像傍还竖着一块"永代供養墓受付中"（提供永世免维护墓地）字样的木牌。这六七十处寺院大多建于 17～18 世纪。

图 16

---

① 有关这四处寺院的部分信息参照了渡边美树的《台東区谷中地区の寺地の変遷—墓地領域に着目して—》，载《日本建筑学会计划系论文集》第 76 卷第 669 号，2011 年。

图 17　　　　　　　　　　　　　图 18

图 19

　　谷中灵园是一处拥地 10 万平米，7,000 多座墓穴的都立灵园（图 20）。明治维新后政府推行神佛分离政策，神式葬礼增多，但墓地大多为寺院所有，神式葬礼无法确保墓地，于是亟需扩充公共墓地。1874 年，明治政府没收了天王寺的部分占地，开发了由东京府①管辖的公共墓地"谷中墓地"，1935 年更名为"谷中灵园"。葬于此地的名人包括江户幕府第 15 代也是最后一位征夷大将军德川庆喜、前日本首相鸠山一郎、被誉为"日本资本主义之父"的著名企业家涩泽荣一等。谷中灵园还是一个公园化墓园，每年樱花

---

① 1868 年至 1943 年间日本府县之一，今东京都的前身。

盛开的季节,园中的樱花大道便成为东京的一大赏樱亮点(图21)。

图 20

图 21

五、三访旧址

2020 年是李叔同,即弘一大师诞辰 140 周年。定于杭州的金秋 10 月召开第七届弘一大师研究国际学术研讨会(后因疫情之故取消)。我们早就计划在这篇发表稿完成之前再次寻访旧址,寻找新发现的同时,也为了补拍些照片,和与会者共享李叔同上学路的现状。6 月,又是一个风和日丽、鸟语花香的日子,我们第三次踏上了通往谷中的小路。和前两次不同的是,全球性新型冠状病毒(COVID-19)肆虐,前段日子东京发布"紧急事态宣言",接着又拉响了"东京警报",号召百姓无事不要外出,因此我们错过了赏樱的最佳季节。这次我们将上野公园不忍池畔的"下町风俗资料馆"作为寻访旧址的起点。

初夏的不忍池,荷叶又大又圆又密,几乎覆盖了整个荷花池。粉红色的花苞露出张张笑脸,和岸上的绣球花遥相呼应,让人想起南宋诗人杨万里的七言绝句《晓出净慈寺送林子方》:"毕竟西湖六月中,风光不与四时同。接天莲叶无穷碧,映日荷花别样红。"论规模,不忍池自然无法和西湖相提并论,但眼前的景色却和西湖有着异曲同工之妙。根据陈星先生提供的信息,李叔同在日本留学期间曾几易居所。据查都离上野公园不远,而且当年和曾延年等留日学生共同组建的文艺团体"春柳社"旧址也在附近。不难想象,李叔同在浙江第一师范学校任教和日后出家的相当长的一段日子里,每当看到初夏的西湖,定会联想起出现在我们眼前的这幅画面。

"下町风俗资料馆"是一家台东区立博物馆,白色外墙的三层小楼,1980年开馆(图 22)。日语中的"下町",指的是和高级住宅区相对应的,旧时庶民聚居的工商业街区。东京的上野、浅草以及谷中地区,即本文一路寻访的李叔同故居旧址一带都属于这样的街区。资料馆重现了明治和大正时期东京下町庶民的生活风貌。一楼的展厅内有一个 1 比 1 的木质建筑模型区,当年国民新闻记者笔下的"说是门厅又不像门厅的三叠大小的空间,毫无装饰的粗糙的柱子……",大概就是这样的风味,房间狭小昏暗但充满生活气息(图23)。出了资料馆,来到上野动物园(图 24)前。前来观赏大熊猫的游客带着大口罩,自觉地排着长队并保持一定间距等待入园。国立博物馆前的喷水广场(图 25)在明媚的阳光下显得格外壮观,但游客稀少,丝毫感觉不到双休日的氛围。踏上 452 号都道,道路两侧的东京艺术大学校门虚掩着,很少有人进出。黑田纪念馆(图 26)干脆闭门谢客。原本想借此机会去艺术大学的美术学部寻找收藏在此的李叔同自画像,顺道参观黑田纪念馆,观赏当年李叔同的指导教官黑田清辉的那幅引起争议的裸女像,无奈只能另择良机了。

图 22

图 23

图 24

图 25

图 26   图 27

　　沿 452 号都道继续往前，来到了四岔路口"上野樱木"。四岔路的东北角有一幢木制老建筑，招牌上写着"吉田屋本店"，曾是一家明治 40 年建造，一直经营至上世纪 80 年代的酒店，也是前述下町风俗资料馆的附属展馆。（图 27）馆内展示着格式各样销售酒类的道具和有关经营方面的资料。据管理员说，该建筑幸免于二战的战火，连墙上泛黄的旧广告都完好无损。这一带的历史建筑、寺院和下町街景的氛围对观光客，尤其外国游客具有相当大的吸引力。平日里外国游客背着相机，成群结队地来此游览，但近期国际航班悉数停运，他们的身影也就暂时销声匿迹了。

　　再往前就是旧址所在地的谷中地区了。我们又一次来到谷中五丁目 3 番地，面对 20 号那幢用 SE 工法建造的木结构房屋和它左侧的停车场，联系刚才一路走来的李叔同的上学路，遐想当年李叔同在此接受国民新闻记者采访，以及在这一带学习生活的情景，别有一番风味。

　　接下来和读者分享两张此次寻访时，在下町风俗资料馆收集到的观光介绍（图 28，图 29），把这两张观光图上下连起来就能显示从不忍池到谷中地区的整个区域。图 28"谷中"的解说词是这样写的，"谷中这个地名源于江户前期，位于上野和本乡两个高地之间的低谷，相对下谷而命名。江户时代的城市规划把许多寺院集中到谷中，发展成了如今的'门前町'①，人们亲切地称它'寺院和坡道的街区'，2007 年入选'日本历史风土百景'。"图中长安寺和观智院的左侧一带就是我们"三顾旧址"，今谷中五丁目 3 番地的李叔同故居旧址。

---

① 寺院和神社周围形成的商工业集聚的街区。

图 28

图 29

　　最后，我们没忘记再去谷中七丁目的谷中灵园看看。江户幕府最后一位将军德川庆喜的墓园前，一位花甲之年的男子志愿者冒着炎炎烈日，为素不相识的来访者滔滔不绝地讲解着墓葬的布局和墓中人，还从手提袋中拿出将军的家谱,叙述他们的生前轶事。(图 30)通过这位志愿者的讲解,我们了解到许多德川庆喜和同样长眠在谷中灵园的"日本资本主义之父"涩泽荣一的君臣佳话。

在日本,像这样巧遇志愿者的经历已不是第一次了。

图 30

六、进一步的探讨

值得一提的是,台东区历来就是一个富有文化底蕴的地区。有上野、浅草寺等蜚声国内外的观光景点,也有许多江户时期创业的老字号店铺,还有许多传统工艺美术作坊。旧址附近就有几家鳖甲工艺品店,还有一家"朝仓雕塑馆"。雕塑家朝仓文夫是一位跨越明治、大正、昭和三个时代的著名雕塑家,1907 年毕业于东京美术学校雕刻选科。巧了,和李叔同一个学校!也许当年还打过照面呢!

言归正传,墓地多也是台东区的一大特点。除前述的明治政府推行神佛分离政策外,基本未遭地震和战争灾害,加之该地区积极保护历史遗迹,与此有相当大的关系。李叔同一生充满传奇色彩,一个才华横溢的艺术大师选择出家,缘由众说纷纭。李叔同的弟子丰子恺曾经这样说过:"他们的意思,大概以为做和尚是迷信的,消极的,暴弃的,可惜得很！……这话近看是对的,远看却不对。用低浅的眼光,从世俗习惯上看,办教育,制作品,实实在在的事业,当然比做和尚有功于世。远看,用高远的眼光,从人生根本上看,宗教的崇高伟大,远在教育之上。"①

关于李叔同出家的缘由,笔者曾撰文作出"治标治本"的推断。② 踏上通往谷中的小路,寻访下谷上三崎北町三十一番地旧址的过程中我们又受到了些新的启发。如果说忧国忧民,"治本"是李叔同出家宏观上的动机,那么年轻时曾在一个富有文化底蕴的地区,寺院墓地的包围之中生活多年,耳濡目染艺术与宗教,寺院与墓地,尘世与空门,即所谓阴阳两重天的经历,是否可以推断是李叔同选择离弃红尘皈依佛门的微观上的远因呢?

当然要做出一个令人信服的推断,还需要有更多依据,还有待于更认真、更深刻的探讨。

(作者：日本三菱电机美泰斯株式会社退休职员,东京大东文化大学退休教师)

---

① 丰子恺《为青年说弘一法师》作于 1943 年 10 月。见《丰子恺艺术随笔》,上海文艺出版社 1999 年版,第 127 页。
② 大桥茂、大桥志华:《李叔同与〈送别〉——兼谈李叔同出家的"治标"与"治本"说》,载《美育学刊》2016 年第 2 期。

从"追求自由"到"割情断爱"：弘一大师的婚恋观

李明书

一、前言

弘一法师（1880—1942，俗名李叔同）是影响中国现代佛学、文学、音乐、绘画、书法等重要的巨擘人物。相关研究不仅为当代显学，从其生平经历、出家因缘、书法艺术、佛学思想、诗文创作……等各种视角，皆有丰硕且可观的成果，并且尚有难以测度的研究潜力。大师的一生，走过新旧交替的时代，封建礼教与革新思想皆在弘一大师的人生中激荡。在其俗世的婚恋历程中，从遵循旧时伦理的封建婚姻，到转向力倡"权力平等"的两性观，进而宣扬自由抨击封建，尔后于日本实践婚恋自由，最终出家断开情执。从传统社会的"媒妁之言"、新思想中的"自由恋爱"到舍俗出家的"慈悲大爱"，弘一大师不同阶段的婚恋主张皆具备发人深省的力度与深度。

本文尝试探讨弘一法师的婚恋观点，分析大师一生中对于恋爱婚姻的看法及取舍。论文的进行，不参考坊间传奇小说等艺术创作的杜撰臆测，而是以《弘一大师全集》中相关诗词、歌曲等为文献依据，并参考《弘一大师全集》附录卷中，弟子、友人及桐达李家后人所述之相关资料，作为研究的根据和出处。推动撰研本文的理由，是由于在以往的研究中，对于"婚恋观"的探讨多以女性角度出发，形成对父权的控诉或"男强女弱"的刻板描述。事实上，婚恋观不仅代表一个社会的礼法习俗与价值取向，同时也是个体对于爱情及婚姻的抉择态度和自我的展现。在弘一大师不凡的一生中，曾经历封建婚姻，在苦难中照见母亲、自身以及旧时代女性的枷锁，因而发展出平等、尊重的婚恋观念。在追随革新思想的脚步下，对于婚姻自由的提倡和旧式婚姻的批判,透过剧作、歌词等进行宣传影响。东渡留学时与日籍妻子的缔结,完成了自由婚姻主张的实践。从"包办婚姻"到"自由婚恋",弘一大师跨越新旧价值,后来更舍情割爱,出离对五欲、六尘的贪爱执着。

本文的构架,由如下的七节串联而成:第一节,"前言";第二节,"复制父母的婚姻形态:与元配俞氏的封建婚姻";第三节,"'名伶歌妓'交谊与'权力平分'的力倡:主张婚恋平等";第四节,"'文明婚姻'与'野蛮婚姻'的对比:宣扬自由,抨击封建";第五节,"自由婚恋的实践:与日籍女子的缔结";第六节,"出家:割情断爱后的慈悲";第七节,"结语:弘一大师婚恋观的省思"。

二、复制父母的婚姻形态:与元配俞氏的封建婚姻

"家庭"是社会构成的最基础单位,也是个体成长学习和塑造自我的开端。弘一大师俗家父亲李世珍(1813—1884,字筱楼)是天津著名的盐商,同时经营钱铺——以"桐达"为字号最富盛名,时人称为"桐达李家"。和大多数封建家族相同的是,作为家长的李世珍有多位妻妾,计有元配姜氏,姜室郭氏、张氏及王氏,其中王氏即为弘一大师的生母。①

弘一大师的父亲之所以纳王氏为妾,乃出自旧家族延续香火、兴旺人丁的需要,胡宅梵在《记弘一大师之童年》中,对此有过记载:

> 父筱楼公,当师(弘一大师)堕地时,六十有八。师有长兄,长师近五十岁;师生时,久已见背。……公(指弘一大师父亲筱楼公)自长子死后,仅存庶生次子,又多病,恐复夭亡,乃娶师之生母。②

---

① 关于李世珍妻妾的人数,相关文献资料记载略有不同,桐达李家后人李孟娟在《弘一法师的俗家》一文中列出"姜氏、郭氏、张氏及王氏"四位曾祖母,而弘一大师弟子丰子恺于《为青年说弘一法师》一文中,则提到:"他是第五位姨太太所生。"由于李孟娟为弘一法师俗家侄孙女,应较为熟悉家庭成员情况,故本文采李孟娟之说法。参阅丰子恺《为青年说弘一法师》,见《弘一大师全集》第10册,福建人民出版社2010年版,第213页;李孟娟《弘一法师的俗家》,见《弘一大师全集》第10册,福建人民出版社2010年版,第350页。

② 弘一法师述、胡宅梵笔记:《记弘一大师之童年》,见《弘一大师全集》第10册,福建人民出版社2010年版,第178页。

王氏原为李家的使女，年纪更比李世珍小了四十多岁，①这场婚姻是基于传宗接代目的，作为旧时代地位卑微的女性，她毫无婚姻自主权，只能被动地顺从接受。李世珍在弘一大师五岁时（1884 年）去世，二十多岁的王氏孀居抚养稚子，母亲在封建婚姻中的苦楚，令大师心疼又感伤。正如丰子恺在《法味》一文中有过记述：

> 家主新故，门户又复杂，家中大概不安。故他（弘一大师）关于母亲，曾一皱眉，摇着头说："我的母亲——生母很苦。"②

虽说封建婚姻为母亲带来磨难，但少年时期的弘一大师也踏上传统婚姻的道路："年十八（1897 年），在母亲作主之下与俞氏结婚。"③这是一场以母之命媒妁之言的缔结，在门当户对与保守安定的地缘关系维系下（俞氏系天津茶商之女），弘一大师复制了上一代婚姻关系里的运行模式："夫为妻纲。"俞氏相夫教子，以夫为尊。然而，两人在思想上却无法契合，通过俗家之子李端的记述，可约略管窥其与元配夫人的相处情况：

> 俞氏比我父亲长两岁，属虎。因我父亲属龙，故我的老保姆王妈妈说他们夫妻是"龙虎斗"的命相，一辈子合不来。④

除此之外，弘一大师生母王氏四十五岁去世，俞氏亦不到五十岁便病故，根据李端的记载，俞氏的处境同样跳脱不出大家庭的规矩和束缚：

> 我母亲活了不到五十岁，在我二十二岁那一年的正月初三故去的。在故去以前，曾请水阁医院的大夫来看过，不记得大夫说她患的是甚么病，只记得大夫说这间房子很冷，不适于病人养病。那时，我们住在后院南房，是一明两暗的三间房子，我母亲的屋中只生一个炭火盆。限于

---

① 李曾慈：《家事片断》，见《弘一大师全集》第 10 册，福建人民出版社 2010 年版，第 357 页。
② 丰子恺：《法味》，见《弘一大师全集》第 10 册，福建人民出版社 2010 年版，第 171 页。
③ 林子青：《弘一大师传》，见《弘一大师全集》第 10 册，福建人民出版社 2010 年版，第 7 页。
④ 李端：《家事琐记》，见《弘一大师全集》第 10 册，福建人民出版社 2010 年版，第 345 页。

当时大家庭的规矩,虽然市上已有煤球炉或有带烟筒的铁炉子,但我们家中在冬天还是生炭火盆。[①]

弘一大师与元配的婚姻,是遵循旧时代的伦理观念,将婚姻作为家庭延续的枢纽,只能压抑、隐匿个体的自由意志,在固化的封建家庭下生活,再现了父母婚姻的悲哀。

三、"名伶歌妓"交谊与"权力平分"的力倡: 主张婚恋平等

作为少年文人的李叔同,居住在天津时期便结识了许多名伶要角,婚后第二年他带着母亲、妻子移居上海,也依然邀集同好写文作诗。在弘一大师的相关诗词中,多能见到文采风流的高雅情趣。不论戏友或文人之间的往来唱和,对于欣赏的女伶或歌妓,弘一大师投以倾慕、真诚的目光,而非仅将女性作为物品狎玩。在其往来的女性中,北方名伶杨翠喜至今仍是后世戏剧创作深感好奇的女角之一。弘一法师在《菩萨蛮·忆杨翠喜》二阙中,真切地描述思念之情:

> 燕支山上花如雪,燕支山下人如月。额发翠云铺,眉弯淡欲无。夕阳微雨后,叶底秋痕瘦。生小怕言愁,言愁不耐羞。
> 晓风无力垂杨懒,情长忘却游丝短。酒醒月痕低,江南杜宇啼。痴魂销一捻,愿化穿花蝶。帘外隔花阴,朝朝香梦沉。[②]

上阙诗句中描绘了女子如雪如月的细致,淡雅的双眉和羞怯的个性;下阙陈述了自己悠长的思念,想要化作蝴蝶,伴随并守护心上人的美梦。诗句中呈现恋爱中青年的浓烈情感,既诚恳又真挚。弘一大师并不是以"戏子"的眼光去看待杨翠喜,而是用平等的态度与之往来。

大师对女子平等以待,遂能在尊重中看到女性角色的难处,在同情与理

---

① 李端:《家事琐记》,见《弘一大师全集》第 10 册,福建人民出版社 2010 年版,第 346 页。
② 弘一大师:《菩萨蛮·忆杨翠喜》,见《弘一大师全集》第 8 册,福建人民出版社 2010 年版,第 37 页。

解之下，也影响着弘一大师的婚恋观念。在当时上海文人圈中，有位才艺出
众的诗妓李苹香，她和弘一大师有多首诗作相赠，其中《口占赠李苹香》，可
以看出弘一大师对男女平等理念的共鸣：

> 子女平分二十周，那堪更作狭邪游？只因第一伤心事，红粉英雄不
> 自由。①

　　诗句中的"子女"借指阴阳、昼夜，在农历的时间周期中运行，因此弘一
大师认为男女之间地位应当相应、对等，怎么能把女性作为狎玩游戏的对象
呢？会造成这些现象的原因，就是因为世间最让人伤心的事情，莫过于女性
并不自由，而这份不自由造成许多女性身不由己的悲剧。
　　除此之外，弘一大师在诗作中也呈现女子因年华老去，繁华已逝之叹。
"年龄"作为婚恋选择的要素之一，除了传统认为婚恋年龄上应以"男大女
小"为宜，自古至今，"年纪"始终是婚恋关系能否实践的关键之一。弘一大
师诗作《赠语心楼主人》《为老妓高翠娥作》对此皆有关怀。以下先看《赠语
心楼主人》：

> 天末斜阳淡不红，虾蟆陵下几秋风。将军已死圆圆老，都在书生倦
> 眼中。
> 道左朱门谁痛哭？庭前柯木已成围。只今蕉悴江南日，不似当年
> 金缕衣。②

　　语心楼主人不知何许人也，可能是歌妓或伶人，这首诗传达女子因年华
逝去后处境的冷落和凄凉。诗句先写天边夕阳的惨白，如同女子迟暮黯淡；
接着提到白居易笔下那些住在虾蟆陵的歌女们，想想他们该是度过多少岁
月的沧桑了？吴三桂将军已死，陈圆圆匆匆老去，这些变迁流逝，早已被我
们这些读书人给看遍了。那朱门豪宅里是谁在痛哭呢？原本庭院前面的小

---

① 弘一大师：《口占赠李苹香》，见《弘一大师全集》第 8 册，福建人民出版社 2010 年版，第 34 页。
② 弘一大师：《赠语心楼主人》，见《弘一大师全集》第 8 册，福建人民出版社 2010 年版，第 34 页。

枝桠,如今长成大树了。而今江南的日子如此憔悴,已经不如当年穿着华丽衣裳的少年时。诗句化用白居易《琵琶行》典故、吴三桂和陈圆圆的往事,再以夕阳、朱门痛哭、柯木成围象征时光匆匆,自古以来,底层女性只能被动地"被选择",随着年岁衰老,青春筹码逐渐消失,只剩令人悲叹不已的不幸。

同样的感叹也能在《为老妓高翠娥作》见到:"残山剩水可怜宵,慢把琴樽慰寂寥,顿老琵琶妥娘曲,红楼暮雨梦南朝。"[①]在中国传统诗作中,一直有着借弃妇形象自比,进而诉说"不遇"之悲叹。在书写女性衰老、被厌弃的深层忧伤时,弘一大师看出了其中的失落,并且为之不平。

因为体认到女性悲苦的遭遇,进而能查看封建社会下性别的不平等。加之自己从生母、与自身元配的婚姻中看到传统制度的弊习,是以在肯定婚姻伦理的基础之上,弘一大师进一步强调"权力平分"、反对"男尊女卑"。在其作词的《婚姻祝辞》中,积极倡导婚姻平等的观念:

> 《诗》三百,《关雎》第一,伦理重婚姻。夫妻制定家族成,进化首人群。天演界,雌雄淘汰,权力要平分。遮莫说男尊女卑,一般是国民。[②]

这首歌曲首先通过《诗经》将《关雎》篇列为第一,足见婚姻在伦理关系中具备重要的地位。这样的观念可能受到儒家思想的影响,五伦关系中的夫妇、夫妻关系确定了,便能传承、形成家族。弘一大师不囿于儒家思想的范围,进而以"进化论"佐证,婚姻是人类族群的起源。在生物界之中,雌性、雄性都会经过竞争淘汰的过程,同理,人类的权力也应当要平分,不要再说什么"男尊女卑"之类的话了! 不论男性或女性,同样都是国民。弘一大师以"进化论"作为自己主张的立论根据,藉由"物竞天择""适者生存"来阐释男女平等的合理性。如同自然界的生物,彼此之间须经过种种竞争方能生存,人类也不会因为性别的差异而置身其外。相反地,在物竞天择、适者生存的法则下,男女的竞争命运是相同的。近年儒家性别研究已有逐渐平衡

---

① 弘一大师:《为老妓高翠娥作》,见《弘一大师全集》第 8 册,福建人民出版社 2010 年版,第 34 页。

② 弘一大师:《结婚祝辞》,见《弘一大师全集》第 8 册,福建人民出版社 2010 年版,第 130 页。

两性地位的趋势，弘一大师藉由儒家思想展开两性平权的主张，可谓开风气之先。

《婚姻祝辞》最早出现在 1905 年出版的《国学唱歌集》①中，早在这首歌曲问世的前几年，晚清时期诸多有志之士纷纷提出婚姻改革制度，例如谭嗣同在《仁学》中提出婚姻关系应出于自愿且如朋友般平等："夫妇择偶判妻，皆由两情自愿，而成婚于教堂，夫妇朋友也。"②这些观念虽然在当时的民众之间没有得到广大响应，然而革新进步的婚恋思想，也影响着弘一大师，将其吸收化作为音符乐曲，传唱并予以实践。

四、"文明婚姻"与"野蛮婚姻"的对比：宣扬自由，抨击封建

1904 年，弘一大师在上海参与文化组织"沪学会"，除了歌曲和戏剧的演出之外，弘一大师也动笔创作剧本。1905 年他为沪学会撰写《文野婚姻新戏册》，目的是为了宣传婚姻自由，然而这部剧本现已失传，不过就在戏册完成之时，弘一大师以四首诗作结，发表于 1905 年由高天梅所编的《醒狮》刊物，题名为《为沪学会撰〈文野婚姻新戏册〉既竟系之以诗》③。在这四首七言绝句中，弘一大师表达对婚姻自由的解放，同时批评封建婚姻的扭曲，使后人犹能从中得知戏册的主张和思想：

> 床笫之私健者耻，为气任侠有奇女。鼠子胆裂国魂号，断头台上血花紫。
>
> 东邻有儿背伛偻，西邻有女犹含羞。蟪蛄宁识春与秋，金莲鞋子玉搔头。
>
> 河南河北间桃李，点点落红已盈咫。自由花开八千春，是真自由能不死。

① "李叔同的《国学唱歌集》（初编）由上海中新书局国学会于 1905 年 6 月发行。"见陈净野《〈国学唱歌集〉到〈音乐小杂志〉——李叔同音乐事业的起步与升华》，载《浙江树人大学学报》2006 年第 6 期。

② 谭嗣同：《仁学》，见蔡尚思、方行编《谭嗣同全集》下册，中华书局 1981 年版，第 351 页。

③ 弘一大师：《为沪学会撰〈文野婚姻新戏册〉既竟系之以诗》，见《弘一大师全集》第 8 册，福建人民出版社 2010 年版，第 34 页。

誓度众生成佛果,为现歌台说法身。孟旃不作吾道绝,中原滚地皆胡尘。

前二诗以一文一野的方式呈现两种截然不同的婚姻故事,第一首诗是"文明婚姻",歌颂着一位行侠仗义、鄙视夫妻私情的奇女子,她豪气干云的壮举使得腐败的鼠辈们吓破了胆,让宝贵的国魂得以发扬,为了追求自由,女子登上断头台,为革命出奉献热血。将人性中对于婚姻的解放与国家改革的追求作连结,打破传统视婚姻为夫妻私情的看法,将之提高到与"国魂"、民族大任的伟大追求。第二首诗则从反面描绘封建社会下的"野蛮婚姻":住在东边的男子弯腰驼背、状态丑陋,他娶了住在西边那位的含苞待放的羞怯少女,然而男子短命,没多久就过世了,留下那青春依旧,步着纤纤玉足、头上用玉簪装扮的女子。诗句批判旧式婚姻下的礼教制度,由于封建思想视女子"从一而终"为美德,在丈夫过世后仍必须守贞,这种"节烈"的枷锁约束着一代又一代的女性,葬送无数人的青春。通过诗句,弘一大师表达对女子的深刻同情,同时抨击封建婚姻对人性的扼杀。第三首诗回到自由牺牲的澎湃激情,鲜血遍地的壮烈精神无比强大,也将永远不朽。末诗则巧用佛教"成佛果""说法身"的进取且超越现实的精神,点出戏剧文艺活动能宣传进步的新思想,使之救国救民,改革社会。

五、自由婚恋的实践:与日籍女子的缔结

在发表《文野婚姻新戏册》及其相关诗作的同年(1905年)秋天,怀抱着对文明知识的向往与追求自由的慷慨胸怀,弘一大师独自东渡日本,前往东京美术学校留学。在东瀛期间,他娶了一位日本女子,并且在1911年偕女子至上海。关于日籍夫人的姓名、生平背景、与大师的交往过程等信息,在现有的材料中难以有清楚的认识:

> 关于李叔同的日籍夫人,一般的说法是,李叔同在日本学习西洋绘画期间,曾雇请一位日本女子为模特儿,日久生情,后来变成了李叔同的日籍夫人。李叔同一生对这件事从未有过交代,世人甚至连这位日

本女子的姓名都不知道。一些传奇小说类的传记里，或称其为雪子，或称为诚子，还有叫千秋子、叶子的。但似乎都没有什么根据和出处，大约只是作者凭空杜撰或演绎得来。①

虽然日籍女子的身世较为模糊，但这场跨国婚恋确有其人其事。两人的相识、交往到缔结，必定经过不同语言、文化、地域差异的磨合与融合。这是一段基于自由选择寻觅而得的缘分，也是弘一大师自由婚恋的实践。

六、出家：割情断爱后的慈悲

前述弘一大师的婚恋观皆为俗世生活的历程，关于大师的出家原因，至今仍众说纷纭。从其婚恋经历观之，大师当为一多情之人，诚如姜丹书在《释演音传》记载与大师的问答：

> 上人之将为僧也，余（姜丹书）曾问之："何所为？"
> （弘一大师）曰："无所为。"
> （姜丹书）曰："君固多情者，忍抛骨肉耶？"
> （弘一大师）则答曰："譬患虎疫死焉，将如何？"
> 余因知其非厌世，更非欺世，盖由于参透人生，飘然出世，世所谓返璞归真者是也。②

多情的人何以会抛弃妻子骨肉呢？弘一大师以患虎疫（霍乱）抱病而死为譬喻，点出人生的无常，不应执着。况且出家后引导济渡众生，所能救度饶益的世人，可能远高于对一个家庭的助益。所谓出家，并非只是表层离开家庭，而是出离对五欲、六尘的贪爱执着。

在弘一大师决心割情断爱出家后，对于俗家妻妾的态度表面看似淡薄，

① 田涛：《百年家族：李叔同》，（台湾）立绪文化事业有限公司 2011 年第 2 版，第 168 页。
② 姜丹书：《释演音传》，见《弘一大师全集》第 10 册，福建人民出版社 2010 年版，第 4 页。

例如出家前仅留几根胡须以赠,[①]出家后不愿接见日籍妻子,[②]甚至在元配俞氏过世时也未返家,[③]皆能看出弘一大师粉碎世情的坚定。事实上,当俗家亡妻过世时,弘一大师人正在关中遇上变乱动荡,一时无法动身返回天津,然而其"虔诚诵经持咒,超荐俞氏夫人,冀其业障消除,往生西方。以用功之修行,作恳切之回向,必蒙佛菩萨慈悲加持,而感应道交。"[④]通过助念超荐,协助亡者往生净土。以世俗眼光观之,弘一大师对妻妾们或为薄情寡义;但若以佛法观之,其实是更为深刻的生命关怀与慈悲大爱。

七、结语:弘一大师婚恋观的省思

弘一大师生长在封建家庭,也曾为传宗接代而奉命成婚。却能在封建婚姻的安排下,于包办婚姻关系中,去看出旧社会人类,更多是女性,身陷其中的迷惘与枷锁。因为在苦难中不忘记自觉思考,同时汲取西方新学新知的养分与发挥本有的艺术才华,镕铸在婚恋关系里,遂提出平等、平权,进而婚姻自由的主张,可说对近代自由婚姻的贡献,居功厥伟。

后世或有人以为,大师遁入空门对妻妾是绝情寡义之举,然而细数历代高僧大师,从佛陀、鸠摩罗什、莲池大师、虚云老和尚到弘一法师,于俗世皆曾有过妻子,最终用慈悲智慧斩断情执,走上泛爱众生的道路。如同弘一大师曾经书写《华严经》偈诗,内容云:"不为自己求安乐,但愿众生得离苦。"这是跨越婚恋之外的大悲大愿。

藉由本文的论述,梳理出弘一大师一生恋爱、婚姻的历程,试图从大师不同阶段的抉择,特别是为宣扬婚姻自由的努力和实践,犹如时代中奋力探

---

① "至近出家年分,下颚亦留一撮黄胡子,及临出家时,则剪几根黄胡子包赠其日姬及挚友为纪念品,及既出家,当然须发剃光,而成沙门相矣。"见姜丹书《追忆大师》,《弘一大师全集》第 10 册,福建人民出版社 2010 年版,第 228 页。

② "他一进寺门后,便闭关起来,不与任何人接见,记得他那位日本籍的姨太太,曾经在寺里悲悲戚戚的哭过十几天,也终于得不到一面。"见剑痕《怀弘一法师》,《弘一大师全集》第 10 册,福建人民出版社 2010 年版,第 207 页。姜丹书《释演音传》也有类似的记载。

③ "先母病故以后,家中曾给已经出家为僧的我的先父去信报丧,但他没有回来。"见李端《家事琐记》,《弘一大师全集》第 10 册,福建人民出版社 2010 年版,第 346 页。

④ 慧观法师:《道人无亲以法为亲》,载《慧炬》杂志第 511、512 期合刊(2007 年 2 月 15 日),第 52 页。

头的新绿，打破千百年封建的框架。也为今人婚恋观念提供思考角度，对于探讨情感、提升婚恋智慧，有着莫大的助益。

（**作者**：浙江大学哲学系特聘研究员）

弘一大师与新文化运动关系析论

潘建伟

一

弘一大师(李叔同)参加的"春柳社"为五四时期的话剧运动开创了新风,他创作的素描、水彩、油画、广告图案等各类作品为五四时期的美术革命作出了先导,他实践的"学堂乐歌"为五四以后大规模引入西方音乐提供了准备,用丰子恺的话来说,弘一大师就是"中国最早提倡话剧的人,最早研究油画的人,最早研究西洋音乐的人"①。故而当代学界普遍将弘一大师看作新文化运动的"早期启蒙者""先驱者"。比如刊载于《新美术》1980年第2期关于"纪念李叔同诞生一百周年"的一则广告就将弘一大师认定为"新文化运动早期启蒙大师"②。邓经武《一代奇人李叔同》一文也认为弘一大师是"新文化运动的先驱者"③。寅亮《黄永玉与弘一大师》一文则说:"弘一大师早年留学日本,是将西方美术、音乐等引入我国的先驱者,被誉为新文化运动的启蒙人。"④其它诸如毕克官的《近代美术的先驱者李叔同》、孙继南的《李叔同在中国近代音乐启蒙运动中的贡献》、李颖的《中国话剧艺术的奠基人李叔同》等,也基本持这一态度。⑤ 但是必须指出,所有这些评价都只是讨

① 丰子恺:《李叔同先生的爱国精神》,见陈星总主编、陈建军分卷主编《丰子恺全集》第3册,海豚出版社2016年版,第29页。
② 载《新美术》1980年第2期。
③ 邓经武:《一代奇人李叔同》,载《文史杂志》1988年第1期。
④ 《弘一大师全集》第10册,福建人民出版社2010年版,第344页上。
⑤ 参见天津政协文史资料研究委员会、天津市宗教志编纂委员会编《李叔同—弘一法师》,天津古籍出版社1988年版,第186—218页。

论弘一大师前期的文艺活动之于新文化运动的意义,而对于他出家后的人生与思想,有许多人甚至批评他与当时的主流思想已相违背。认为弘一大师是由于消极虚无而皈依佛门的这种说法,从他出家之日起到他圆寂前后,再到当代,都极为普遍。弘一大师皈依佛教是在 1918 年旧历正月十五日,旧历五月下旬入大慈山,旧历七月十三日剃发出家,当年旧历九月受戒。这个时间正是新文化运动开始后不久,当时就有人对于弘一大师的做法提出批评。经亨颐在 1918 年 7 月 10 日关于"暑假修业式训辞"中就专以弘一大师为反例,认为他之所以出家并非由于学生的"不屑教诲",亦非与诸教员的"不堪同道",而是"盖厌于人世也",并说这种做法"可钦而不可为训"①。经亨颐当日详记此事而语气更为严厉:"漫倡佛说,流毒亦非无因。故特于训辞表出李叔同入山之事,可敬而不可学,嗣后宜禁绝此风,以图积极整顿。"②吴稚晖也颇为不满地说:"李叔同可以做个艺术家而不做,偏去当和尚。"③这种说法代表着当时相当一部分人的意见,甚至在弘一大师圆寂后,仍有人将他的出家看成是人生道路上的一种退缩与逃遁。容起凡在《弘化月刊》1942 年第 18 期上就专门发表《弘一大师出家的研究》一文,认为弘一大师"不能理解艺术的积极作用和力量,所以他的诗文只是抒发个人的悲欢情绪,与艺术的社会意义是没有多大关系的","虽然我们不能抹杀他表现于前半生事业上的爱国思想和革命精神,但是,这种思想和精神并不多量的溶注于他的艺术作品中"④。当代持这种论调的亦不在少数。俞绂棠《我国近代早期艺术家李叔同》认为弘一大师的出家是由于"资产阶级艺术家的非现实的、软弱的性格",找不到解决中国问题的方法,"竟于 1918 年出家了"⑤。金梅《从艺术先驱李叔同到弘一法师》一文则比较了鲁迅与弘一大师,认为在民初以前两人的人生与思想并没有太大差别,而在之后的岁月中,前者坚韧战斗,后者消极退隐,并高度赞赏前者"捐起新文化运动的大旗"而遗憾于后者"从时代的风涛中抽身而出,抛妻别子,遁入空门"⑥。近年,何俊《〈人

---

① 经亨颐著,张彬、经晖、林建平编:《经亨颐集》,浙江大学出版社 2011 年版,第 289 页。
② 经亨颐:《经亨颐日记》,浙江古籍出版社,1984 年版,第 96 页。
③ 根据容起凡《弘一大师出家的研究》一文的记载。见《弘一大师全集》第 10 册,第 243 页下。
④ 《弘一大师全集》第 10 册,第 244 页下。
⑤ 载《中国音乐》1982 年第 3 期。
⑥ 金梅:《长天集》下编,(香港)天马出版有限公司 2012 年版,第 1222、1223 页。

谱〉与李叔同的皈依律宗》一文强调了弘一大师的皈依律宗,绝不是"简单的个人归隐""超越性的彼岸向往",而是"在宗教的形式中涵具着世俗性,即'明昌佛法,潜挽世风'。"这篇论文极大地澄清了很多人误解弘一大师由于对人世的幻灭感才皈依佛门的浅见,极高地评价了他在"潜挽世风"上的积极性。不过,何先生似仍然认为弘一大师皈依律宗与新文化运动之间存在着隔阂,他在文章的结论中说:"1915年刊行的《新青年》却早已席卷神州,李叔同正是在这样的世风下,数年修习《人谱》,最终皈依律宗,传戒弘律。"①言下之意,弘一大师所要"潜挽"的是新文化运动风靡神州而导致的道德沦落、人心不古的"世风"。事实上,弘一大师与新文化运动的主流思想在许多地方是一致的:从目的来说,两者都要挽救世运、增进道德、启发民智;从具体途径来说,两者在科学、白话、美育等方面的认识构成互补。本文意在通过探讨弘一大师与新文化运动之间的关系,意在说明弘一大师出家后的努力不但从未离开近现代中国思想发展的总体趋势,而且大大深化了新文化的思想内涵。

二

在新文化运动开展后的第二年即1918年,弘一大师就皈依佛门。很多论者之所以认为弘一大师与新文化运动之间存在矛盾,大抵就在于新文化运动以启蒙与救亡为使命,而弘一大师却在新文化运动开始之初皈依佛门,似乎走了一条完全不同的道路。这种误解的前提就是基于出家是遁入空门、不问世事的俗见。弘一大师为何要出家,他的自述最有说服力。他1918年6月25日致日本东京美术学校校友会诸君的信中说:"不慧所修者为净土。以末法众生障重,非专一念佛,恐难有所成就也。"②以佛法救世,是晚清以来的一股重要思潮,康有为、夏曾佑、谭嗣同、章太炎、梁启超都希望借助佛教来发起信心、启发民智、增进道德,从而实现拯溺救世之目的。弘一大师受晚清文人的影响甚深,他在1905年春所写的《为沪学会撰〈文野婚姻新

---

① 载《复旦学报(社会学科报)》2018年第6期。
② 《弘一大师全集》第8册,第498页下。

戏册〉既竟,系之以诗》四绝句其四提到"誓度众生成佛果,为现歌台说法身",以及同年秋前写的《金缕曲·将之日本留别祖国并呈同学诸子》中说"度群生哪惜心肝剖"等,可见出他因接受晚清的维新思想而已涵具一定的佛学意识。另一方面,弘一大师又与五四时代的不少新文学家、教育家有着广泛的往来,部分还有较为密切的关系,比如蔡元培是他的老师,夏丏尊、经亨颐、朱光潜是他的友人,丰子恺、曹聚仁是他的学生等等。1918 年是一个颇有意味的年份,这一年新文化运动开始不久而五四运动尚未爆发。学界之所以往往将这两个运动合称为"五四新文化运动",就在于前者为后者提供了思想基础,后者让前者走向实践,促使了前者的发展与深入。如果五四运动提早爆发,弘一大师是否必然会选择出家,尚是未知数,或者说他的出家很有可能会延后。五四运动是一场全国运动,在弘一大师出家前所在的浙江省立第一师范学校进行得更是如火如荼,教师中间就有刘大白、夏丏尊、陈望道与李次九被称为"四大金刚",校长经亨颐在当时又是五四新文化运动的支持者。如果弘一大师尚未出家,省立一师的五四风潮在他内心中不可能没有影响。曹聚仁的一句话能略为窥探到弘一大师的隐衷:"他出家之明年,五四运动到来了。沈仲九先生对我说,假使他迟一年出家,他就不至于出家了。"①曹聚仁这句话应当不是戏言,他在另一篇文章中再次提及过:"五四狂潮中,记得有一天晚上,沈仲九先生亲切地告诉我们:'弘一法师(李叔同先生法名)若是到了现在,也不会出家了。'"②历史当然不能假设,并且也需要更多的资料来证明弘一大师对于五四运动的心态,但是从中正可以了解到,两者至少在救世问题上立场是一致的。我们从弘一大师出家后的思想与实践中都能看得到这一点。他在 1924 年旧历二月四日写给王心湛的信中高度评价周孟由说印光大师功在"明昌佛法,潜挽世风",认为是"不刊之定论也"③。他又赞赏胡怀琛所辑《四上人诗钞》是"导俗砭世,意至善也"④。他最担心学佛者存"空见",在讲解《心经》时特别强调:"研习心经者

---

① 曹聚仁:《弘一法师》,见所著《听涛室人物谭》,三联书店 2007 年版,第 221 页。
② 曹聚仁:《李叔同先生》,见所著《笔端》,(上海)天马书店 1935 年版,第 27 页。
③《弘一大师全集》第 8 册,第 332 页下。
④《弘一大师全集》第 7 册,第 644 页上。

最应注意不可著空见。"①不可著"空见",但也不可著"不空见",那么"空"与"不空"之间的关系应该如何看待？弘一大师有一个非常明确的说法："空者是无我，不空者是救世之事业。虽知无我，而能努力作救世之事业，故空而不空。虽努力作救世之事业，而决不执著有我，故不空而空。"②佛家认为"一切有为法，如梦幻泡影，如露亦如电，应作如是观"以及诸如"五蕴皆空""无常苦空"等等，弘一大师将这一教义中国化、近代化了。换句话说，在弘一大师那里，"无我"就是为了"不空"之"救世"。他晚年对于爱国与念佛之间关系的辩证理解，更能够清楚地认识这一点。他于1941年手书"念佛不忘救国，救国必须念佛"，并作跋解释："佛者，觉也。觉了真理，乃能誓舍身命，牺牲一切，勇猛精进救护国家。是故救国必须念佛。"③"救国"与"念佛"之所以是统一的，正是由于两者都需要去掉欲念中的那个"我"：只有领悟"空者是无我"才能真正实现"不空"之"救世"。由此可以看到，弘一大师始终没有违背中国近现代以来启蒙救亡的总体思潮，将牺牲小我以成就大我看作是自己的使命，这样的境界在新文化人中除鲁迅等个别人物之外很少能够企及。

三

从目标上来说，弘一大师与五四新文化运动是一致的；在具体的途径上来说，两者毕竟存在差异，但是差异而不是对立，能相容而不是相斥。新文化思想并非绝对正确，它的极端反传统，它的张扬科学主义，它对诗歌语言问题的误解，还有将美育与佛教对立起来的偏见，产生了一系列的流弊，至今仍未完全消除。从弘一大师出家后留下的各种文字记载可以发现，他对新文化运动的主张有不少表态，他也很注重将自己的见解传递给新文化人或受过新文化影响之人。比如《护生画集》出版后，他在1928年旧历八月初三写给李圆净的信中认为这本画册于老辈旧派，"皆可不送或少送"；赠送给学生也不合适，最恰当的就是赠送给"新学家"。④ 1928年旧历八月十四日致

---

① 弘一大师：《心经大意》，见《弘一大师全集》第1册，第307页下。
② 弘一大师：《佛法十疑略释》，见《弘一大师全集》第7册，第571页下。
③ 弘一大师：《手书"念佛不忘救国，救国必须念佛"并跋》，见《弘一大师全集》第7册，第638页下。
④ 《弘一大师全集》第8册，第377页上。

丰子恺的信中又提到《护生画集》的表纸与装订需要符合"新学家"之趣味：

> 朽人之意，以为此书须多注重于未信佛法之新学家一方面，推广赠送。故表纸与装订，须极新颖警目。俾阅者一见表纸，即知其为新式之艺术品，非是陈旧式之劝善图画。倘表纸与寻常佛书相似，则彼等仅见《护生画集》之签条，或作寻常之佛书同视，而不再披阅其内容矣。故表纸与装订，倘能至极新颖美观夺目，则为此书之内容增光不小，可以引起阅者满足欢喜之兴味。①

显然，在弘一大师看来，有相当一部分新学家斥佛法为迷信，而这些人的言论能够直接影响当时的主流观念，故而他特别提醒丰子恺《护生画集》要多向新学家"推广赠送"。为了引起新学家的兴味，弘一大师还特别指示丰子恺在画集的表纸与装订上要做得非常讲究，信中连用"新颖""警目""美观""夺目"等词充分表明了他极为注重设计，目的就是要使新学家一见就能"知其为新式之艺术品，非是陈旧式之劝善图画"。

弘一大师与新文化运动之间的这种"潜对话"远不止这些内容，概括来说主要体现在澄清对于佛法的误解、肯定白话的价值并指出白话诗的问题，以及支持美育并辩证地看待艺术与佛法之间的关系三个方面。

首先是对于新文化运动误解佛法的回应。新文化人明确以"科学"与"民主"为旗帜，反对宗教与玄学，这是西方启蒙现代性在中国思想界的集中体现。从卢梭到黑格尔再到马克思，从尼采到韦伯再到弗洛伊德，不同的西方思想家对现代性问题都有自己的理解与反思，但有一点却基本上可以算是共识，即他们认为现代性的发展伴随的是宗教的衰落。中国思想界在新文化运动初期尚不能展开对现代性的反思，只能是促进现代性的发展，故而纷纷对宗教进行批判。蔡元培屡次提倡"以美育代宗教"，吴稚辉在1923年的《学汇》杂志连载《一个新信仰的宇宙观及人生观》，都直接表达反对宗教的态度。胡适也是反宗教的斗士，他在吴稚晖的观点基础上进一步说："那

---

① 《弘一大师全集》第8册，第366页下。

些替个人谋死后的'天堂''净土'的宗教,乃是自私自利的宗教。"①

弘一大师对于当时新文化运动的主流思想不可能不了解,因而多处为佛法的意义作出解释,最明显的一次就是 1938 年在晋江安海金墩宗祠讲《佛法十疑略释》。在这次讲话中,他列举了十条当时对佛教的误解,第一条就是要解释"佛法非迷信"。他说:"近来知识分子,多批评佛法,谓之迷信。"②所谓的"近来知识分子"应该就是指新文化人,或者是受新文化人影响的那部分知识分子。弘一大师解释说,佛法不是让人迷信,而恰恰是"能够破除世间一切迷信而与以正信"③。第二条他要解释"佛法非宗教"。佛法在东汉时传入中国,经过两千年的融合、转化,已经成为中国传统文化的重要组成部分。尤其唐宋以来的文人更常常是儒道释互补:儒以理政处世,道以怡情养性,释以治心安神。佛法不是宗教,而是中国文人精神结构的一块基石,章太炎也认为:"佛法不事天神,不当命为宗教。"④这与信仰上帝的基督教、信奉真主的伊斯兰教需要区别开来对待。第四条他要解释"佛法非违背科学"。"科学"是新文化运动两大旗帜之一,五四以来几乎与"真理"一词等同,倘一事物或一学说"违背科学",也就难以获得立足之地。故而弘一大师对于"科学与佛法"之间的关系必须详加说明。他先提出近人的误见:"常人以为佛法重玄想,科学重实践,遂谓佛法违背科学。"接着他举近代科学所持的"实验主义"之两种意义:其一是"根据眼前之经验,彼如何即还彼如何,毫不加以玄想";其二是"防经验不足恃,即用人力改进,以补通常经验之不足"。他认为佛法所主张的"戒、定、慧"三学与科学都是"改进通常之经验",两者的区别在于"科学之改进经验重在客观之物件,佛法之改进经验重在主观之心识"⑤。很显然,弘一大师的观点是:佛法不但在"改进通常之经验"上与科学不相违背,而且注重改善主体心识,比科学重在改变客观事物更为有效。

---

① 胡适:《科学与人生观·序二》,见张君劢等著《科学与人生观》,黄山书社 2008 年版,第 23 页。
② 《弘一大师全集》第 7 册,第 570 页上。按,标点略作调整。
③ 《弘一大师全集》第 7 册,第 570 页上。
④ 章太炎:《自述学术次第》,见《章太炎全集·太炎文录补编》下册,上海人民出版社 2017 年版,第 496 页。
⑤ 《弘一大师全集》第 7 册,第 570 页下。

佛教的现状并不等于佛法的意义。蔡元培"对于出家僧众,有未能满意之处"①,弘一大师也持以同样的态度。他曾痛切地说:"从南宋迄今六七百年来,或可说僧种断绝了! 以平常人眼光看起来,以为中国僧众很多,大有达至几百万之概。据实而论,这几百万中间,要找出一个真比丘,怕也是不容易的事情!"②弘一大师认为佛教最需要的就是切实可行的改革。他认为僧众里面有不同的类型:最应该肯定的就是"服务社会之一派",他称之为"新派",这一派应当"尽力提倡";其次是"山林办道之一派",他称之为"旧派",这一派应当"尽力保护"而"不可废";最糟的就是诸如"既不能服务社会,又不能办道山林之一流僧众"以及"应付一派"等,他认为应该提出处置办法,或即"严加取缔"。③ 这与蔡元培认为应当"提高佛法之入世精神"并无二致。④ 弘一大师在叙述僧众的类型时用了"新派""旧派"这样的名词也颇可玩味。虽然"新派""旧派"是从晚清以来就有的词汇,但只有在新文化运动以后,新旧之争才达到白热化的状态。弘一大师对"新派"的肯定,一定程度上也表示对新文化思想的认可,或至少可看成是一种"迎合"。他之所以建议聘请太虚、弘伞二位高僧,也正是由于这两位法师"富于新思想,久负改革僧制之弘愿"⑤。由此可以看到,弘一大师出家以后的思想与五四新文化运动其实并没有截然矛盾之处,他的许多意见甚至可以为这场主流运动提供有益的补充,百年后再回首来看,应该更加清晰。

其次是对于白话及白话诗的态度。白话文运动是新文化运动的重要组成部分,也可以说是它的开端。新文化思想只有通过语言才能深入人心,而当时的文言被认为无法成为传播新思想的利器,故而散文要代替古文,话剧要代替戏曲,新诗要代替旧诗,白话小说要代替文言小说,白话成为了中国现代文学的主导语言。弘一大师也非常关注文学语言的问题,在民初时,他就断定伴随着西学东渐,中国文学一定会发生巨大的变化。王平陵回忆道:

---

① 《弘一大师全集》第 8 册,第 375 页下。
② 弘一大师:《律学要略》,见《弘一大师全集》第 1 册,第 239 页上。
③ 《弘一大师全集》第 8 册,第 375 页下。按,原文"应付一派"误作"应赴一派"。
④ 蔡元培:《佛学与佛教及今后之改革》,见《蔡元培全集》第 6 卷,浙江教育出版社 1997 年版,第 11 页。
⑤ 《弘一大师全集》第 8 册,第 375 页下。

　　记得李先生在民国三年的时候,就有远大的眼光,预料中国的文学传统,必将遭外来的影响,发生根本的变化,如同魏晋时代的文学受到印度佛教的影响一样。因为这样,他劝我不要钻故纸堆,把桐城派、阳湖派的陈腔滥调,当作范文来揣摩,浪费宝贵的精力和时间;最好把英文读本《鲁滨逊漂流记》、《双城记》、《劫后英雄传》读熟,再读通日文,从日文中间接读欧美的名著,这对于文学的创作,自有意想不到的帮助。①

　　王平陵毕业于浙江省立第一师范学校,是弘一大师的在俗时的学生,据说他曾得弘一大师家中的文艺类藏书,因而"文笔大进"。② 从他的回忆中可以看出,弘一大师对于中国文学之受西方影响而发生"根本的变化"有着清醒的认识。他不赞成再去摹仿桐城派、阳湖派的文章,而赞赏对于西方文学的学习,与白话文的运动的主张正相一致。

　　我们完全有理由相信,弘一大师对于新文化人提倡的文学革命,在相当程度上是支持的。新文化思想需要白话方能为人接受,佛法精义要为人理解,也同样得依赖白话。1929年旧历九月,弘一大师在慈溪峙山金仙寺时,鉴于《地藏菩萨本愿经》"渊文奥理,未契初机",建议胡宅梵居士撰写白话解释,胡氏后来著成《〈地藏菩萨本愿经〉白话解释》一书。③ 弘一大师在《梵行清信女讲习会规则并序》中又提到:"讲授时,宜多用俗语,俾不识文字之人亦可了解。文言及佛学名词,悉应少用。或不得已而用者,宜随加解释。"④1931年旧历八月初四,他致芝峰法师的信中希望其能为《清凉歌集》的歌词作白话注解。⑤ 1935年11月8日,他在泉州承天寺戒期胜会讲授《律学要略》还提到:"当师父说明五戒意义时,切要用白话,浅近明了,使人易懂。"又云:"宝华山见月律师所编三归五戒正范,所有开示多用骈体文,闻者万不能了解,等于虚文而已,最好请师译成白话。"⑥在弘一大师看来,骈体文美则美矣,但是读的人倘不具有深厚的文言基础,就无法了解,等于"虚文而已",

① 王平陵:《追怀弘一大师》,见余涉编《漫忆李叔同》,浙江文艺出版社1998年版,第148、149页。
② 《中国文学家辞典·现代》第4分册,四川文艺出版社1985年版,第34页。
③ 《弘一大师全集》第7册,第624页下。
④ 《弘一大师全集》第7册,第626页下。
⑤ 《弘一大师全集》第8册,第461页上。
⑥ 《弘一大师全集》第1册,第237页下、第238页上。

这与佛法普惠中下根人的思路相矛盾。

对于白话,弘一大师基本持肯定的态度;他屡次对之表现出矛盾心态的,其实是白话诗。弘一大师出家前不但擅长旧诗,并且极为娴熟于填词作曲,而初期的白话诗往往体现出文辞鄙俗、思想浅薄之弊,因此他对这种诗体的审美价值颇有怀疑。1928 年旧历八月廿一日,他给李圆净、丰子恺的信中提到:"此种白话诗,多非出家人之口气。故托名某某道人所撰。并乞仁等于他人之处,亦勿发表此事。(勿谓此诗为余所作。)昔藕益大师著《辟邪集》,曾别署缁俗之名,杂入集中。今援此例而为之。"①为了"导俗"而不得不写白话诗,但写完后又不愿署上姓名,正体现出了这种矛盾心态。1928 年旧历九月初四日,弘一大师致丰子恺的信中又谈论了白话诗的问题:

> 新作之诗共十六首,皆已完成。但所作之诗,就艺术上而论,颇有遗憾。一以说明画中之意,言之太尽。无有含蓄,不留耐人寻味之余地。一以其文义浅薄鄙俗,无高尚玄妙之致。就此二种而论,实为缺点。但为导俗,令人易解,则亦不得不尔。然终不能登大雅之堂也。②

弘一大师提到自己为《护生画集》写的白话诗有两个弊病:一是言之无尽,不够含蓄;二是文辞鄙俗,缺少玄妙之致。二十年代的白话诗的确也普遍是这样的一种状况,陈衍就认为白话诗过于直白浅露,应该向杨万里的《晚风》学习创作方法。③ 新文学四大文类中,小说、散文、戏剧的发展极为顺利,经过十多年的努力创作,就在中国现代文学领域占据了主导地位,而新诗却一直倍受质疑。清末以来的旧诗人对于新诗的批评自然不必多论,胡先骕、吴宓等学衡派诗人对于新诗的批评也毋须多言,甚至如鲁迅、周作人、俞平伯、闻一多这些早期支持写新诗的重要文人都对新诗的发展表示过不满,纷纷"勒马回缰作旧诗"。不过,弘一大师并未因为白话诗尚不成熟而放弃了创作,1928 年旧历八月致丰子恺的信中就曾提到这样的感受:"至于白话诗,向不能作。今勉强为之。初作时,稍觉吃力。以后即妙思泉涌,信手

---

① 《弘一大师全集》第 8 册,第 379 页上。
② 《弘一大师全集》第 8 册,第 369 页下。
③ 钱仲联编校:《陈衍诗论合集》上册,福建人民出版社 1999 年版,第 825 页。

挥写,即可成就。其中颇有可观之作,是诚佛菩萨慈力冥加,匪可思议者矣。"①从中可以看出弘一大师创作白话诗的过程:未写之前的勉强,初写时的吃力,及至后来有一种"妙思泉涌,信手挥写"的感受,大抵皆由于其"导俗"之心切而淑世之意诚也,尽管他所说的"白话诗"与现代文学中的"新诗"仍有着较大的区别。

第三是对于美育的态度。新文化运动时提倡"美育"最力且影响最大者是蔡元培。他在 1917 年就以"以美育代宗教"为题作过演讲,1919 年 12 月,蔡元培又发表了《文化运动不要忘了美育》,提醒新文化人在倡导"科学"与"民主"的同时,也要注重"美育"。② 弘一大师出家前精通书法、篆刻、绘画、音乐、诗词、戏剧等各门艺术形式,并在浙江省立一师从事艺术教育实践。出家后,根据学者考证,他仍"诸艺未废"③,并且支持各种形式的美育活动。吴梦非、刘质平、丰子恺所创办的上海专科师范学校于 1922 年募集资金,弘一大师创作三十幅书法作品交吴梦非酬赠出资者。④ 1920 年 4 月,中华美育会创办了第一本美育学术刊物《美育》,弘一大师题写刊名,刊物首期第一篇作品就是弘一大师出家前创作的《女(油画)》。再如 1929 年,应弟子刘质平之请,弘一大师"感于颓废俗曲之风行,应有以纠正之"⑤,于是作《清凉》等歌辞五首,请刘质平等为之谱曲,又请芝峰法师撰写注释、夏丏尊作序、马一浮题字,于 1936 年由开明书店刊为《清凉歌集》。又如他在 1928 年旧历八月廿一日致李圆净、丰子恺的信中提出建议,认为《护生画集》第一集中某些如《开馆》《悬梁》《示众》等"充满残酷之气"的画作与文字不适宜于受过新式教育者,"应以优美柔和之情调,令阅者生起凄凉悲愍之感想,乃可不失艺术之价值",理由在于"残酷之作品,仅能令人受一时猛烈之刺激。若优美之作

① 《弘一大师全集》第 8 册,第 367 页。
② 《蔡元培全集》第 3 卷,浙江教育出版社 1997 年版,第 739、740 页。
③ 参见陈星著《弘一大师绘画研究》第一章第三节"'诸艺未废,随缘耳'的文献依据",北岳文艺出版社 2006 年版,第 16—41 页。
④ 《民国日报》1923 年 10 月 15 日刊出的吴梦非《欲得释弘一法师最后墨迹者注意》的一则广告中提到:"去岁敝校(本校原名上海专科师范)募集资金,弘一师也破例,书赠琴条三十幅,俾作慷慨捐助者之酬赠。"此条材料蒙陈星教授示知,谨致谢忱。
⑤ 慧庵:《〈清凉歌集〉菲岛再版序》,见《弘一大师全集》第 10 册,第 378 页下。

品,则能耐人寻味,如食橄榄然"①。弘一大师并没有将艺术看成是佛法的传声筒、载道器,而是强调要将艺术本身的价值当作创作的首要目的。在他看来,如果偏离了艺术自身的创作轨道,其所蕴含的思想也就无法在人心中产生持久的影响。种种事例都可以看出,弘一大师对蔡元培所倡导的"美育"是认可的。

但另一方面,我们必须注意到,蔡元培在提倡美育的同时,却又在坚定地反对宗教。他的《以美育代宗教说》认为原来宗教包揽一切,知识、道德、美感都容纳于其中;随着自然科学、社会科学的发展,知识、道德逐渐从宗教独立出来,唯一剩下的就是美感,故而"以美育代宗教"后,知、意、情三者就各自独立,完全摆脱了宗教的束缚。② 此后蔡元培又陆续发表了大量的文章批评宗教的弊端,比如《简易哲学纲要》《佛学与佛教及今后之改革》等,并重新发表《以美育代宗教》(1930年12月),一口气概括了美育的三大优点与宗教的三大缺点:一、美育是自由的,而宗教是强制的;二、美育是进步的,而宗教是保守的;三、美育是普及的,而宗教是有界的。"他进一步总结:"不能以宗教充美育,而止能以美育代宗教。"③对于蔡元培将美育与宗教对立起来的观点,弘一大师如何看待? 根据目前的《弘一大师全集》所收文献,并不能看到他的直接表态。不过,我们可以从他对于艺术与佛法关系的理解,间接地窥视这一点。1921年,尤墨君希望将弘一大师的旧作印成小册,取名《霜影集》,弘一大师虽未完全拒绝,但是在致尤氏信中特别强调:"若录旧作传布者,诗词悉可删,以诗非佳作,词多绮语……鄙意以为传布著作,宁少勿滥,又绮语(如《满江红》)是尤宜屏斥,以非善业也。"④显然,弘一大师非常轻视早年写过的诸如"人生犹似西山日,富贵终如草上霜""如何十里章台路,只有花枝不解愁"等这类语多伤感、词涉绮艳的作品,在他看来,这类诗词会让人执着于感性形式,与佛道不合。体现出弘一大师在佛路上苦苦摸索的作品,可以《落花》《月》《晚钟》为代表。这三首歌词,如曹聚仁所说的,"代表他

---

① 《弘一大师全集》第8册,第378页上。
② 《蔡元培全集》第3卷,第57—62页。
③ 《蔡元培全集》第6卷,第586页。
④ 陈飞鹏整理:《弘一法师书信集》,文物出版社2017年版,第74页。按,标点略作调整。

心灵启悟的三个境界"①。分而论之,《落花》主要还仍是前期浪漫情怀的延续,《月》则已有超现实的思想,《晚钟》则代表了他渐循佛法而徐生"始觉"。弘一大师出家后基本不再写诸如《落花》等浪漫主义之作,却由《晚钟》的风格思想而更进一步,创作出诸如《清凉歌集》这样通透彻悟、清朗澄明的歌曲。事实上,蔡元培提倡"美育"也有这一层意思。蔡元培之目的并非仅让人培养一种"爱美"之心而已,不是让人沉浸在感性形式之中,而是要让美育成为沟通现象世界与本体世界的桥梁,对于感性世界不厌弃亦不执着,"融合一种画分人我的僻见,保持一种永久平和的心境"②;再往上进一步说,"于必要时愿舍一己的生以救众人的死;愿舍一己的利以去众人的害,把人我的分别,一己生死利害关系,统统忘掉了"③。蔡元培说的境界,难道不就是佛法的境界么? 这也就不奇怪,同是在 1917 年,蔡元培一边在神州学会社演讲"以美育代宗教",另一边就在为新昌大佛寺书写"理哲家言,同源西圣;华严法界,现象南明"的对联④,并评价"佛教之圆通,非他教所能及"⑤。所以不加区分、不分层次地来谈论美育或艺术教育,是不恰当的。换句话说,美育其实有"低境"与"高境"之分,低境的美育让人在观照美的时候获得情感的愉悦、心理的慰藉;高境的美育则让人获得一种崇高体验,飞升到美的本体世界。如果说美育能够取代佛教,那么美育一定在某种程度上已经具备了佛教的本旨,所以能够替代它。反过来说,佛法的境界也就是美育的最高境界。这一点弘一大师没有说明,却在此后的丰子恺那里得到了补充。丰子恺为弘一大师的出家声辩,在《为青年说弘一法师》中区分了"真佛教"与"伪佛教",认为"真正的佛教,崇高伟大,胜于一切",并说"李先生的放弃教育与艺术,好比出于幽谷,迁于乔木,不是可惜的,正是可庆的"⑥,这正是对当时质疑弘一大师出家的各种声音的回应。丰子恺《我与弘一法师》一文进一步提出"人生三层楼"的观点,认为佛教是"灵魂的生活",是高于艺术的生活,

① 曹聚仁:《弘一法师》,见所著《听涛室人物谭》,第 220 页。
② 蔡元培:《文化运动不要忘了美育》,见《蔡元培全集》第 3 卷,第 739 页。
③ 蔡元培:《美育与人生》,见《蔡元培全集》第 7 卷,浙江教育出版社 1997 年版,第 290 页。
④ 唐黎标:《蔡元培撰的一副佛联》,载《佛教文化》2005 年第 2 期。
⑤ 蔡元培:《以美育代宗教说》,见《蔡元培全集》第 3 卷,第 60 页。
⑥ 陈星总主编、陈建军分卷主编:《丰子恺全集》第 2 册,第 213 页。

并认为艺术的最高点与佛教本旨相通。^① 弘一大师由艺术转入佛法，由小我升于大我，正是体现出他由美育的"低境"到美育的"高境"（佛法）之精进历程。这也就是为什么如鲁迅这样的思想战士，他的精神结构中也会有极深的佛教思想作底蕴。缺少这种"誓舍身命，牺牲一切"的无畏无惧心，面对当时中国无边的黑暗、无底的沉默，很难继续寂寞地前驱。因而当鲁迅于1931年从内山完照书店得到弘一大师所书"戒定慧"条幅时，他会以"乞得"二字来表达对弘一大师的敬意。^②

四

陈无我《话旧》一文说过："我以为有了李叔同先生（就大家通知的名字说），才会有弘一大师，弘一大师与李叔同先生，是一而二，二而一，我们要认识弘一大师，先要认识李叔同先生，不应该分做两橛看的。"^③这句话极为精要地道出了弘一大师一生思想的贯通性。他后期的思想由其早期思想发展递变而来，从一位艺术家转身成为一位佛教高僧，看似难以理解，其实很好地体现出他在人生道路上勇猛精进的必然性。从艺术救国到佛法救世，他将自己的人生与国家的命运结合起来，他不但是新文化运动的先驱者、早期启蒙者，而且一直关注这场运动的展开，成为这场运动的支持者与对话者。他的思想不仅没有离开新文化运动启蒙与救亡的主潮，相反为这场运动提供了许多有益的补充，深化了新文化的内涵，为中国近现代思想文化的发展做出了独特的贡献。

（作者：杭州师范大学弘一大师·丰子恺研究中心副研究员）

---

① 陈星总主编、陈建军分卷主编：《丰子恺全集》第5册，第111页。按，丰子恺说"艺术的最高点与宗教通"，他这里说的"宗教"主要就是指佛教。
② 可参见笔者《鲁迅与弘一法师（李叔同）》，载《鲁迅研究月刊》2018年第1期。
③ 《弘一大师全集》第10册，第235页上。

弘一大师音乐教育融入生命教育之探讨

纪洁芳　郑璇宜　李惠娟

一、前言

(一) 生命教育与音乐教育

所谓生命教育就是教我们如何有智慧地关心自己、关爱他人，甚至是关爱不认识的人，更要关爱、珍惜及尊重大自然，与大自然和谐共处。生命教育的教学目的是探索生命的意义，澄清生命价值、洞达生死、防治自我伤害、实践临终关怀及悲伤辅导。通常可以透过活泼生动的教学方法，运用多媒体教学资源及实践体验活动，达到上述目的。而音乐教育、美术教育、特殊教育等都可以融入生命教育中，助益教学效果的提升。

或问为何音乐教育融入生命教育，可提升身心能量？应知聆听音乐不但可放松身心、调适情绪，还可触动内心深处之天籁与之共鸣！引领内在之真善美。

《论语·泰伯篇》中孔子云："兴于诗、立于礼、成于乐。"我们修身，应先学诗，方得温柔敦厚，礼则能立身，所以学诗，要同时学礼。我们常说道德仁义，非礼不成。乐者天地之和也，礼者天地之序也，必须要学乐，以和成己性，音乐得自天地之和，必与天然之序相合，才能融为一片天和，而能涵养性情，成就自性之德。乐是诗谱，诗是乐词，礼是天然秩序，是人事规范，礼是诗的动作，诗乐表现，以礼而成，诗、礼、乐，是圣人的基本修养。[①] 而今天，我

---

① 李炳南：《论语讲要》，台中联社发行 2004 年版，第 162 页。

们要在音乐教育中,如何深入、如何用心、如何服务众人,是义不容辞之事,以不负师长教我们"成于乐"的厚望。

或问研究主题用"李叔同之音乐教育"或"弘一大师之音乐教育"何者较适宜? 一般而言:后后胜前前! 弘一大师之音乐教育,能包括李叔同之音乐教育,反之则不可! 有人以为李叔同之音乐教育从 1905 年—1918 年出家前,事实上并不如此! 大师虽于 1918 年出家,但在 1918 年为《三宝歌》作曲,在 1930 年为《清凉歌集》写词,于 1937 年为厦门市运动会作会歌。虽大师出家后作曲不如出家前多,但一直关心着中国新音乐,并引领中国新音乐发展。

本研究主题为"弘一大师音乐教育融入生命教育之探讨",则在第二节先探索大师之音乐教育核心价值、人才培育、教材编制及教学,以为第三节生命教育实施之依据,而本节先探索清末民初中国新音乐发展之背景。

(二) 中国新音乐发展之时代背景

19 世纪末到 20 世纪初,是中国教育制度和音乐教育的重大转型期。1905 年政府废除科举并兴办公学,仿效日本和欧美的教育制度及课程规划。在音乐方面,也由传统的中国音乐转换成中国新音乐。所谓传统音乐,是指戏曲、说唱、民歌、器乐曲、宗教音乐等(包含佛教的梵呗、道教音乐、孔庙音乐、各少数祭祀民族音乐等)。所谓中国新音乐,乃运用中国音乐素材,透过西洋的作曲技巧、风格、体裁、乐器、音乐语言等,创作的作品。[1]

当时政府重视音乐教育之缘由,主要是看到邻近的日本经过明治维新,结束了长期封建统治和锁国政策,借鉴西洋音乐文化,建立属于自己的音乐教学体系,对国民素质的提高、国家文明的提升有积极的影响,让华人看到振兴中国的希望,当时流亡日本的康有为,撰文大声呼吁"欲改造国民之质量,则诗歌音乐为精神教育之要件"。[2] 古人说"蒙以养正"在中国新音乐推动之始,对于引导正确的发展方向,保证师资及教材的充沛,是非常重要的。我们何其有幸,有弘一大师引领大家向前迈进了新时代的康庄大道!

---

① 叶明媚:《弘一大师对现代佛乐贡献与影响》,见《弘一大师有关人物论文集》,弘一大师纪念学会印行,1998 年,第 409—428 页。

② 孙继南:《李叔同—弘一大师的音乐教育思想与实践》,见《弘一大师艺术论:纪念弘一大师诞辰120 周年国际学术研讨会论文集》,西泠印社 2001 年版,第 35 页。

二、弘一大师音乐教育之探索

有关弘一大师之音乐教育,将分为核心价值、师资培育、教学资源及教学四方面论述:

(一) 弘一大师音乐教育之核心价值

弘一大师音乐教育核心价值,可分三项:深邃的审美意境、先器识而后文艺、善用中华文化特征且东西方兼容。

1. 深邃的审美意境

乐曲的欣赏注重神韵,讲求意境,弘一大师歌曲最突出的是意境追求和借景抒情。在《送别》一曲中"晚风拂柳笛声残,夕阳山外山",令人联想到李商隐"天意怜幽草,人间重晚晴"的意境。[1]

大师之歌曲呈淡雅、清和、恬静,达到深邃的意境,并以自然为主题,借景抒情,寄情寓理,有很强的艺术感染力,故广受人们的喜爱。[2]

2. 先器识而后文艺

大师说"应使文艺以人传,不可人以文艺传"也就是说,要做一个好的文艺家,必先做一个好人。即是先重人格修养,再重文艺学习。[3] 也就是《论语·述而篇》所说:"志于道,据于德,依于仁,游于艺。"在日常生活中,学习音乐、美术、戏剧、书法等,皆是"游于艺",透过艺术的熏染,提升我们的人格素养。

3. 善用中华文化特征且东西方兼容

弘一大师的歌曲虽然多半采用西方的曲调,但在歌词上都是以中华文化为主。体现中华民族的自强不息,奋发向上,并具有传统文化的魅力。[4]

---

[1] 刘绮婷:《弘一大师李叔同及其作品研究》,台湾师范大学中国文学系研究所 2001 年硕士学位论文(未出版),第 78 页。

[2] 杨雁行:《论李叔同学堂乐歌的艺术特点》,载《天津音乐学院学报》1995 年第 3 期。

[3] 赵乐:《试论弘一大师李叔同的音乐精神及其对当下实践的启示》,见《光风霁月:第六届弘一大师研究国际学术会议论文集》,上海三联书店 2018 年版,第 422 页。

[4] 杨雁行:《论李叔同学堂乐歌的艺术特点》,载《天津音乐学院学报》1995 年第 3 期。

(二) 师资培育

1905 年,大师赴日本东京音乐学校学习钢琴及作曲,同时在上野美术学校学习油画、美术。1911 年回国后,任上海城东女学音乐教师,这是大师从事音乐教育的开始;1912 年受聘浙江两级师范学校担任音乐及美术教师,1915 年兼任南京高等师范学校教席;到 1918 年出家,共有七年时间,从事音乐教育及艺术教育。又大师最欣赏的嫡传弟子吴梦非、刘质平、丰子恺三人于 1919 年自筹资金创办"上海艺术专科音乐师范学校",这是中国近代音乐史上最早的专门培育中小学音乐、图画教师的学校。学员除了边疆少数几个省外,几乎遍及全国。在这期间,该校举行了一系列音乐教育活动,如利用暑假举办全国性中小学音乐教师讲习会,成立中华美育会音乐社团,专门提倡美育,出版发行与音乐相关的期刊杂志等,对当时学校音乐教育和促进水平的提高,有广泛的影响。[①]

日后接续培育一批一批的音乐教师,如裘梦痕、潘天寿、李鸿梁、曹聚仁等,他们又培养了再传弟子,如邱望湘、陈啸空、沈秉廉、萧而化、缪天瑞、钱君匋、江定仙、唐学咏、俞绂棠,潘博英、徐希一等,[②]在弘一大师风范教化下,人人以师志为己志、富有理想、学有专精、认真负责,为现代音乐教育奠下良好基石。他们对中国早期的音乐教育都做出了许多贡献。

(三) 教学资源

1.《国学唱歌集》教科书

弘一大师在 1905 年编辑了《国学唱歌集》,由上海中新书局国学会发行,乃是一本供学校教学的教科书,旨意在"序"中有明确表达,主张通过歌曲编配提倡《诗经》《楚词》及古典词章等"国学"以唤醒国人觉醒。[③] 此教材《国学唱歌集》广受欢迎,其原因是:曲式结构工整而规范,起承转合自然而顺畅,旋律发展流畅而优美,调式调性关系合乎逻辑,从主转调到属调后转回主

① 孙继南:《李叔同—弘一大师的音乐教育思想与实践》,见《弘一大师艺术论:纪念弘一大师诞辰 120 周年国际学术研讨会论文集》,西泠印社 2001 年版,第 39 页。
② 孙继南:《李叔同—弘一大师的音乐教育思想与实践》,见《弘一大师艺术论:纪念弘一大师诞辰 120 周年国际学术研讨会论文集》,西泠印社 2001 年版,第 39 页。
③ 刘绮婷:《弘一大师李叔同及其作品研究》,台湾师范大学中国文学系研究所 2001 年硕士学位论文(未出版),第 76 页。

调,许多作品歌词与曲调结合紧密,既符合作曲的规律,又符合词调的平仄、和声、乐句、终止运用得当,音乐风格独特而一致。在同一个时代,《国学唱歌集》是属于水平较高的创作。①

唯尚有美中不足的地方,大师在《音乐小杂志》的《昨非录》作忏悔,没有注任何表情记号(强、弱、缓、急等),用的是简谱,且有些歌词较为艰涩难懂,大师非常内疚,写信告诉发行者,勿再发售,并毁版谢过。② 大师这种不掩己短的精神和品德,实在令人佩服,就如《论语·子张篇》所说:"君子之过,如日月之食焉。过也,人皆见之;更也,人皆仰之。"③

2. 出版《音乐小杂志》期刊

弘一法师为了向国人介绍西欧音乐理论及知识,独自出版《音乐小杂志》,在东京印刷,在上海发行,是我国近代音乐专业的第一本期刊,也是吾等探索弘一大师音乐教育思想的主要依据。

这份《音乐小杂志》64开本26页,栏目众多,内容包括:与音乐相关的文章七篇、歌曲三首、词章等,并有插图、图画、音乐史、乐理、社说及几位日本音乐家的作品等,内容丰富多彩、琳琅满目、分类甚详。该音乐杂志中,主要有价值的音乐论著都为弘一大师(署名"息霜")所作,其中,在《音乐小杂志》的序言和文章中,反映出李叔同的音乐思想:该杂志中用五线谱刊登的三首乐歌《隋堤柳》《我的国》《春郊赛跑》,④对研究我国近代音乐创作,具有一定的历史意义和学术价值,并对日后音乐教育产生关键性的影响:

(1)在《音乐小杂志》的序言中,针对音乐的社会功能,提及"盖琢磨道理,促社会之健全,陶冶性情,感情神之粹美,效用之力,宁有极欤!"⑤这是多么崇高理念及强大的震撼力!也指出了音乐教育的努力目标。

(2)这份期刊用了二分之一的篇幅,登载日本著名音乐教育家田村虎藏(1873—1943)编写的教科书《近世乐典大意》,这部教材于1907年由国内徐

---

① 杨和平:《论李叔同的生命轨迹及音乐贡献》,载《星海音乐学院学报》2004年第4期。
② 孙继南:《李叔同—弘一大师的音乐教育思想与实践》,见《弘一大师艺术论:纪念弘一大师诞辰120周年国际学术研讨会论文集》,西泠印社2001年版,第36页。
③ 李炳南:《论语讲要》,台中联社发行2004年版,第389页.
④ 杨和平:《论李叔同的生命轨迹及音乐贡献》,载《星海音乐学院学报》2004年第4期
⑤ 孙继南:《李叔同—弘一大师的音乐教育思想与实践》,见《弘一大师艺术论:纪念弘一大师诞辰120周年国际学术研讨会论文集》,西泠印社2001年版,第35页。

传霖等翻译并以《中学乐典教科书》在国内发行，①深受肯定。大师先见之明、引领之功、推广之力及时效之把握，令人佩服。

（3）五线谱的推广

在《音乐小杂志》期刊中，用五线谱刊出"教育唱歌"三首，对国内用五线谱教学有示范功能。五线谱具有科学性和教育远见的功能，②音乐教育必然要涉及音乐领域许多具体问题，举凡音乐理论传授、大型作品纪录以及世界音乐文化交流等，都与五线谱密切相关。

（4）对合唱活动的推广

弘一大师也是最新倡导多声部音乐先驱之一，他深刻意识到合唱在音乐教育中的作用和重要性。③ 合唱可使简单的曲调以多元化呈现，让曲调更丰富、更壮观。又大师倡导在演唱中以钢琴伴奏也是音乐教育中特色之一。

3. 歌曲创作

弘一大师从 1905 年到日本进修音乐，到 1937 年创作了厦门运动会会歌，在 32 年音乐生涯中：据钱仁康编著《弘一大师歌曲集》共收录 98 首歌曲，加上《弘一大师全集》第七卷第四部类中，收录 38 首歌曲。共计百多首歌曲，其分类如下：④

（1）爱国歌曲

弘一大师所创作的爱国歌曲，可分为两类，一是表现国家光荣的历史，及赞美大好河山，字里行间，充满着信心与自豪，能鼓舞人们发奋图强，如《祖国歌》和《我的国》。但大师发现用西洋歌曲填词，词曲不甚融洽，遂以中国民间曲调老六板减慢为四四节拍，则词曲贴切，深受欢迎，传遍各地。这是大师创导民族音乐较早的实例。⑤

虽是西学中用，但要本土化，方能朗朗上口。第二类是忧国忧民的慷慨

---

① 孙继南：《李叔同—弘一大师的音乐教育思想与实践》，见《弘一大师艺术论：纪念弘一大师诞辰 120 周年国际学术研讨会论文集》，西泠印社 2001 年版，第 36 页。

② 刘靖之：《中国新音乐史论》，台北耀文事业出版社 1998 年版，第 78 页。

③ 孙继南：《李叔同—弘一大师的音乐教育思想与实践》，见《弘一大师艺术论：纪念弘一大师诞辰 120 周年国际学术研讨会论文集》，西泠印社 2001 年版，第 36 页。

④ 钱仁康编著：《弘一大师歌曲集》，台北东大图书出版社 2004 年版。

⑤ 刘绮婷：《弘一大师李叔同及其作品研究》，台湾师范大学中国文学系研究所 2001 年硕士学位论文（未出版），第 76 页。

悲歌,如《国学唱歌集》所选的《诗经》《离骚》、唐诗宋词和昆曲,皆是忧国忧民的创作,以激发国民的爱国情怀。[①]

（2）抒情歌曲

在此领域,可分为三类:

一是表现宁静致远、淡泊明志的高尚情操,如《幽居》和《幽人》;[②]

二是寓情于景,书写置身大自然中的赏心悦目,如《春游》《早秋》和《西湖》;[③]

三是描写游子思乡,怀旧忆往,如《送别》《忆儿时》。以上抒情歌曲意境悠远,很容易引起共鸣,把我们带入情境中,还常常有深刻的寓意。[④]

（3）哲理歌曲

在弘一大师的歌曲创作中,常含有人生哲理的中心思想,如《落花》和《悲秋》是提醒我们,"荣枯不须臾,盛衰有常数",以及要珍惜时光,"少壮不努力,老大徒伤悲"。《月》和《晚钟》则进入了惟愿灵光普照万方和庄严七宝迷氤氲的精神境界。[⑤]

因为弘一大师对佛学有深入研究及深厚的修养,在歌曲中,也反映出佛教的人生观。大师初出家时,通过对佛门日客仪轨梵呗的唱诵,对佛教歌曲有所体悟,他创作了多首佛教歌曲,堪称佛教歌曲的首倡者和实践者,故在哲理歌曲中,加入佛理歌曲。佛理歌曲分为直接说佛与间接说佛:

在佛理歌曲中,歌词中含有慈悲劝善、无常等,属于间接说佛,如《肉食者鄙》《倘使羊识字》等。直接说佛的歌曲很多,最有代表性及最普及的是,由弘一大师作曲、太虚大师作词的《三宝歌》,内容谈及佛宝庄严恢宏、法宝

---

① 刘绮婷:《弘一大师李叔同及其作品研究》,台湾师范大学中国文学系研究所 2001 年硕士学位论文(未出版),第 76 页。

② 刘绮婷:《弘一大师李叔同及其作品研究》,台湾师范大学中国文学系研究所 2001 年硕士学位论文(未出版),第 76 页。

③ 刘绮婷:《弘一大师李叔同及其作品研究》,台湾师范大学中国文学系研究所 2001 年硕士学位论文(未出版),第 76 页。

④ 刘绮婷:《弘一大师李叔同及其作品研究》,台湾师范大学中国文学系研究所 2001 年硕士学位论文(未出版),第 76 页。

⑤ 刘绮婷:《弘一大师李叔同及其作品研究》,台湾师范大学中国文学系研究所 2001 年硕士学位论文(未出版),第 76 页。

的无量智慧及僧宝的同理大众。该曲成为中国佛教教歌。①

《三宝歌》分皈依佛、皈依法、皈依僧三段,各有归旨,庄严而神圣地呈现了佛教徒皈依时的宽宏心境和坚定意志,每段歌词的结尾处再三强调的"今乃知……信受奉行"如同一个人生宣言,它是佛教徒们在宣告:大彻大悟、济世利生的生命开始了。②

《三宝歌》曲调共分二十四小节,音调平和,节奏方整、徐缓,其大调式的旋律可以使人在咏唱之时产生庄严崇敬的心情,歌曲结尾是在高八度的主音上完成中止的。但音调升高并非意味着焦虑,主要是提升庄严的宗教情怀。

弘一大师采用西洋歌曲宣传佛法,在近代佛教音乐化上开辟了一条了新的路径。③

又,弘一大师对治时代流行靡靡之音的弊病,特别作了《清凉歌集》,共分5首:《清凉》谈佛教的涅槃清净,《三色》表现诸法无常、缘起性空,《花香》表现幻境无实,《世梦》表现色即是空,《观心》表现心即是性,歌曲皆是弘一大师出家以后所创作的,已无出家前作品之慷慨激昂,而呈现平和超然之慈悲心怀。④

以上是按照歌曲性质如爱国、抒情、哲理分类,如按照作曲、作词、选曲、配词选词分类如下:

在中国新音乐推广时,师资不足、教材缺乏,在乐歌作曲方面,暂借日本曲调、西洋曲调或中国传统民歌小调配上中文歌词作为教材,有极小部分由国人自己作曲作词。根据作曲选曲、配词选词分类。

＊作曲作词

《春游》(三部合唱)、《早秋》、《留别》(二部合唱)、《三宝歌》等。

＊选曲填词

《送别》《忆儿时》《月》《采莲》(三部合唱)、《梦》《晚钟》《大中华》(四部合

① 刘绮婷:《弘一大师李叔同及其作品研究》,台湾师范大学中国文学系研究所2001年硕士学位论文(未出版),第83页。
② 章用秀:《大德善缘李叔同师友遗墨品读》,天津古籍出版社2010年版,第123页.
③ 杨和平:《论李叔同的生命轨迹及音乐贡献》,载《星海音乐学院学报》2004年第4期,第44页.
④ 弘一法师作歌、刘质平等作曲:《清凉歌集》,(上海)开明书店1936年版。

唱)、《祖国歌》《朝阳》(四部合唱)。

＊选曲配词

《清平调》(李白)、《夜归鹿门歌》(孟浩然)、《春景》(欧阳修)。①

综观以上歌曲,中国台湾刘绮婷在硕士论文上有两句结语:弘一大师所创作的歌曲,有简洁的音乐曲调结构及巧妙的化用诗词名句。②

分析人们喜爱及传唱弘一大师的歌曲,主要因为歌曲运用音乐语言质朴简洁,旋律容易接受和记忆,有时外来曲调稍曲折复杂,弘一大师将复杂的部分删去,以保持音乐的简洁质朴。③ 乐曲的结构清晰方整,和声与复调手法干净利落。④

又弘一大师非常重视歌词的艺术品味,并善用古代诗词名句,如《采莲》:"采莲复采莲,莲花莲叶何蹁跹,露华如珠月如水,十五十六清光圆。采莲复采莲,莲花莲叶何蹁跹。"短短几句歌词,不禁使人想起:"江南可采莲,莲叶何田田,鱼戏莲叶间,鱼戏莲叶东,鱼戏莲叶西,鱼戏莲叶南,鱼戏莲叶北。"而且弘一大师在歌词里使用了重复的手法,"采莲复采莲"里"复"的意思更加突出,而且也更加形象生动地表现了莲花莲叶何蹁跹的优美,使人神往。⑤

以上歌曲,都可以选为教学的教材。

(四) 教学

有了好的师资、丰富教学资源,还需要有好的教学活动,才能有好的教学效果。

1. 塑造安详和谐的上课气氛

弘一大师上课,据学生叙述:大师上课时,他的声音不缓不急、娓娓道来,极为悦耳。且乐理解说清楚、乐曲激动人心,乐曲歌词内涵之真善美,能

---

① 叶明媚:《弘一大师对现代佛乐贡献与影响》,见《弘一大师有关人物论文集》,弘一大师纪念学会印行 1998 年版,第 412 页.

② 刘绮婷:《弘一大师李叔同及其作品研究》,台湾师范大学中国文学系研究所 2001 年硕士学位论文(未出版),第 83 页

③ 刘绮婷:《弘一大师李叔同及其作品研究》,台湾师范大学中国文学系研究所 2001 年硕士学位论文(未出版),第 83 页。

④ 刘绮婷:《弘一大师李叔同及其作品研究》,台湾师范大学中国文学系研究所 2001 年硕士学位论文(未出版),第 83 页。

⑤ 陈震波、梁小玲:《李叔同的歌词创作及其唯美因素》,载《绵阳师范学院学报》2011 年第 1 期。

引起学生心中之共鸣。大家沉浸在安详温馨的气氛中。

2. 尊重时间就是尊重生命。

上课铃响,学生嘻嘻哈哈走进教室,看见老师安然坐在讲台上,黑板上以特有不食人间烟火的弘体字写好教学内容,学生肃然坐下,进入听课状态。此后,大家都能准时进入课堂。大师以德感化学生,令人钦佩。

3. 在和蔼的气氛中要求精准

弘一大师,在教唱中,对歌曲起音、声调及节拍,要求精准,一分不多、一分不少,要到位入味。如学生没有做到,大师会用平和的语气勉励道:好好练习,明天再弹一次。

4. 有关对人品要求的落实

大师非常严格,教学上要求学生务必"循序渐进"地练习,"宁可生,不可滑"。在音乐教育上,教育思想和教学要求都是非常严格认真和一丝不苟。[1]

大师在音乐教育,特别是音乐技能(如唱歌、弹琴)教学中的严格认真,更是有着深远的意义和作用。因为构成音乐的各种要素如音调、旋律、和声、节奏等等,无一不具有严格的、规范化的特点。当演唱、演奏时稍有疏忽,或因练习不够、技巧不过关,都会造成"不合拍""不合协""不准确"等现象,将会影响音乐的完美表现。所以大师在平日教导学生时,就严格要求,通过日常严格的练习,也磨练学生的修养及人品。[2]

凡事无律,必将导致混乱,难以成器。而"守律"则必须有修养、有意志、有毅力。所以说,音乐教育过程,既是掌握音乐知识技能的过程,也是最好的磨炼意志、培养毅力的自律过程,是人品要求的磨练过程。[3]

笔者等为撰写本论文,以"弘一大师""李叔同""音乐""音乐教育"及"艺术教育"等关键字,上网搜寻了海峡两岸硕博士论文,其中大陆以"弘一大师"为主题的硕博士论文有43篇,其中有关"音乐"或"音乐教育"的相关论文有7篇,罗列如下:

---

① 孙继南:《李叔同—弘一大师的音乐教育思想与实践》,见《弘一大师艺术论:纪念弘一大师诞辰120周年国际学术研讨会论文集》,西泠印社2001年版,第40页。
② 孙继南:《李叔同—弘一大师的音乐教育思想与实践》,见《弘一大师艺术论:纪念弘一大师诞辰120周年国际学术研讨会论文集》,西泠印社2001年版,第40页。
③ 孙继南:《李叔同—弘一大师的音乐教育思想与实践》,见《弘一大师艺术论:纪念弘一大师诞辰120周年国际学术研讨会论文集》,西泠印社2001年版,第40页。

1. 成文佳：《悲欣交集以曲参禅——论弘一法师词曲中的佛学思想》，中国音乐学院 2016 年硕士学位论文，指导老师：余峰。

2. 奚云：《李叔同音乐教育思想对当代高校音乐教育发展的启示邢予》，南京艺术学院 2019 年硕士学位论文，指导老师：罗宇佳。

3. 高源：《李叔同的音乐教育及音乐创作研究》，西北民族大学 2019 年硕士学位论文，指导老师：薛松梅。

4. 郭艳辉：《李叔同出家前的歌曲创作及其天理教信仰倾向探析》，杭州师范大学 2018 年硕士学位论文，指导老师：凌玉建。

5. 白丽莎：《李叔同的学堂乐歌课程改革思路与实践研究》，华东师范大学 2015 年硕士学位论文，指导老师：周勇。

6. 魏鲁佳：《李叔同的音乐教育思想研究》，河北大学 2010 年硕士学位论文，指导老师：贺国庆。

7. 曹淑敏：《学堂乐歌的歌词艺术探究》，曲阜师范大学 2012 年硕士学位论文，指导老师：谢安庆。

在台湾以"弘一大师"为主题硕博士论文有 21 篇，其中有关"音乐"或"音乐教育"的相关论文有 2 篇，分别是：

1. 刘绮婷：《弘一大师李叔同及其作品研究》，台湾师范大学中国文学系研究所 2014 硕士学位论文，指导教授：林礽干。

2. 叶依婷：《李叔同歌曲创作之研究》，云林科技大学汉学资料整理研究硕士班 2010 年硕士学位论文，指导老师：吴进安。

搜寻期刊杂志，找到有关弘一大师音乐教育的论著有 12 篇，都很精辟。

拜读以上硕博士论文及期刊杂志，深感惊喜及倍感钦佩。这些年轻俊秀的研究生以弘一大师为主题，分别从佛学、戒律、音乐、美术、戏剧、书法等方面作深入的研究和探讨。他们几乎用了一至两年的时间全盘投入，透过严谨的研究方法，如文献探讨、深度访谈法等，广泛搜集资料。论文撰写期间，除有指导教授长期指导外，并经 5 位学有专攻的口试委员严格的审查及答辩，通过后方完成一篇篇的硕博士论文，就如一颗闪烁智慧的明珠。这些智慧的结晶，帮助我们对弘一大师有更深入的了解，实功德无量。如西北民族大学高源的硕士论文《李叔同的音乐教育及音乐创作研究》中对《送别》等首歌曲的诠释及意境的叙述入木三分。

笔者等拜阅这些硕博士论文,不仅了解弘一大师生平事迹,更被弘一大师的思想及人格魅力所折服。弘一大师忧国忧民,心系百姓,在动荡社会年代,犹如一盏明灯,照亮人们的心,亦如一缕清风,给世间疾苦送来清凉。大师无论是在教学还是创作,都非常用心耕耘;无论出家前、还是出家后,都对社会有超然的贡献。大师给世人留下了非常宝贵的精神、艺术遗产,对后世的影响延绵不绝。

三、弘一大师音乐教育融入生命教育

(一) 空白课程之理念

在课程规划中,有时会配合空白课程。所谓空白课程,就是在学科课程大纲中,留下 15%—20% 的空间,由任课教师根据当地特色及学生的需要,规划课程单元,譬如地理学科介绍全国各省之自然地理、人文地理、经济地理,留下 15%—20% 的空间,介绍学校所在地的地理特色,如此学生不但对地理有整体的认知,对自己所居住的城市、乡镇,也有深入的认识,自然生出爱乡爱土情怀。笔者在大学通识课程中开授生命教育学科,也尝试规划空白课程,其效果蛮受肯定。一般而言生命教育课程内容,包括生命意义的探索、生之喜悦、防治青少年自我伤害、临终关怀及悲伤辅导等,计 3 学分,54 节(每节 50 分钟)。笔者尝试拨出 6 节课时间教授"弘一大师音乐教育融入生命教育"以了解音乐教育对学生生命教育的影响。音乐教育的范围很广,弘一大师的音乐教育颇有特色,故以弘一大师的音乐教育融入教学。在以往笔者曾经以《了凡四训》融入生命教育、以弘一大师《护生画集》融入生命教育为空白课程。

《了凡四训》乃探讨自转因果,与人为善及谦和保任等三个项目。《护生画集》乃关爱生命,重视生态平衡及珍爱大自然。此皆与生命教育相应。

(二) 课程规划

1. 教学目标

虽然只列拨六节课,但还是需要建立教学目标,目标如下:

＊了解弘一大师的生平及音乐教育理念（知识）

＊能唱弘一大师编制之歌曲 3 首以上（技能）

＊能在音乐教育熏习下，怡情养性，把握生命意义（情意）

＊天籁音乐欣赏触动内心深处（情意）

2．节数

在生命教育 54 节课程中拨出 6 节课上音乐课，虽然时数不多，但已是较大的极限，唯实际教学几乎达到 10 节课。

3．教学内容与实施

（1）小小音乐会

第一次上课，笔者让学生聆听弘一大师的歌曲，30 分钟，播放《纪念弘一大师音乐会》的 DVD，引发学生学习动机。

为了提升学习氛围，笔者采用情境教学法，将教室布置成小小的展场，讲桌前摆上弘一大师的塑像，墙上挂着大师的书法卷轴，印制古香古色的书法出版品，并将以弘一大师为主题的硕博士论文摆在桌上，让学生自由翻阅。学生直呼这是很特别的一堂课！

在此特别感谢杭州师范大学弘丰中心，每次举办纪念弘一大师国际学术研讨会，皆赠送许多有关弘一大师的纪念品：如弘一大师塑相、弘一大师书法卷轴、弘一大师墨宝线装书等，正好提供为布置小小展场之用。

（2）介绍弘一大师生平（120 分钟）

教师制作 PPT 及赏析《一轮明月》影片，观看后并进行讨论。

（3）选唱歌曲

弘一大师创作的歌曲将近 100 多首，限于时间特选唱的 6 首歌曲分别是《送别》《梦》《忆儿时》《春游》《悲秋》及《秋柳》等来教唱。其原因是：

此六首歌曲普遍受到欢迎，歌曲恬静典雅、清新流畅；歌词秀丽隽永，意境深邃。从审美格调上看，乃追求更高的境界和独特的韵味。歌曲全然没有尘世的浮躁与宣泄，更多是从容淡泊。而音乐形象生动鲜明，旋律的正大与工丽，诗歌与音乐的相融是李叔同深大的心灵、文才与乐才的高度结合，从而构成了李叔同音乐思想的最瑰丽的一抹亮色。[①]

另，在高源的硕士论文《李叔同的音乐教育及音乐创作研究》对《送别》《梦》《忆儿时》《春游》4 首歌曲有特别的说明。

（4）采用化整为零的教学法

在生命教育课程单元及时间分配中：

第一周介绍弘一大师生平，举行小小音乐会和欣赏《一轮明月》影片。

第二周在音乐教室教唱及讲解歌词大意，由笔者讲解歌词，另请任音乐老师的好友教唱。

第三周至第十七周上生命教育课程其他单元如生命意义探索、生命价值澄清、生之喜悦、临终关怀等，唯每次上课的前 10 分钟带领同学唱这 6 首歌曲或欣赏弘一大师的其他歌曲如《三宝歌》《清凉歌集》等，此乃化整为零的教学。学期结束后之检讨，发现先唱歌后上课，情绪放松后效果蛮好，学生因为多次唱诵，也能慢慢领会歌曲中的意义，起到怡情养性的效果。

第十八周学期的最后一次上课，除了把这学期上的课程作回顾与统整外，又再次观赏纪念弘一大师音乐会 DVD。学生经过一学期的熏习，再聆听音乐的感受会更深刻、更动心。笔者还准备有关纪念弘一大师的礼物赠送给这学期学习特别认真的同学。师生其乐融融，回味无穷。

（5）辅助教学

为了达到更好的效果，在教学过程中会结合相关视频，如播放《希望树》视频。该片讲述一位支教老师到云南偏远地区支教，三年时间与学生朝夕相处，建立了深厚真挚的感情，三年期满老师选择到更偏远地区支教，离别时是一个催人泪下的感人场面。此片以《送别》为背景音乐，多次响起动人的旋律，把离情依依推到了高潮。通过学生观赏及讨论，更加深对弘一大师音乐的体悟。

[①] 赵乐：《试论弘一大师李叔同的音乐精神及其对当下实践的启示》，见《光风霁月：第六届弘一大师研究国际学术会议论文集》，上海三联书店 2018 年版，第 421 页。

（6）教学评量

此单元课程属情意教学,不适合采用笔试,笔者规定二选一:一是写1000字以上的心得报告,二是唱三首弘一大师的歌曲。利用课余时间,独唱或合唱皆可,同学互相考评。出乎笔者意料之外,所有同学都交了心得报告,甚至有一两位同学写了2000到3000字,几乎每位同学都能哼唱6首歌曲,尤其在触景生情时。甚至有两位同学,利用课余时间看完《弘一大师传》。

（7）学生学习回应

此种上课方式,是新的尝试,笔者也是战战兢兢,但是看到学生的回应,非常欢喜,分享之:

　　*我觉得先唱歌后上课的方式很好,这一天,虽然课很多,但我整天都很轻松。

　　*这个课程我最大的收获是学会放松。每当紧张的时候,我就唱歌,自然就放松了。

　　*有一天,我从浴室出来,看见爸爸在门外等我,迫不及待地说"你把刚才的歌再唱一次",我愣了一下,就很有感觉地唱出"长亭外,古道边"……爸爸拉着我的手,坐在沙发上,轻缓地跟我合唱。我又愣了一下,一向严肃的爸爸,从来不知道唱歌唱得这么好!爸爸告诉我,在高中时,这是他最喜欢的一首歌,但尘封已久,听到我的歌声,打开了心扉。我和爸爸紧紧地握住彼此的手。

　　*有一天收到毕业多年的学生从国外寄来的信:"老师,您知道吗?弘一大师的歌,让我在国外意外交到好朋友,去年秋天,我和太太到黄石公园旅游,看到变黄树叶缓缓落下,我不自觉地唱出《梦》"哀游子茕茕其无依兮,在天之涯"过了一阵子,传来了和声,是英文歌词,有一位美国的帅哥越走越近,我们两个人不禁手握在一起……虽然我们的歌词是英文及中文,但相同的旋律让我们产生了共鸣,手握着手,尽在不言中……"

　　*我选修生命教育这堂课,属于通识课程,有美术系、音乐系、数学系及农学院的学生来上课,因此我们认识了不同专业的同学,发现,虽

然大家所学不同,但对生命教育都有共同迫切的需求。但是在弘一大师的音乐教育中,好像音乐系的同学特别受用⋯⋯

　　＊由于弘一大师是出家人,在他的一些歌词当中,提及到悲伤与无常,最初我们不太以为然,觉得太悲观了,但是课程讲到临终关怀单元,才觉得这是很切合实际⋯⋯

　　＊老师说"君子爱人以德",弘一大师帮助别人都是真心诚意,从根本做起。吴梦非、刘质平、丰子恺三人自筹资金创办"上海艺术专科音乐师范学校",大师主动寄来十几幅书法墨宝义卖,帮忙筹措建校费用,让人感动。

　　＊我觉得弘一大师出家对日本夫人太不负责任了,太不近人情⋯⋯［按,笔者看完这个同学的心得,约他面谈,与他作了深度的沟通,并将丰子恺曾经说过"人有三种生命"与之分享。］

　　＊在学期结束前,老师又举办了小小音乐会,播放纪念弘一大师音乐会的 DVD,经过一个学期的熏习,感受与第一次大大的不同,较能体会到大师的慈悲,也把这学期所学到的弘一大师言行举止进行了总整理,我也要以师志为心志,为社会尽一些心力。［按,在这个小小音乐会当中,笔者还准备了几份小礼物,有关弘一大师的书籍、笔记本,赠送给心得报告写得较好的同学及两位利用课余时间拜读弘一大师传的同学。］

(8) 教师教学心得

　　笔者从青少年到大学,成长过程中唱着弘一大师的歌曲,看《护生画集》的漫画,及拜读《弘一大师传》,是弘一大师的十足粉丝。在大学教书期间,趁着多次到大陆参加学术研讨会之便,特绕道虎跑瞻仰弘一大师剃度的佛堂,拜见弘一大师舍利塔,到灵隐朝拜弘一大师受戒的大殿,又到山东湛山寺参观弘一大师讲经说法处。最后到泉州凭吊弘一大师示寂的遗迹,以满足对大师的孺慕之情,也曾经断食过 17 天,去体验大师的感受。弘一大师也是笔者生死学的启蒙师。在生命教育教学中,总希望为弘扬大师的心志尽点心力。在开此课程前,特别又把弘一大师的音乐教育、核心精神用心去体会及感受,希望能让学生受益。

　　此次,弘一大师音乐教育融入生命教育的教学,笔者无限感念。深深地发现在教育工作中,只要用心、只要投入、不信春风唤不回,学生的可塑性是很大的,要用心引领,学生都可以成凤、成龙、成为社会有用之才!

(9)建议

笔者等将弘一大师音乐教育融入生命教育,有所心得,兹提供建议如下:

A. 此次空白课程的运用,将弘一大师的音乐教育融入生命教育中,乃是试行,发现成效不错,建议在其他课程亦可融入弘一大师音乐教育,如语文、社会、班级活动等,都可考虑融入弘一大师音乐教育的空白课程或亦可融入弘一大师美术教育等,以收人文熏习之功效。

B. 设立奖学金,鼓励研究生做弘一大师相关主题之硕博士论文。

C. 在中小学课程上,语文、音乐、美术等教材可考量加入弘一大师的歌曲与文章。

D. 在各地区多举行有关弘一大师歌曲之比赛或演唱会,让正音广泛流传。

四、结语

在19世纪末20世纪初,由满清末期进入民国,百废待兴,教育制度由师塾进入学校教育,全国国民都要接受小学义务教育,音乐教育由传统音乐走入中国新音乐,弘一大师是这个转型期的关键人物,为音乐教育建立核心价值、培育师资、撰写教材、开展一系列的教学活动,言教身教,经师人师。大师创作的歌曲,深受大家喜爱,他是一位优秀的音乐教育家,主编出版了中国第一本音乐期刊《音乐小杂志》。他也是国内第一位用五线谱作曲的音乐家,也是最早推广钢琴伴奏及和声演唱的先驱,是将西方乐理传入中国的第一人,也是学堂乐歌最早推动者之一,更是佛教音乐开创者。这种种的种种,奠下推动中国新音乐坚固的基石,开启了灿烂的未来。

最后谨以音乐家许常惠先生在《中国新音乐史话》所称叹大师的话作为结语:

在近代中国音乐史上,李叔同可以算是最早的人物。也是最先接受西洋音乐的中国人是以五线谱作曲的先驱者,在当时中国一是开天辟地的人物。结合他在中国近代艺术方面的多方贡献,无可讳言,李叔同无疑是中国近代艺术的先驱者、开拓者、播种者—"中国近代艺术之父"。①

(作者:纪洁芳,彰化师范大学教授[退休],生命教育提倡者;郑璇宜,正修科大兼任讲师,生命教育计划特约助理;李惠娟,二级心理咨询师,生命教育种子教师)

① 许常惠:《中国新音乐史话》,台北百科文化事业公司 1982 年版,第 92 页。

雪泥鸿爪认前因

——《李叔同先生印存》初考

何连海

李叔同(1880—1942)的篆刻艺术,无论是着眼于印学活动时间段,还是着眼于印章风格,均可依披剃前后为界限:披剃前,印章创作和印学活动较为活跃,影响力渐显;披剃后,所作虽少,但风格与境界经历了蜕变,有了质的飞跃,于印坛独树一帜。而披剃前的创作,还可以1898年秋奉母南迁至上海为界,将之前的天津时期称为早期;迁至上海、杭州一直到在大慈山披剃前(即1899—1917年)视为中期(包含此期的短暂留日或居津);披剃后则为后期。然而,以往学者对李叔同书法文献资料的发掘整理较为深入,相关研究成果迭出,而对于篆刻则相对薄弱。特别是对李叔同早年篆刻取法范围和路径研究不多,就其作品数量、印谱所见诸印的来源深究不够,故存在他人刻印归于李叔同名下、印章分期不准确的现象,并以此得出不可靠或推测性结论。

2018年,为纪念弘一大师披剃一百周年,朝华出版社以宣纸影印出版了一册《丰子恺藏李叔同印谱》。溯其母本,则是宋雪君先生收藏的《李叔同先生印存》(以下简称《印存》)。该印存传藏路径明晰,所录印章大多可与其它文献相印证,是目前研究李叔同早期印学活动最为详实可靠的基础文献材料。本文拟结合相关文献,对原印存的传藏、印蜕的来源、李叔同早期印学师资等问题予以探讨,望方家垂教。

一、《印存》传藏寻踪:以徐广中①为中心

传世署以"李叔同先生印存"名者,目下可见计有三册:天津博物馆和四

---

① 徐广中,名二庸、拓,号景弘,李叔同家账房先生徐耀廷文孙。因父早逝,受到祖父徐耀廷的影响和熏陶较大,雅好艺术。徐耀廷生前保存有三、四十件李叔同书法篆刻作品,悉数传予徐广中。曾参加"绿莫画会"学习书画。

宁草堂各有一册，为龚望①（1914—2001）以其别号无竞署签，与同藏于四宁草堂的另两册未署签印谱本为一卷四册（以下简称四册本），共粘贴印拓555枚。根据李叔同《李庐印谱·序》中"爰取所藏名刻，略加排辑，复以手作，置诸后编，颜曰李庐印谱"②句，四册本体例、排辑与之基本一致，只是缺失"复以手作"部分。其中名章部分涉及受印人众多，经检索，笔者发现其中多人为李叔同出生前即已去世，故这些印章不可能为李叔同所作，应是收集而来。另一册为徐广中（1917—1992）署签，现为丰子恺（1898—1975）外孙宋雪君先生收藏（图1）。

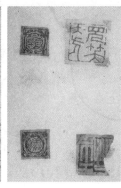

图1 《李叔同先生印存》书影

据宋雪君先生介绍，该《印存》为徐耀廷（1857—1946）旧藏，后传给其孙徐广中。文革前徐广中寄赠丰子恺，丰子恺遗予其女丰宛音，现由丰宛音之子宋雪君先生收藏。③ 然经查阅相关文献，笔者发现其事实经过颇有出入。丰子恺在给徐广中的一封回信中曾提及《印存》一事，因该信涉及下文论述，故移录全文如下：

---

① 龚望，字作家，迂公，号沙曲散人，天津市人。学识渊博，于经史、金石、诗词、训诂多有研究，嗜文物，精鉴赏。擅长书法，诸体皆能，尤精于隶书。生前为中国书法家协会会员、天津市文史研究馆特邀馆员。
② 李叔同：《李庐印谱·序》，见《浙江省立第一师范学校校友会志》1911年第6期，第35—36页。
③ 宋雪君：《丰子恺藏李叔同印谱之今世前缘》，见李莉娟、宋雪君主编，张金声整理《丰子恺藏李叔同印谱》，朝华出版社2018年版，第15页。

广中同志:

二信及纪念物,皆收到。纪念物我都看过,今全部另封挂号寄回(存局待领),请去局领取可也。我私人不欲收藏,自己所有文物皆捐赠博物馆。况此物乃令祖遗念,应由你家保存或由你送公家保存,最妥。《书画公会报》乃六十年前物,今日难得,我已替你补好,请收藏。西泠印社石壁中藏印,日寇并未盗去,前年已由杭州文化局开发,得印九十二枚,但皆非李叔同先生自刻,乃彼所用也。你集的一册,虽是少作,却是亲笔。闻杭州西泠印社拟刊印《李叔同印谱》(传闻未确)你可将此册寄去(寄"杭州葛岭西泠印社"),问他们要不要收入(我事忙,不能代洽,请直接联系)。匆复,致。

题注:此信由天津徐广中居士提供。徐广中是李叔同家原来的账房先生徐耀庭之孙,信末署名处在"文革"中被裁去,故缺结尾,按内容考核,约写于1965至1966年间,从上海寄发。

注:其中二枚是李叔同自刻。①

王勇则先生指出:"1965年春,徐广中相继给丰子恺写去两封信。一是寄上李叔同印谱一册,请予甄别后妥处;二是将五件散杂的相关墨迹、剪报装裱成横幅寄上,请丰子恺代为收藏。"②此说应是根据信首"二信"之说及信中所述二事推断得来。"1965年前,南方丰子恺先生曾呼吁社会,要很好保存弘一法师的有关文物和对其业绩的研究工作。"③基于这样的感召,徐广中积极响应,主动将李叔同早期相关文物寄赠丰子恺。丰子恺信中所指两次收到的"文物",一件是该《印存》,另一件则是指徐广中将李叔同早年所作"八破图"、明帖和便函、1896年为际平先生祝寿帖,以及津人张一璞抄李叔同《大初梦诗》一首和刊有李叔同早年划船照片的剪报,合而装裱成一横幅,

---

① 陈星总主编,杨子耘、杨朝婴分卷主编:《丰子恺全集·书信日记》第20卷,海豚出版社2016年版,第213页。按,标点略有调整。
② 王勇则:《徐广中与丰子恺的一次特殊交往》,载《中山风雨》2003年第5期,第45—46页。
③ 徐广中:《我收藏的李叔同早年的几件文物》,载天津市政协文史资料研究会、天津市宗教志编委员会编《李叔同—弘一法师》,天津古籍出版社1988年版,第315页。

并请金钺①(1892—1972)题辞。丰子恺收到后,又将一张 1900 年刊有《天涯五友图》的上海《书画公会报》②剪报加以补充合为"六璧"并加以题记寄还徐广中,题记落款时间为"乙巳暮春"。徐广中在《我收藏的李叔同早年的几件文物》一文中载有这件作品的下落:

> 以上几件李叔同真迹,我在 1965 年曾装裱在一起,装裱边幅有丰子恺和金钺两位先生的题跋。丰题"弘一大师早岁遗墨,天津徐广中君所藏,虽残篇断简,亦弥足珍惜也。乙巳暮春丰子恺拜观后题"。整个裱件和一张字幅我已璧还给李端先生,愿他们能当作纪念品,永保长存。③

可见,这件作品徐广中收到后又转送给了李叔同的次子李端(1904—1991)④。那么,依据信中"纪念物我都看过,今全部另封挂号寄回"与"你可将此册寄去"之说,《印存》也应已寄还给徐广中。令人费解的是,既然寄回,为什么此《印存》至今仍藏于丰家呢?对此,学界始终难明其究。近见陈星先生披露现藏丰家的李叔同之侄李麟玉⑤(1889—1975)致丰子恺函(图 2),亦涉及该《印存》,才逐步明晰此事来龙去脉,其信曰:

> 子恺世谊同志:
> 世交徐广中交来世令祖耀庭先生所藏弘一师印存一册,拟献给中央美协,日后如有机缘付印,尤师心愿云云。弟于此道是门外汉,且与

---

① 金钺(1892—1972)字浚宣,号屏庐,天津人,监生出身,清末曾任民政部员外郎。辛亥革命后耻为袁世凯政权服务,赋闲家居,以读书自娱,津门近代著名藏书、刻书家。
② 1900 年 4 月,李叔同会同友人组织"海上书画公会",并每周出刊《书画公会报》,由《中外日报》社随报发行。李叔同作为书画报的主编,也曾在报上刊登过自己的书画润例。
③ 徐广中:《我收藏的李叔同早年的几件文物》,见天津市政协文史资料研究会、天津市宗教志编委员会编《李叔同—弘一法师》,天津古籍出版社 1988 年版,第 317 页。
④ 李端(1902—1991)字正夫、直卿,自号啸同。李叔同次子。
⑤ 李麟玉(1889—1975),字圣章,中国著名学者、教授。天津人。李叔同二哥李桐冈长子。南开中学第一届毕业生。1908 年南开中学毕业后考入京师大学堂(北京大学前身),1910 年赴法国学习,1915 年毕业于法国杜陆芝化学院,获化学工程师文凭。1917 年获法国巴黎大学应用化学毕业证书,1920 年获得高级梨花研究文凭。后在巴黎大学研究复体化学(络合物化学)。曾任华法教育会秘书。1921 年获巴黎大学理学硕士学位,同年回国。曾出资影印李叔同墨迹。

中央美协毫无联系。无已,惟有恳求吾兄分神鼎力协助,一切统由吾兄
酌定办理,广中与弟均感谢不尽也。

　　专此顺(祝?)夏安。/弟李麟玉/1965.6.9

　　外:李叔同先生印存一册

　　信中所言"弘一师印存一册"与信尾"李叔同先生印存一册"是指同一册
印存,且"李叔同先生印存"名称也较为明确。虽未见徐广中初致丰子恺信
札,个中起因等细节尚有不甚明晰处,然从递藏时序上则较为契合。

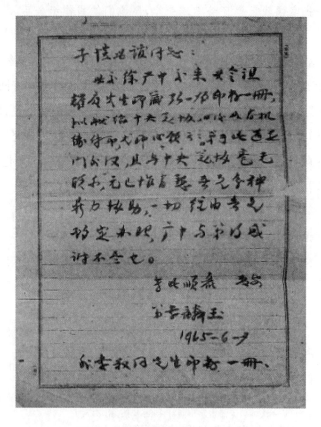

图2　李麟玉致丰子恺函(复印件)

　　根据以上两封信札,我们可以梳理出该《印存》传藏的大致脉络:约
1964年秋至1965年春间,徐广中将《印存》寄赠丰子恺,不久,丰子恺即寄

还。随后,徐广中又将此《印存》交给李麟玉,请其转赠给"中央美协"(应为中国美协)①,希望择时出版。因李麟玉与"中央美协"没有来往,故李于1965年6月9日致信给丰子恺,请丰子恺"酌情办理",从而使此《印存》复又转回到丰子恺处,此距丰子恺将该《印存》寄还给徐广中两三个月后。由于丰子恺未有合适时机转交,荏苒"文革"爆发,使该印存之事搁置。由此可见,徐广中为这册《印存》有一个好的归宿,可谓殚精竭虑。据了解,在"文革"初期,丰子恺将家中重要物品分藏于子女处,此举令一些文物资料免遭浩劫。该《印存》即藏于丰子恺次女丰宛音处,因得以幸存。丰宛音临终前将之传给其子,也就是丰子恺的外孙宋雪君。

为区别于同名四册本,宣纸影印版的《印存》以《丰子恺藏李叔同印谱》名。展读该谱,我们极易发现有些印蜕残损严重的现象。笔者曾一度误以为此册印蜕相对于其他文献在时序上钤拓较晚,是由原石在使用过程中遭遇损伤造成。后经仔细观察,发现有的印蜕的大面积断面又不似自然残损。故要释疑,非亲睹原谱不可。己亥岁末,得宋雪君先生慨允,笔者对原谱进行了考察。

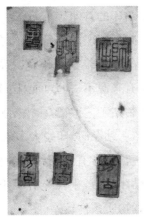

图3 《印存》内页书影

① 此处中央美协应为中国美协,全称为中华全国美术工作者协会(简称全国美协),1949年7月21日在北京中山公园来今雨轩宣布成立,徐悲鸿当选为第一任主席,江丰、叶浅予为副主席,蔡若虹、刘开渠、吴作人、李桦、古元、王朝闻、倪贻德、力群、朱丹、野夫为常委,全国委员41人,修补委员10人。

二、《印存》形制与编排概况

　　《印存》为一册,线装素面宣纸本粘贴印蜕,尺寸 20.7×13cm,封面有徐广中甲辰(1964)秋以隶书署签,款印"徐拓"。内计 48 页,收有印蜕 193 枚,无序跋。印谱单页贴外边下角以铅笔标明页码,封面背面竖写"共四十八页,每页上括弧内的数字表示图章数目",横写"共 191 个印"(此处有误,应为193 枚),俱以铅笔书写,何人所为,不得而知。除此以外,内页部分还有以下特征:

　　首先,在编排次序上,印存内页 1—6 页多为李叔同自用印,7—14 页为他人名号、轩斋印,15—48 页中除 42—44 页为临古玺印外,余则皆为闲文雅句。其中有"四鸣""天保九如""潇湘八景"和"吉语印"等组印均依序粘贴。由此可见《印存》在粘贴前是按内容略加排辑的。然而,《印存》排辑也有不够严谨的一面,如:第 12 页的"叔彤长寿"印未置于自用印段落;第 11 页"沧筹居士"与第 12 页"沧筹居士珍赏"印分置两页;第 46 页"天保九如"印未置于 38—39 页组印的首印等。

　　其次,钤印所用印泥质量不一,有的走油现象严重;印蜕钤盖纸质不一,有的印蜕呈深褐色,较其他印蜕明显时间较久等。这些特征有时间先后的因素,同时也有来源不一的可能(图 3)。

　　再次,从粘贴工艺审视,印蜕粘贴于成品宣纸本上,剪裁较为粗糙,有的留边极不规整。粘贴时,印蜕大多未能排列整齐有序,显得参差不齐。单体印蜕多有歪、斜现象;有些印蜕有缺角、缺边、撕裂现象,边缘残损严重。所用浆糊在粘贴印蜕后,未及充分晾干即合上,致使印蜕污损。凡此,皆反映出印蜕收藏者物质条件较差(图 3)。

　　较之原印存,《丰子恺藏李叔同印谱》存在非原貌复制、因技术处理而致使细节丢失等现象,如:封面署签及背页数据未能显示;内页印蜕经过抠图去底色处理,原有的印蜕状态无法还原,致使一些本为残损的印蜕误以为是本来面目;原页编排情况打乱,有些印章尺寸未依原大,有收、放现象,极易产生误判等(表 1)。

表 1 《李叔同先生印存》部分残损印蜕与印刷修图对比表

印存原图	印刷修图	印存原图	印刷修图

续　表

印存原图	印刷修图	印存原图	印刷修图

　　丰子恺对这册《印存》为李叔同早年所作是持肯定态度的,称"虽是少作,却是亲笔"。有关《印存》的来源,前文所载两封信中表述却不尽相同,丰子恺所说"你集的一册"是基于之前徐广中的来信而言,虽然我们目前还未能知悉来信的具体内容,然信中对于该印存的来龙去脉应该是有所表述的。而李麟玉所言"世交徐广中交来世令祖耀庭先生所藏弘一师印存一册"显然未得徐广中细述。到底是徐广中"集",还是徐耀廷"藏",关乎该《印存》中印蜕的来源和具体整理制作者为谁。

三、徐耀廷与印蜕来源问题

　　自上世纪 60 年代以来,散落于文博机构和私人收藏的李叔同早期书画墨迹、信封信札、印稿印谱等逐渐公诸于世,已成为学界研究李叔同早期艺术活动的重要文献资料。溯其根源,多出自徐耀廷旧藏。

关于徐耀廷,李载道①(1931—2012)有专文介绍,兹择其要而录之于下:

> 徐耀廷(1857—1946),名恩煜,字耀廷,又字药庭、月亭,祖籍直隶
> (今河北省)盐山县,世居天津。……出生于天津市现在的河北区粮店
> 街东侧……徐耀廷大排行五。继承家学,受其长兄子明的熏陶影响,平
> 生以研习书画和篆刻为乐事,在当时有一定影响,乡里称他为"徐五
> 爷"。徐耀廷是李家的近邻,与李叔同父亲李筱楼相识,曾任李家账房
> 先生,兼任李筱楼经营的桐兴茂钱铺会计,还先后在天津钱业公会和北
> 洋油厂等处任过职。据徐耀廷的后裔讲,徐耀廷从十几岁就到李家做
> 事,为李家效劳了大半生……②

据载,李叔同于光绪六年(1880)旧历九月二十日(公历10月23日)出生
于"天津河东地藏前"③(即天津三岔河口东粮店后街地藏庵前陆家竖胡同二
号)附近的一座三合院内,确与徐家为近邻。徐耀廷本人乐善好施,为人正
直,颇受李叔同倚重。另陆辛农④(1887—1974)"月亭先生摹瘗鹤铭真迹"跋
有载:

> 月公徐姓,讳恩煜,晚号友如,为名画家子明先生介弟。世居津郡,
> 尤工影墨。偶作书画雅趣横生,今郁得见其真笔,诚幸事也。⑤

可见,徐耀廷精通书画金石,有家族渊源。2017年,广东小雅斋春季艺
术品拍卖会出现徐耀廷一件古玩颖拓长卷(图4),为徐耀廷85岁时所作。

---

① 李载道(1931—2012),中共天津市河北区委原书记,天津市李叔同——弘一大师研究会会长。
② 李载道:《徐耀廷与弘一大师之因缘》,见《弘一大师有关人物论文集》,弘一大师纪念学会1998年
版,第2—3页。
③ 林子青:《弘一大师年谱》,上海佛学书局1995年版,第7页。
④ 陆文郁(1887—1974),字辛农,晚号老辛、火药先生。祖籍浙江绍兴,世居天津。著名画家兼植物
学家。14岁师从画家张兆祥,习画花卉,兼学山水、人物,对翎毛、草虫也很擅长。曾为天津最早
的画报——《醒俗画报》(1907创刊)主编。1923年和1929年,先后组办了蓬庐画社和城西画会。
新中国成立之后,被聘为天津文史馆馆员。著有《天津书画家小记》等。
⑤ 李载道:《徐耀廷与弘一大师之因缘》,见《弘一大师有关人物论文集》,弘一大师纪念学会1998年
版,第212页图2。

这件长卷上的五件古彝器、两件瓷器、钤盖的 12 方印章，①以及古朴雅致的气息，不仅印证了徐耀廷耽乐金石古玩的说法，也为我们一窥徐耀廷晚年书法及绘画功力提供了资料。用以标注器物信息和题款用的隶书和楷书法度谨严，虽无明显的个性色彩，但颇显底蕴。徐耀廷用绘画方法，再现彝器和瓷器上的纹饰和铭文，初看为普通拓片，实为构图、色彩、虚实颇为讲究的一幅绘画。因他长于书画金石，故地方上多有请托，早期书信中，就有"烦画宣册二片"②之请，李叔同也在 1899 年夏奉徐耀廷之命而作的《隶书〈曹全碑〉二屏条》款识中，称其为"耀亭老哥仁大人书画家"，③或是"大画伯"。

图 4　徐耀廷，古玩颖拓及局部，1941 年，15×84cm，

水墨纸本，广东小雅斋 2017 年春季拍品，小雅斋供图。

---

① 有：美人兮天一方（朱）、知不足（白）、毫落纸如云烟（朱）、故纸堆（白）、吉金乐石（白）、津沽鱼隐（朱）、丁巳生（朱）、不受促迫（白）、友如（朱）、耀廷（白）。

② 陈飞鹏整理：《弘一法师书信全集》，文物出版社 2017 年版，第 3 页。此事另有请托人稍晚的附信为证，信曰："前随李叔同信寄上信一件，谅必早登台阁。至今已数日，未知阁下将前烦之宣纸画就否？如画就，祈随信寄下为祷；如未画，务祈速速画来为妙。不情之举，望阁下原佑是要。专此俙恳，敬请耀庭五先生大人旅安。思弟顿。"该信当为一八九六年六月十八日转交，此日李叔同在信中言"并有笺墨仿致函一件，并呈清览"，"笺墨仿"又见于前一信（一八九六年六月初九日）信封，为"笺墨仿拜示"，则"思弟"虽不知为何人，但应与"笺墨仿"有关。

③ 沈岩、戢范主编：《华枝春满：李叔同书法、信札集》，河北美术出版社 2013 年版，第 181 页图版。

　　徐耀廷年长李叔同 23 岁,李叔同常见询其艺事。现藏于天津博物馆的李叔同早期致徐耀廷信札计有 16 通,时间大约在光绪二十二(1896)年农历五月十五日至八月十八日间。其中 10 通信札多涉寄呈印稿和印章以及请代购印章及用具等事宜,兹检信中较详尽者附录之:

　　1. ……经柴少文送弟鸡心红图章一个,有此样大小(此是图章样子)。刻"饮虹楼"三字。惜是灰地,而亦属不错……弟昨又刻图章数块,外纸一片上印着,谨呈台阅,祈指正是盼。再有弟近日镌得篆书、隶书仿二篇,并呈台阅,亦祈指正是盼……外仿二张,图章纸一张并呈。(农历五月十五日)

　　2. ……弟昨另镌图章数枚,印一纸上,谨呈台阅,并希指谬。(农历六月初九日)

　　3. ……敬启者,昨随津号信寄上信一函,内有篆隶仿二张,图章条一张。(农历六月十八日)

　　4. ……并有弟所镌石章数块,呈上祈晒正,幸幸。(农历七月初二日)

　　5. ……弟因好图章,刻下现存图章壹百块上下。务祈阁下在东口,有图章即买数十块。如无有,俟回津时,路过京都,祈买来亦可。愈多愈好。并祈在京都买铁笔数枝。并有好篆隶帖,亦祈捎来数十部。价昂无碍,千万别忘!……并有弟所镌章数[块]并呈。(农历七月十五日)[①]

　　6. ……弟昨又刻图章数块,奉上祈晒政,为幸……再前托买图章并铁笔二事,千万别忘。又及。(农历七月二十一日)

　　7. ……再,昨弟又刻图章数块,印在纸上,祈晒正是幸。(农历七月二十八日)

　　8. ……如来时路过都门,千万与弟捎铁笔数枝、古帖数部、图章数块。要紧要紧,别忘别忘,非此不可……弟昨又镌图章数块,印在纸

---

① 龚绶、车永仁编:《弘一大师李叔同篆刻集》卷一,天津人民美术出版社 2009 年版,第 38—41 页。陈飞鹏整理《弘一法师书信全集》缺"弟因好图章……务祈"等数字,今据《弘一大师李叔同篆刻集》卷一补录。

上，呈览，祈晒政为要……再祈捎鼠牙刀一枝。又及。（农历八月初五日）

9. ……弟兹又镌图章数块，奉上。祈嘉仲诸友用晒正为要。（农历八月十八日）

10. ……兹有弟近日所刻图章数块，祈晒政为盼。（月份、日期待考）①

这些信是李叔同早期学印情况的实证。信中的"指谬""晒正"等语，显示了李叔同以师相待的态度。这些材料反映了李叔同 17 岁时书法、篆刻学习和创作的实况。从字里行间不难读出：徐耀廷擅长治印，且在李叔同早期学习印章过程中从物质上提供了保障，从艺术上也给予了"指正"，算是李叔同的启蒙老师，谊在师友间。这部分信件所涉印蜕和镌刻好的印章，粗略估计已有数十枚之多。是否可以推断：加上其他历年所集，徐耀廷处应收有为数不少的李叔同早期印章的印蜕，而《印存》中所集主体部分应多出自其间。

另，1899 年秋李叔同从上海致信徐耀廷，其中有这样一段话：

> ……印谱之事，工程繁琐，今年想又不能凑成矣。然至迟约在明春，当定出书。至于盖印图章一事，尤须寄津求执事代办，缘沪地实无其人……②

这段话所述应为两件事：一件为"印谱之事"因"工程繁琐"而"又不能凑成"。据庚子嘉平月（1900 年 2 月）李叔同在上海城南草堂作《李庐印谱·序》③推测，所述"印谱之事"应为《李庐印谱》。"工程繁琐"显示了该谱的体量。"凑成"有聚集到一起之意，即从其他方面将印拓搜集后整合成印谱。

---

① 陈飞鹏整理：《弘一法师书信全集》，文物出版社 2017 年版，第 2—9 页。

② 陈飞鹏整理：《弘一法师书信全集》，文物出版社 2017 年版，第 11 页。

③ 庚子嘉平月（1900.2）李叔同在上海城南草堂作了《李庐印谱·序》。1911 年首先铅印发表在《浙江省立第一师范学校校友会志》第 6 期上。1912 年 6 月 4 日由太平洋报社随报奉送的《文美》第三页上又刊登了手写版。

第二件是"至于盖印图章一事"，从由于"沪地实无其人"而"须寄津求执事代办"的状态看，应是将原印从上海寄到天津"求"徐耀廷"代办"，以"执事"敬称。就编排体例来看，《李庐印谱》为一本集刻，由两部分组成：前一部分为"所藏名刻"，乃是收集珍藏的名家所刻或名人所用印章之印蜕；后一部分为"手作"，即自刻印章之印蜕。该印谱原计划 1899 年完成，然"工程繁琐"，故"今年想又不能凑成矣"，只能预估"至迟约在明春，当定出书。"可见，1899 年给徐耀廷写信之际，《李庐印谱》的母本或已基本成型。因"所藏名刻"涉及人多面广，且多为蒐集时人自用印，不可能用原印统一钤拓，只能是将印拓粘贴成谱，然后印制。在此收集过程中，也有遗珠未采的可能，如《印存》中张昌言、朱锦、何维升等人用印，其风格多样，刻制精美，断非李叔同早期可能为也。

徐耀廷去世后，将平生所藏遗予其孙徐广中，其中绝大部分是李叔同的物品。关于此事，徐广中曾言及："我祖父生前保存有很多李叔同给他的信、写的字和刻的图章，传到我手中的约有二、三十件。"[①]这些遗物现大多收藏在天津博物馆、大悲院和四宁草堂等处。

四、钤用踪迹及印蜕搜集时间

另外，李叔同早期印迹尚有私人收藏的印稿散页、民国时期的报刊登载、早期书画作品钤印以及各类全集中选刊等。在这些文献中，有些印蜕见于《印存》，可为互证，也为确定这批印章刻制的大致年代提供了依据。如：前述天津博物馆收藏的 1896 年致徐耀廷 16 封信札，部分存有信封，有的信封上还钤有印章，其中有 7 封 12 枚（其中 5 枚重复）可见于《印存》。（表 2）由是可知，这 7 枚印章的使用时间应在 1896 年或以前。同样，《印存》中部分印蜕的搜集时间至少不晚于 1896 年。

---

① 徐广中：《我收藏的李叔同早年的几件文物》，见天津市政协文史资料研究委员会、天津市宗教志编纂委员会《李叔同——弘一法师》，天津古籍出版社 1988 年版，第 315 页。

表 2 　1896 年致徐耀廷信札信封上钤印与《印存》对应图例

信封全图	所钤印拓	对应印拓
 1896 年农历四月（清和月）		李叔桐印 一片冰心 秋潭氏
 1896 年农历五月十五日		叔桐 此印见于《意园印谱》 李叔桐印
 1896 年农历六月十八日 （第七号）		吉祥 李 李三

续　表

信封全图	所钤印拓	对应印拓
1896 年农历七月初二日		吉祥
1896 年农历七月初六日 （第十八号）		大吉祥 吉祥 李三
1896 年农历七月二十一日 （第十一号）		李

信封全图	所钤印拓	对应印拓
 1896 年农历七月二十八日 （第十二号）		 吉利

除此以外，李叔同早期印章文献中可对应于《印存》者约略还有：

1. 1896 年致徐耀廷信函中夹寄的一页 5 枚印稿附样。其中隶书"李"和"叻吟生"印均录于《印存》。只是此时"叻吟生"印边栏尚未破残。

2. 民国时期天津《语美画刊》中与李叔同早期治印相关栏目所刊印章 19 枚。其中 11 枚与《印存》同。[①]

3. 天津大悲院藏李叔同早年印蜕。原为徐耀廷旧藏，徐广中赠予华非，后华非转赠天津大悲禅院收藏。共计印拓 25 枚。其中有 22 枚与《印存》同。

4. 《弘一法师全集》收录的"放胆"印。

5. 1899 年《唐静岩司马真迹》与《汉甘林瓦研》扉页等处所钤"叔桐过眼"印。

6. 四册本《李叔同先生印存》录同文印 16 枚。

7. 苏州图书馆藏《徐星周等刻李叔同印集》。1912 年李叔同自辑，为汪克埌[②]旧藏，印谱为单册残卷，内页仅存 9 页，每页均有李叔同标注印章作者姓名，其中，李澂浠页有隶书"李"印，同录于《印存》。

8. 早期书画作品钤印：（1）据载，天津大悲院于 1956 年建"弘一法师纪

---

① 《语美画刊》1936 年 9 月 9 日创刊于天津，为周刊，每期 8 页。除 1937 年春节停出一期外，计出版了 45 期。翌年 7 月 21 日即停刊。与李叔同相关印章专栏共有十一期，刊有印章计 19 枚。

② 汪克埌，字龠六，晚清著名书法家、金石学家，苏州吴县人。工书画、篆刻，尤精六法、金石古画鉴定，擅题跋。

念室"，陈列有李叔同 1896 年为謇斋老人所书集石鼓文"中道而立；好古以求"联，下署：燕南李叔同于丙申之冬，钤"叔桐篆隶"、"文涛长寿"二印。惜原作于"文革"时与其他陈列品一起惨遭洗劫。[①] 其中"叔桐篆隶"见于《印存》；(2)己亥(1899)赠徐耀廷隶书节临杨见山曹全碑两条屏中钤印四枚。此作虽为写于上海，然所钤"宜子孙"、"以雷鸣夏"、"巧工司马"、"叔桐篆隶"四印均见于《印存》；(3)1912 年李叔同为许幻园书各体字款印，"李文涛印""老少年""驸马都尉"，其中除"老少年"外，余二印可见于《印存》；[②](4)为杨白民书"与人乐乐"，署款"哀公"，款印为隶书"李"。[③]

以上所录均较为零散，使用最早的是 1896 年，较晚的为 1912 年。

除《印存》外，新近发现最为重要的李叔同早期印章汇集成谱的还有松荫轩所藏的《意园印谱》(图 5)。

图 5 《意园印谱》书影

2019 年北京"泰和嘉成"拍卖了一批陈左高[④](1924—2011)藏印谱，其中有一册《意园印谱》，所收印章可为多种李叔同早期印章文献印证。

---

① 许杏林：《天津大悲院和弘一法师纪念馆》载《天津文史》李叔同研究专辑 1999 年 10 月第 22 期第 81 页。

② 《民众文学》1927 年第 16 卷第 9 期，第 2 页。

③ 陈星：《游艺——杨白民、城东女学及李叔同》，上海三联书店 2013 年版，附图 3。

④ 陈左高，浙江平湖人，国立复旦大学中文系毕业，曾执教复旦大学、新中国法商学院、华东师范大学古籍研究所等。主要研究唐、宋、明、清散文、中国教育史，尤其致力于古代日记研究。其兄为著名篆刻家陈巨来(1904—1984)，陈左高在其兄浸淫指点下，对印章收藏也颇有见解。著有《文苑人物丛谈》等。

　　《意园印谱》为线装钤拓本,一册,58 页,宣纸筒页内衬白绵连纸,墨栏上口带有篆书"意园"①字样。封面行楷题"意园印谱",未署名,经比对为陈巨高手笔。共计印拓 144 枚,重复印拓 7 枚。该谱虽无序跋,然谱纸一致,印色统一,前 34 页印章钤盖整齐,印文排辑也较为有序。从缺文留空待后补等现象可知,此部分是为制作成谱做准备。加之与《印存》和其他文献的重合度较高,不排除该谱为《李庐印谱》"附以手作"部分的可能。后 14 页,相对前一部分,除两页李叔同自用名号印及最后一页两枚行草书印章钤盖、排辑整饬外,余皆略显草率,与其他文献重复率也较低。从部分印章明显橅自明清印谱、且刻制稚嫩的现象来看,这部分印章应为李叔同学印初期的习作,殊为难得。而自 46 页至尾页,在排辑上显得凌乱,两页名号印又突兀地分置于55、57 页,个中原因尚不明晰。

　　众所周知,原钤印谱的首要条件是易于接触到印章原石,这样才能使用便捷。而符合此条件者或为作者本人,或为收藏者,抑或是委托制谱者。《意园印谱》较之《印存》,制作益加精良、排辑更为有序。值得关注的是,谱中有些印章右上角有画圈做标记现象,颜色深浅不一:有的为空圈,有的为圈中有点;有的画一个圈,有的两到三个圈。这些圆圈似为批阅时所注标记,圈之多寡显示肯定程度。据此,笔者推测,此册极有可能是李叔同自己留存,或为请益之用,或为遴选《李庐印谱》"附以手作"部分。

　　经比对,《意园印谱》与《印存》有 98 枚印章共见,成为辨识李叔同早期印章最有力的互证材料。

五、结论

　　综合各种因素,我们得出初步的结论:

　　《李叔同先生印存》为粘贴本,印泥与拓纸色泽、质地不同,时间上有一定的跨度,应为零星搜集,其来源不确定因素较多。印蜕为徐耀廷所集藏的李叔同早年印作,其中既有李叔同早年向徐耀廷请益的印蜕,也有为编辑

---

① 李叔同曾将"意园"作为斋号,印制了印谱纸,墨栏上端有小篆"意园"二字。除该谱外,目前标有"意园"的相同印谱纸集印成谱者,尚有集王恩重刻《意园》印谱以及张葆石藏《意园》印册。

《李庐印谱》而搜集的印蜕，甚至可能还有徐耀廷自己的作品。然通过与各种文献比对，可以肯定，大部分为李叔同早期印作。

徐耀廷的职业特性（账房先生），艺术的素养，乃至对印文的熟稔程度，都显示出《印存》非徐耀廷制作。而其遗物的继承者徐广中，无论对印章的修养，还是当时社会背景以及个人的生活境遇都与之相符，故整本《印存》的整理、剪裁、粘贴到最终的署签，均是徐广中完成的，时间应在 1964 年秋。成谱后，该《印存》经历徐广中寄赠丰子恺、丰子恺婉拒并寄回、徐广中旋又托请李麟玉转赠"中央美协"、李麟玉又转请丰子恺代办，最终因时局动荡而藏于丰家的曲折过程。

《意园印谱》为原印钤拓本，成谱的前提是原印相对易于聚集。也就是说，至少在制谱时，谱中原印应在拓印人处。原谱印色统一，排辑较为有序，制作较为从容等都证实了这一点。但也并不能依此就断定该谱所录尽皆李叔同所作。目前所知，如"文涛长寿"与《印存》中的隶书"李"，明确可知治印者为"李澄浠"。① 故二谱中是否还有他人所作，因没有对应文献，目前尚不得而知。

这两本印谱，是我们考察李叔同早期篆刻取法与风格的重要文献，笔者据二谱及其他文献，制成《李叔同早期印章辑录对照表》，并有专文予以讨论，限于篇幅，此处不赘。

（作者：一级美术师、西泠印社社员、艺术学博士）

---

① 《徐星周等刻李叔同印集》一册，苏州图书馆藏。汪克埛旧藏印谱残卷，封面素面蓝纸，28.5X19.8 厘米。扉页右侧题有"壬子相月李叔同先生赠龠六藏本"，旁钤朱文"克埛之印"和白文"汪氏龠六"印。左边口有"第三卷"字样。内页仅存 9 页，每页均有李叔同标注印章作者姓名，依次录有：李澄浠、滨村藏六、于啸仙、徐新周、陈师曾等，共计印拓 17 枚。其中 10 枚为西泠印社"印藏"原印。苏州图书馆拟名《徐星周等刻李叔同印集》。壬子即 1912 年，李叔同从日本回国第二年。据汪克埛题记可知，此册为李叔同所赠，加之每纸边栏下端，或左或右均有李叔同自署原刻者名，为长期以来对于一些李叔同常用印出于何人所作，提供了最为直接的佐证。

匀致中锋的悠然颤笔

——弘一法师《护生画集》字体的线条意味

江小敏

1937 年 12 月 15 日，马一浮应刘质平之请为弘一大师书《华严》集联手迹题跋。在这篇跋中，留下了马一浮对弘一大师书法的评价："大师书法得力于《张猛龙碑》，晚岁离尘，刊落锋颖，乃一味恬静，在书家当为逸品。尝谓华亭于书颇得禅悦，如读王右丞诗。今观大师书，精严净妙，乃似宣律师文字。盖大师深究律学于南山灵芝，撰述皆有阐明。内熏之力自然流露，非具眼者未足以知之也。"①虽然着墨不多，诚为不刊之论，广为诸论者所引。然而，需要注意的是，此时，《护生画集》续集未出，最具特色的弘一体尚未现世。后来，弘一法师以此字体重题《护生画集》初集。这也成了公认的"弘一体"。《护生画集》之字，在之前的"精严净妙"之余，多了一分随意灵动的慈和。这份意味，或可在其匀致中锋的悠然颤笔中寻得一二。

一、深入"中锋"

《护生画集》题字书法，最突出的特点是匀致的中锋。

中锋用笔，凡学书之人无不强调。但是，即便技术到位，对于中锋之"中"的体悟则各人自殊。拿什么给到这个"中"呢？这个"中"又能给出什么呢？怎么去"中"？"中"究竟意味着什么？写字之人，边写边悟，边悟边写。一个动作，便是一个难以穷尽、难以体达的心灵境界。

"运笔中锋，则字多遒润。"②弘一在早年教授书法时，借"遒润"二字品味

---

① 马一浮：《跋弘一大师华严集联墨迹》，见《马一浮全集》第 2 册，浙江古籍出版社 2010 年版，第 83 页。

② 弘一法师：《五大书体及其流派》，见《李叔同全集》第 6 册，哈尔滨出版社 2014 年版，第 67 页。

中锋。他的字，确也能体现此二字。如何是"遒润"？

"遒，从辵，酉声。"（许慎《说文解字》）"或从酉。"（段玉裁《说文解字注》）酉①的本义是酒已熟透。熟透之酒，火气尽化，醇厚。有"远久"之义；有"聚集"之义；另有"终"之义，完成，圆满的意思。"辵，乍行乍止也。"（《说文》）——遒是充足地行走。非聚神淹留，不得遒。

"闰"，"余分之月，五岁再闰，告朔之礼，天子居宗庙，闰月居门中。从王在门中。"（《说文》）"闰月，王居门中，终月也。"（《周礼》）"闰"是多出来的，又有含敛之相。——润是含宏自足的盈余流光。外慕、外趋引动躁气则不能润。

刘质平回忆弘一法师写《阿弥陀经》十六条屏，"聚精会神，落笔迟迟，一点一划，均以全力赴之。五尺整幅，须二小时左右方成。"②因为佛法修行，弘一法师愈能精神内守，他的元气愈加充沛，胸襟愈显空阔，对"中"的体悟愈深入愈有把握，他笔下的线条也愈润愈遒。

润是初春之际，天地间的气息最嫩极旺之时，万有出落来的模样。生命都饱满得开始溢出自身，都在兴发，又在料峭里含容着。遒是暮秋之际，火气老尽之时的醇古简静、浑厚悠远。秋多浑厚，春多轻灵。中锋之中，春秋俱呈。春升，秋降，和而为悬。提笔之际，春秋俱在。南书多润，北碑多遒。晋书多春意，魏碑多秋气。弘一的书法，正是将北与南融合在一起，将魏与晋融合在一起。

叶圣陶评价弘一法师的书法："有时候有点儿像小孩子所写的那样天真，但是一面是原始的，一面是成熟的，那分别又显然可见。"他的直觉的把握还是很敏锐的。这"原始的"便是春，这"成熟的"便是秋。只有做足了秋的工夫，才能春得义无反顾。真正的春天是秋后来到的——收敛、澄明之后的饱满、润泽。

中锋，"全而归之"（《老子》）。一念"中"，无往而不"中"。禅家所谓"步

---

① 酉，《说文》："绎酒也。从酉，水半见于上，酒久则水上见而糟少也。"《注》："绎之言昔也。"《周礼·天官·酒正二曰昔酒注》疏："酉，亦远久之义。"《礼·月令》注："酒熟曰酉……酉者，久远之称。"又《扬子·太玄经》："酉，西方也，夏也，物皆成象而就也。"《注》："酉，聚也。物已成就，可蓄聚也。"又《尔雅·释诂》："酉，终也。"《诗·大雅》："似先公酉矣。"《传》："酉，终也。嗣先君之功而终成之。"
② 刘质平：《弘一上人史略》，载《南洋佛教》1979 年第 127 期。

步踏着"。"遒润"的内质,不深入修行,难以真正体认。弘一法师儒、佛皆修:少时即以儒业为修,为人师表自律更甚,出家后亦不废弃;幼时跟随长辈诵持经咒,出家后礼地藏、诵普贤、持律仪、念弥陀,精进不息。"一切贤圣皆以无为法而有差别。"(《金刚经》)如果不执于字相,不执于儒家、佛家的分别,可以说:修行的重要课题,即是对"中"的体证。这个"中"是儒家"中庸"之中,也指向佛家的空明体性。当然,这是粗略的概说。但是,比起文字,被文字引动的才是更真实的。既然言语道断,有所言说即是五十步遥,必要时,颟顸百步也不必自弃。随着修行的深入,境界的提升,弘一法师的中锋愈能显豁其浑厚又轻灵的生命质地。

不惟一味中锋,在《护生画集》字体中,弘一法师的线条愈发粗细匀致,圆起圆收,刊落锋颖。这样的线条质地,出示了一个均质的空间。匀致的中锋,从始至终,乃至无始无终。未落墨已始,提笔犹未终。这里,窥不见形势的起承转合、气脉的抑扬缓急。时时处处平等相。若非由情入性,由气入息,难能护持如此绵密的均质。荡去血气夸侈,刊落情念杂纷——早年的气势猛利、弓张弩拔、参差跌宕,到此只是一团浑浑融融。不为境扰,普皆随顺。匀致的中锋,"尘尘刹刹同时等遍"①。匀致,取消了比量的维度。每一笔上的每一点都素其位,务其本,安土敦仁。"去华取实,故令世人心志有所系属于朴素之道。若人人果能见素抱朴,则自然少私寡欲矣。"②

二、寻味"颤笔"

悠然的颤笔,是《护生画集》字体的另一个特质。颤笔的体认与运用,在弘一的书法生命中有一个曲折的过程。我们暂且截取几张不同时期的作品,来看这一过程的变化。

弘一对颤笔的体认与实践是从其学书未久就开始了的。清道人"取大篆入北碑,而特喜颤笔,摹古

图 1　1912 年李庐印谱序

① 弘一法师:《关于净土宗》,见《李叔同全集》第1册,哈尔滨出版社 2014 年版,第 87 页。
② [明]释德清著、尚之煜校释:《老子道德经解》,中华书局 2019 年版,第 53 页。

碑苍邃曲委之痕,刻意饰古,今世病之。"①方爱龙言李叔同早年学清道人书,于其字中确有形迹可寻。其时,清道人书名显赫,广纳博采的李叔同临仿其字,极有可能。然,未得真精神而学来刻意颤笔之习气,实在是眼界未高,识力未精。

(一) 1912 年李庐印谱序

1912 年春,李叔同从天津来到上海,被聘为《太平洋报》主笔,并编辑广告及文艺副刊。《李庐印谱》同年出版。此时的书法,是一场笔墨游戏。一笔多折,众画迭变,作态逞奇。"守骏莫如跛"(苏轼《次韵子由论书》)。李叔同有意跛。外慕,他为学识所哺育,也为学识所伤。欲涩拗立异,然过度追求"涩",偏于滞而尚未至"沉着",反倒显其浮华。不得不叹其精到的控制力,但是,多在形迹上费功夫。或许有意要写出古老石鼓文剥蚀斑驳之体貌,然,古意岂在波折? 心境未到,徒然多出刻意造作习气,追求苍古况味而实未逮。

图 2　1918 年"前尘影事"

图 3　1924 年《佛说八种长养功德经》

(二) 1918 年楷书《前尘影事》赠夏丏尊

1918 年夏,李叔同欲入山修行,写"前尘影事"赠夏丏尊。此时的颤笔,运用得更加自如。颤笔重重,结字时舒时缩,如临水照影,荡漾浑茫中。

---

① 季惟斋:《书史》,华东师范大学出版社 2011 年版,第 268 页。

（三）1924 年楷书《佛说八种长养功德经》卷

1924 年，老友杨白民离世，弘一法师净手焚香，礼拜磨墨，一笔不苟写下《佛说八种长养功德经》。如初学书，敛意而就法度。端谨笃厚，章法齐整。线条简静，不作颤笔。诚正之气弥厚，无复之前之显露。

（四）1939 年《护生画集》续集题词、初集重题

1939 年《护生画集》续集出版，弘一法师作了题词。不久，对初集也作了重题。此时的颤笔，线条自然波动，悠长，从容，透着天真灵秀。"乘乘兮若无所归"（《老子》）。"我心无欲，了无系累。泛然应物，虚心游世，若不系之舟。"[①]真味久愈在。这样的柔韧颤笔，亦彰示着慈柔之德，与"护生"主题同频相感。

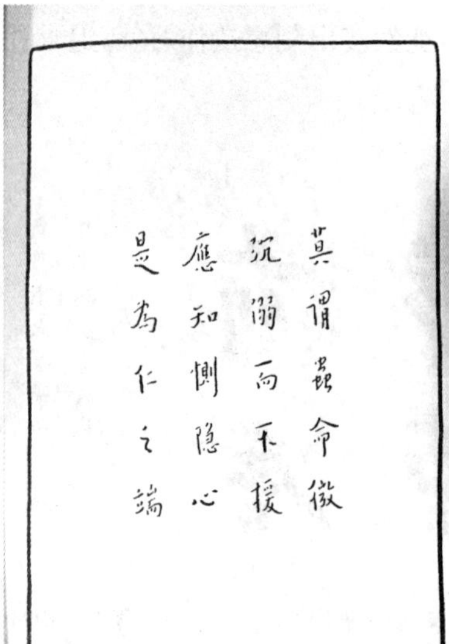

图 4   1939 年《护生画集》初集重题"沉溺"

---

① ［明］释德清著、尚之煜校释：《老子道德经解》，中华书局 2019 年版，第 56 页。

早年的颤笔,是刻意地倔强地震颤,险怪奇涩。后来的颤笔,是自然地柔和地波动,平易舒缓。前者给人拒斥感,后者给人亲切感。为何拒斥?也许是心有所忧、有所守护而拒斥。因何亲切?或是见守护的无所不在,乃至不外于自己曾经拒斥的对象,也不会丧失,所以安忍开放而亲切。前后守护的是一个东西吗?应该不一样了。比起前者的偏执,后者更为深厚,更能含容。

或者说,早期的颤笔是"有我"的,不能"虚";后来的颤笔是"无我"的,能"虚"。弘一出家前的精神状态问题,与我们体会来的他当时笔意深处的矛盾与挣扎是一致的。其根本的问题在不能"虚"。不能虚,从外,为风尚所领,枉己从人,不自在;不能虚,从内,为习性蛊惑,颠仆疲乏,不自由。不自在,不自由,加上对自己向来严谨苛刻,精神难逃一劫。而他书法的面貌,则是当时他的个性情状与书坛的风气因缘和合之产物。当时书坛崇尚碑体古拙雄强不惜执意造作的风气,李叔同向好求胜之心,必不甘错过这股新兴之时气;再者,少年血气鼓荡着家国忧患的激情以及童年时被过分压抑了的生命,那个强力,内外相感相应,于是他的笔下有了这样的面貌。弘一后来的颤笔,恰似"绵绵若存,用之不勤""动而愈出"(《老子》)。虽曲折不已,但不枉己,因其能"虚",能"无我"。这个转变,不得不归功于他的佛法修行。从"有我"到"无我",修行的效力不可思议。

三、匀致中锋的悠然颤笔

弘一法师在自己的学书历程中,几乎走过了整个书法史。博学,为他的自我创化打下了坚实的基础。修行,孵化了这一创造。皆习众体,通变无塞。匀致中锋的悠然颤笔——秦篆的中贞不侧,金文的从容波动,隶草的舒展飘逸浑融一处。

弘一法师说:"余字即是法。"[1]因为中锋敛净,颤笔无有浮琐;因为颤笔灵动,中锋无有昏遁。匀致中锋的悠然颤笔,恬然自足。"精严净妙"就其线条来看,亦不是虚言。

---

[1] 林子青:《弘一法师年谱》,宗教文化出版社 1935 年版,第 231 页。

中锋沉寂，颤笔摇动。《楞严经》有句："沉寂名空，摇动名尘。"即空即尘，即尘即空，空尘不二。

中锋，得其环中，不离本性。颤笔，虚而无着，泛行其相。性相不二。

中锋清明，颤笔逶迤。清明在躬，随他世事逶迤。前者是智，后者是悲，悲智双运。

中锋安安，颤笔能迁。"安安而能迁"（《礼记·曲礼》）。安安是在在圆静，能迁是灵动不拘，动静一如。

中锋圆笔，常德不离。念兹在兹，不放逸。虽颤笔行之，"造次必于是，颠沛必于是。"（《论语·里仁》）悠然颤笔，与时俱化。

若说中锋是立，那么颤笔是破。若说中锋是上学，那么颤笔是下达。若说中锋是坚毅，那么颤笔是慈柔……

他的匀致中锋的悠然颤笔，是通经达权的行仪。弘一的中锋之中，最是能示显"未发"之中。发犹未发，发而皆中（四声）此未发之中（一声）。此"中"即"圆"。通经即是不离此圆。颤笔曲成，曲尽其诚。"圣人委曲以御世，无一事不尽其诚，无一人不得其所。譬如阳春发育万物，虽草芥毫芒，春气无不充足。若纤毫不到，则春气不全。圣人之于人，无所不至。苟不曲尽其诚，则其德不全矣。故曰曲则全。"①"曲尽其诚"，则能达权。此曲即"活"。灵活曲诚，才能成就"在在圆足"。因其能活，所以"直心是道场"。因通经达权，所以自信，所以怡然自得。上句的主语，不惟是我们通常认为的弘一的头脑，也即他的理性。"自信"、"自得"的"自"，未必不容括他的手、他的笔、他的墨。

马一浮先生以"精严净妙"论道宣律师的文字，认为弘一法师的书法是有同样品质的。弘一法师曾赞叹南山之文："文古拙而义赜隐。"②他的线条确然可以此论之。此"文"即"纹"。道宣律师在《四分律繁补缺行事钞序》中说到自己的写作："余因听采之暇，顾眄群篇，通非属意，俱怀优劣，斐然作命，直笔具舒，包异部诚文，括众经随说，及西土贤圣所遗，此方先德文纪，搜驳同异，并皆穷核，长见必录，以辅博知，滥述必剪，用成通意。或繁文以显

---

① ［明］释德清著、尚之煜校释：《老子道德经解》，中华书局 2019 年版，第 60 页。
② 弘一法师：《南山律在家备览·例言》，见《李叔同全集》第 3 册，哈尔滨出版社 2014 年版，第 3 页。

事用，或略指以类相从，或文断而以义连，或征辞而假来问，如是始终交映隐显互出。"

"通非属意，俱怀优劣"，平等观待；"斐然作命，直笔具舒"，诚意无饰；"包异部诚文，括众经随说，及西土贤圣所遗，此方先德文纪，搜驳同异，并皆穷核"，含容深广；"长见必录，以辅博知，滥述必剪，用成通意"，精华简净；"或繁文以显事用，或略指以类相从，或文断而以义连，或征辞而假来问，如是始终交映隐显互出。"隐显从容。

弘一法师精研道宣律祖之著作，深味其文字之精妙。他出家后第一部著作——《四分律比丘戒相表记》，即是仿效道宣律师的文字写成的。他也曾启发亦幻法师多多品读道宣律师的著作以提高文字能力。[①] 熏习久之，书法时，"内熏之力自然流露"，体现在其线条上：匀致中锋，在在圆足，是其平等观待；无欲无求，无我行笔，是其诚意无饰；尽其修养，深入中锋，是其含容深广；浑完圆中，刊落锋颖，是其精华简净；或舒或断，虚白与在，是其隐显从容。

比起之前《华严集联》之类的书写，《护生画集》续集之字，颤笔的意味更为突出，且质地全然不同早年。悠然颤笔带来的随宜灵动的慈和，使那份"精严净妙"更容易让人亲近。若要以文章比类，弘一自己的说法文辞可能更为相当。《护生画集》的主旨，在教育人要护生戒杀。弘一法师曾录写格言："善化人者，心诚色温，气和词婉；容其所不及，而谅其所不能；恕其所不知，而体其所不欲；随事讲说，随时开导。"[②]面对护生者、杀生者，一并慈和。

《护生画集》题字书法耐人寻味。且不论其字法、章法，仅其线条已是含蕴无尽、韵味无穷。

（作者：北京大学与杭州师范大学 2016 级联合培养博士研究生）

---

① 亦幻法师：《弘一大师在白湖》，见《弘一法师永怀录》，（上海）开明书店 1943 年版，第 50、51 页。
② 弘一大师：《格言别录》，见《李叔同全集》第 1 册，哈尔滨出版社 2014 年版，第 193 页。

毫端舍利一墨香成

——"弘体"书法笔法和章法形成的再探究

吴雪松

一、引言

自上世纪 90 年代以来,中国大陆及海外地区相继成立了弘一大师学术研究机构,举办了多场弘一大师学术研讨会,或探其人格精神,或究其佛学思想,或寻艺术之脉,或考其史料,而对于"弘体"研究的领域,即弘一大师晚年形成书风"弘体"书法作品的用笔技法和章法的细致研究,鲜有人涉及深入,笔者在学生时代随老一辈书家"弘体"书法传人黄福海先生研习"弘体"书法,黄师对"弘体"书法研习达五十余载,书法理论也有所总结,但未成体系,本文通过查阅、搜集、整理相关资料及书法作品等,探究弘公晚年书风的形成与发展,分析弘体书法笔法和章法的特质并试图从"弘体"的用笔技法和章法两方面来解读其特质。

二、弘一书法艺术成就和艺术审美

翻开中国近现代艺术史,李叔同(弘一法师)先生可谓是无法绕开的一位大师,他是中国新文化运动先驱者,在音乐、美术、书法方面的造诣与贡献令世人瞩目。在三种艺术门类中,其书法艺术成就当属最高。是民国时期弘扬佛教精神的著名书法家,早年发复临摹《石鼓文》《龙门二十品》《张猛龙碑》等各种碑刻及晋唐宋名家墨迹。善用秃笔,点画不露圭角,欲纵即敛,虚实相生,雄放浑厚,古朴壮实,大有北碑遗韵。行草书醉心于王羲之、黄庭坚等,是集中国古代书法之大成,结合东西洋造型艺术之原理,将其书法推向极致。出家对其书风的转变起到决定性因素自成一体，从淡朴质，温婉清拔，没有丝毫的焦躁气、世俗气和烟火气。经过一个时期静心修炼，书风演为清纯明净的风格。在当代书坛也有学者提出弘体书法不宜学，是因没有切入到具体笔法、章法和作品的细致研究，这些都提醒我们，需要对弘体书法艺术风格及成就进行科学、理性的分析和评价。

当代学人都对法师的书法给予高度评价，他的老友马一浮说："大师书法，得力于张猛龙碑，晚岁离尘，刊落锋颖，乃一味恬静，在书家当为逸品。尝谓华亭（董其昌）于书颇得禅悦，如读王右丞诗。今观大师书，精严净妙，乃似宣律师文字。盖大师深究律学，于南山（唐道宣）灵芝（宋元照）撰述，皆有阐明。内分之力，自然流露，非具眼者未足以知也。"夏丏尊先生说："他平居鸡鸣即起，临写古代金石钟鼎，过眼便能神似。而最得力的就是汉魏的造像、墓志、以及秦篆，泰山石刻等。至于古代的文字为石鼓文及天发神谶碑等，都是造诣至于绝顶的。"这些话，对法师的书法都是探赜钩玄的评价。①

教育家叶圣陶先生评价法师书法为"毫不矜才使气""只觉得每一笔都落在最适当的位置上，不容移动一丝一毫""功夫在笔墨之外，所以越看越有味"等。后来赵朴初先生在纪念弘一法师诞辰一百周年时题"深悲早现茶花女，胜愿终于成苦行僧，无尽奇珍供世眼，一轮明月挂天心"的赞词，使得弘一法师的书法更加声名鹊起。

技法不能脱离艺术审美而独立存在。脱离艺术审美的技法没有意义，也不能称之为技法。

张怀瓘在《书仪》中讲："深识书者，惟观神采，不见字形。"还进一步讲："不由灵台，必乏神气。"如只守法度规则，在字之外观形式上下功夫，只是空存驱壳，如死人无气，没有生命，这是不可取的。结体、笔法等一切技巧必须能表现作者的个性神采，才有存在的意义。

在书法艺术中展现一定的书法艺术风格和审美，在作品中表现一定的艺术意境和人生境界，需要具体的笔法、墨法、章法等技法作基础；反过来，一定的书法艺术审美和风格、一定的艺术境界又会对具体技法有所要求和

---

① 陈珍珍：《一代艺术大师李叔同（弘一法师）》，见《一代高僧：弘一大师诞生百十周年纪念文集》，惠安县印刷厂1990年印刷，第11页。

规范，从某种角度讲，审美、风格、和意境决定技法，技法又反过来支撑审美、风格和境界的形成。因而，一定程度的关注和认识弘一法师的艺术审美、风格和意境，是更好地分析研究弘一法师笔法的前提。

首先，从书法本体讲，弘一体的书风形成是与弘一法师书法技法有密切的联系。陈祥耀先生认为："弘一法师的书法，开始时以魏碑结合楷体，形较方扁，笔画饱满厚重（图1）；稍后结体略变修长。笔画仍以魏碑为主，兼容更多的隶意（图2）；最后变为修长瘦劲，结体纯乎楷法，而行笔则篆隶及魏晋碑帖变化熔铸而为一，小字笔瘦神恬，冲融高古。寸书以上的大中楷，笔笔京拔，又深沉圆浑，力透纸背；且神藏锋，顿宕流转，运化自然，化坚为韧，神态渊静，境界高夐。（图3）写这种字，必先把全部精神集于心中，然后运之于腕，贯之于笔，传之于纸。心正笔正，此之谓欤。"①这是在技术层面对弘一法师书法作品分格的分析。从弘体书法单字结体修长来看是与法师早年在俗时学习黄庭坚书法体势有关，而其瘦润笔法也与法师学习欧体书风紧密相关。

图 1

图 2

---

① 陈祥耀：《艺事全能书独圣》，见《一代高僧：弘一大师诞生百十周年纪念文集》，惠安县印刷厂1990年印刷，第18页。

其次，弘一法师其自成面貌的书风表现为以行楷书为基础而夹杂草书（或某个字为草书，或某个楷字的偏旁局部用草法），但所夹杂的草书形态又与行楷书相协调（图4）。其用笔则变过去的毛糙波曲为光洁匀润，轻松自如地造成浓厚的如金石刻铸的凝重感。其书章法则无论写对联还是大段诗文、佛经的条幅、条屏，皆字字独立，排立整齐，而且字距、行距空疏，造成比重很大的白的空间，衬出一个个方块字的黑。

图3

图4

最后，弘一法师重视中西艺术的融合，在致金石家马冬涵先生的一封书信中就明确表示："朽人写字时，皆依西洋画图案之原则，竭力配置、调和全纸面之形状。于常人所主意之字画、笔法、笔力、结构、神韵，乃至某碑某帖、某派，皆一致屏除，决不用心揣摩。故朽人所写之字，应作一张图案画观之则可矣。"①又说："无论写字，刻印等亦然，皆足以表示作者之性格。朽人之字所表示者：平淡、恬静、冲逸之致也"。所谓"平淡，恬静，冲逸"，是不激不厉风规自远的，在意境上是烂漫至极归平淡的一种冲淡和中和，是一种超人生的超脱与生命的关照。

对于弘一法师的晚年法书，也有评论者认为是无节奏变化，无情绪波澜，虽澄澈明净，但毕竟寡淡如水，何来艺术可言？然而，这正是弘一的高明和他人难以企及之处。艺术如果在强烈的意识下而创作，那终究不能算是最高境界。弘一法师从来不认为自己是艺术家，他虽然时常写字送人，但多

① 谷流、彭飞编著：《弘一大师谈艺录》，河南美术出版社1998年版，第40页。

为弘扬佛理,以字结缘。

三、弘一体笔法分析

(一)"弘一体"书法概念的界定

方爱龙先生在《李叔同(弘一法师)书风分期论纲》将"弘一体"这一概念首先提出,始于何时何地何人,一时尚难明析。大约在二十世纪九十年代初期,各地举行弘一法师的学术研讨会上,开始有人口头使用,其中又以台湾学者为多。最早见于台湾杜忠诰《是书非思量分别之所能解—弘一法师书艺读后》(1995)、《弘一大师书艺管窥》(1996)二文使用,前文有"何以唯有弘一大师能发出此种艺术形象的'弘一体'呢"云,后文有"此种书体乃是弘一大师毕生出入古法,绝空依傍,脱胎转化,所锤炼出来的最具代表性的书体。若径称之为'弘一体',亦无不可"云,但最直接而频繁的使用"弘一体"作为核心词汇进行考论的文章,当为潘良桢《弘一法师书法评传》一文(见《中国书法全集·李叔同、马一浮卷》,荣宝斋出版社 2002 年版),其有云:"出家后的弘一在佛教修炼和书法境界都是勇猛精进的。为了使自己的书法更好的弘法,弘一曾经艰苦探索,费事至少十年,才形成著名的弘一体。"

其实"弘体书法"这一名称最早在 20 世纪 80 年代末即 1987 年 6 月《扬州日报》社派记者朱诚专程到弘一法师书法弟子黄福海寓所采访,记录了他当年青年时代在福建泉州承天寺与弘一法师相识,仰慕法师书艺,随师研习书法鲜为人知的事迹并撰文《我与弘一法师》在天津《今晚报》上登载,文中讲"学习弘体书法,从形似到神似,本身就是一个飞跃,包括我在内的后学者,很可能为之奋斗一生而不可得。恩师对我期望很大,告诫我功夫在字外,所以恩师与我相聚,常沉默不语,让空中的风、草中的虫、树上的蝉'讲话'给我听"云。

按照著名学者郭绍虞(1893—1984,生前担任复旦大学教授,中文系主任),在 1961 年 9 月,发表的一篇文章《从书法中窥测字体的演变》分析,就汉字而论字体,郭先生说有三种不同的含义:一指文字的形体,二指书写的字体,三指书法家的字体。书法家字体不是考察字形结构,也不是书写的特点,是指书法家的个人风格,即书风。书法家的字体等于书风。同一种字体或书体,可以有各种各样的个人风格,如欧体就是欧阳询的风格,颜体就是颜真卿的风格等等。一种字体可以写出许多书体。

那么"弘一体"是属于哪一种字体,弘一法师在 1939 年秋写给弟子刘质平的信中讲,"因余书写长联字数尚少。书写之时,若有人在旁帮助,尚不十分吃力。若小立轴,则字数较多,颇费时间矣,惟应写'魏碑体'(图 5)或'帖体'(护生画集字体)可以于纸上——标明"(图 6)。弘一法师将他的书法分为"魏碑体"和"帖体"较为笼统,方爱龙先生将弘一法师剃度出家后"僧书"阶段分为五个时期。第一期,可称为"前僧书"期(图 7)。

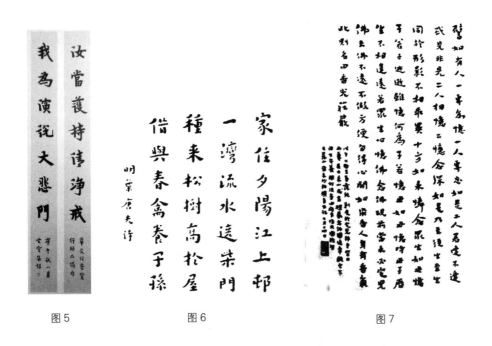

图 5　　　　　　　图 6　　　　　　　　　　　　图 7

第二期,可称为变法探索期(图 8)。这一时期弘一法师通过借鉴魏晋小楷打破原有的北碑风气,而形成自己的楷书新风格的,也是下一期形成"弘一体"的源头之水(图 9)。

第三期,可称为"弘一体"的形成期("前弘一体"),这一时期也分为:"刚性弘一体"如《普贤行愿品赞册》,弘一法师称为"魏碑体"(图 10),和"逸性弘一体",如《护生画集》初集本题词,《华严集联三百》(图 11)。

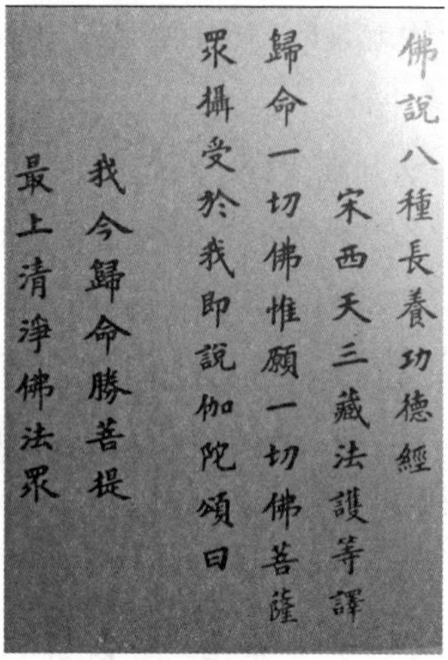

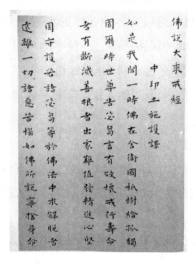

佛說八種長養功德經
宋西天三藏法護等譯
歸命一切佛惟願一切佛菩薩
眾攝受於我即說伽陀頌曰
我今歸命勝菩提
最上清淨佛法眾

图 8

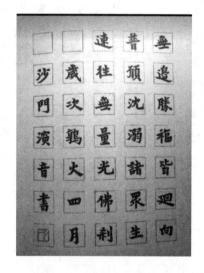

佛說大乘戒經
中印土施護譯
如是我聞一時佛在舍衛國祇樹給孤獨
園爾時世尊告苾芻言有破壞戒行壽命
者有斷滅善根者出家難值發精進心堅
固守護若諸苾芻等於佛法中求解脫者
遠離一切諸惡苦惱如佛所說寧捨身命

图 9

無邊勝福皆迴向
普願沈溺諸眾生
速往無量光佛刹
歲次鶉火四月
沙門演音書

图 10

菩薩苦行無与等
如来神力徧十方
信解微妙甚深法
成就清淨無等心

图 11

第四期，可称为“弘一体”的成熟期（“后弘一体”），如写经、楹联、横披，条屏、扇面等作品，弘一法师称为“帖体”。而 1942 年 10 月 10 日上午为黄福

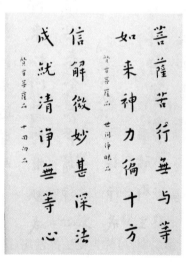

海居士题纪念册之文字可以看作最后的"弘一体"（图12、图13）。

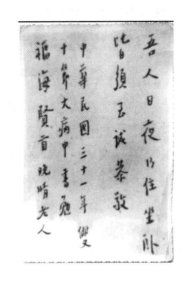

图 12　　　　　　　　　　　　图 13

　　第五期，是弘一法师书法"返璞归真"期，时间仅定格在 1942 年 10 月 7 日至 10 日这短短的四天，显得格外特殊，在 1942 年 10 月 7 日和 10 月 10 日分别写下《临终遗嘱》、"悲欣交集"四字绝笔。（图14、15）

图 14　　　　　　　　　　　　图 15

笔者数年前与弘一体书法传人黄福海先生的学生清华大学艺术学博士后、现任上海韩天衡美术馆馆长的顾工先生就"弘一体"概念的界定进行交流,顾工先生明确指出在当今书法学术界将"弘一体"归为楷体,略带行。

"弘体"笔法的研习是初学弘体的一大障碍,因为弘一法师自己说过:"朽人写字时,皆依西洋画图案之原则,竭力配置,调和全纸面之形状。于常人所注意之字画笔法,笔力,结构,神韵乃至某碑,某帖,某派皆一致屏除,决不用心揣摩。"这是法师晚年自己写字的心得,弘体如何研习,它的门径在哪里,似乎找不到头绪,对于笔法而言,元代赵孟頫在《兰亭十三跋》第七这么说:"书法以用笔为上,而结字亦须用工;盖结字因时相传,用笔千古不易。"潘伯鹰先生解释赵孟頫这句话说:"他在这句话里说清楚了两个问题,一个是用笔,古今来所有写字的笔法是一致的。学会了笔法,就掌握了关键,任何字都会写。一个是结字,结字是字的组织问题。这是随时代,甚至随作家而不一致的。"结字是审美观的表现,用笔讲的是工具的使用方法。工具不变,方法当然也不变,所以说"用笔千古不易"。赵孟頫这句话也无意之中道出了中锋用笔的一个真理,这个"中锋——立体感"的规律,无论是在甲骨金文、秦篆汉隶、唐楷宋行,以及狂草章草等等五花八门的书体中,都受到了应有的尊重,从来没有哪个艺术家会斗胆不明智地反对它,即使是在魏碑如《龙门造像》中,它也仍然没有消失,仍然或多或少地曲折地表现出它那"千古不易"的价值来。[1] 根据以上观点笔者认为,弘体笔法与传统书法用笔乃一脉相承。

(二) 传统书法理论笔法的论述及运笔形式分解

在古代书论中,对于笔法的论述可谓洋洋大观,翻检《历代书法论文选》,只要随机抽取不仅在书法理论,且在书法创作实践上颇高造诣的书论,如黄庭坚《书论》中讲:"心能转腕,手能转笔,书写便如人意。古人工书无他异,但能用笔耳。""字中有笔,如禅家句中有眼,直须具此眼者,乃能知之。凡学书,欲先学用笔。"故书法关键就是笔法,用笔一好,整个作品就精神奕

---

[1] 中国教育学会书法教育专业委员会编:《书法美学通论》,天津古籍出版社 2010 年版,第 63 页。

奕了,用笔不好,线条好像一堆烂绳,当然无足观了。

清代书法理论家包世臣,在《艺舟双楫》中说:"古人于笔法无不自秘者,然亦以秘之甚,故求者心挚而思锐,一得其法则必有成。"

晚清民国书法家徐谦著有《笔法探微》,他强调笔法,他认为:"我国近三百年无领袖群雄之大书家出现,乃由于不讲笔法之故。作书不求笔法而事临摹,则无书。"又说:"自唐以后已罕创作,今人或有思创作者,又患不知笔法,信手涂鸦,徒成恶道。"

简言之,古人学习书法,先求笔法,掌握笔法是学习书法的第一步。

而韩方明在《授笔要说》中记录了他和老师崔邈的谈话:

> 清河公(崔邈)虽云传笔法于张旭长史,世之所传得长史法者,惟有"永"字八法,次有五执笔,已下并未之有前闻者乎。方明传之于清河公,问八法起于隶字(真书)之始,后汉崔子玉历钟、王以下,传授至于永禅师,而至张旭始弘八法,次演五势更备九用,则万字无不该于此,墨道之妙,无不由之以成也。

从这段话可以得知张旭讲授笔法,有四个内容:一,五执笔;二,永字八法;三,五势;四,九用。五势和九用是王羲之笔法的核心。唐朝张怀瓘的《玉堂禁经》完整记录永字八法、五势、九用的文章。所谓九用,就是九种用锋方法。一曰顿锋,二曰挫笔,三曰驭锋,四曰蹲锋,五曰踆锋,六曰衄锋,七曰趯锋,八曰按锋,九曰揭笔。其中趯锋和挫笔是书写动作,其余都是调锋动作。在弘体书法中趯锋和挫笔也是采用的方法,进一步讲是采用尖锋线和侧锋线来书写的。

(1)尖锋线

一只毛笔两个锋,尖锋和侧锋。尖锋线的形成是于笔心、笔头、笔杆处于同一水平线,笔端垂直于纸面驭锋直下,也即《玉堂禁经》所谓"三曰驭锋,直撞是也;有点连物,则名'暗筑''目''其'是也";当毛笔垂直下笔,撞击纸面形成圆点,当尖峰向右运动时与纸面发生摩擦,尖锋移动就是这个圆点在移动,一笔完成后手腕做一个向左的动作,使毛笔回复垂直离开纸面。所以,所谓尖锋线,本质上就是一连串的圆点。好像鱼鳞一样排列,一个圆点就是一个鳞片,所以古代又称"鳞勒"。《玉堂禁经·勒法异势》说写一横:此名"鳞勒"。鳞勒是书法最基本的线条,是尖锋线的特征。(图16、17、18)

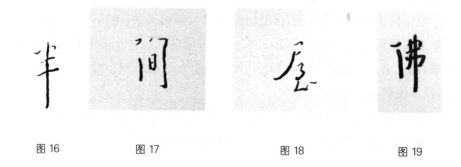

图 16   图 17   图 18   图 19

在《玉堂禁经》所记录的张旭"九用"中,第七种叫"趯锋"这就是写尖锋线的用笔技巧。也可以用来调节尖锋线的形状。《玉堂禁经》这样说"七曰趯锋,紧御涩进,如锥画石是也"就是写尖锋线的书写动作。在"弘一体"书法第四期阶段都是有所体现。

(2)侧锋线

一只毛笔的笔心的下端是尖锋,而侧锋用的是副毫,侧锋是用的一个面。笔头下按时笔心弯曲此动作,称为"蹲",是九用之一。《玉堂禁经》说,"四曰蹲锋,缓毫蹲节,轻重有准是也,一,乙等用之"。当笔头下按用副毫摩擦纸面,要求动作缓慢,用力轻重要准确,笔尖与运笔方向相反,也就是笔腰先行,笔尖在后,当运笔停止时尾部形成断笔(图19、20)。

图 20

侧锋运笔的动作在《玉堂禁经》九用中称为挫笔,《玉堂禁经》说,"二曰挫笔,挨锋捷进是也,下三点皆用之"。关于"挫",《说文解字》云:"挫",摧也。"段玉裁引《考工记》注:"挫,折也。"也就是挫笔运用侧锋的技法。挫笔写的线条特征是尾部如折断的形状。挫笔就是强力快速行笔,推进速度较快,还可连续挫。此笔法在"弘一体"各个时期均有体现。

(3)换笔心

在笔画运笔中,有时候需要换方向,书法上称为"换笔心"。在九用中

"换笔心"技法称之为衄锋,《玉堂禁经》说:"六曰衄锋,住锋暗挼是也,烈火用之。""衄锋"其实就是扭锋,或称挫衄,退却的意思。"暗挼"就是暗中揉搓一下,扭动笔心后退调整方向。如用中锋笔法写一横画,尖锋驭锋直下,这是起笔动作,得到一个圆点。然后行笔,推动笔尖,产生跳跃,这个技法叫趯锋。写完时还要做收笔动作。把弯曲的笔心向后扭,这叫衄锋,就回到正锋状态(图21)。线条太平直就没有姿态,所以在书法中,经常要变动中线,在起笔、行笔和收笔三个部分,不是放在一直线上。而是有两个关节点,在"弘一体"僧书阶段第三期《华严集联三百》《刘质平旧藏弘一法师手书格言联句》,第四期等中均有体现。

图 21

(三) 关于弘体笔法主要特征的两点补充

第一点,弘一法师作为民国时期书家,将人心佛性与宇宙万物融为一体,达到智慧明彻,平实清静的境界,既有宗教家的体悟,又有艺术家的灵通意趣,法师书法传人黄福海认为:"其书敛神,藏锋古拙平整,笔力凝聚于毫端,字字珠玑,含雅淡静远的韵致,可以说世上无人可望其项背。"[1]

第二点,弘一法师在二十世纪书法史的最大贡献就是他书法字体所透露的独有的空间意象,融合了东方蕴藉内秀之美与西方空间营造之学,并渗入他个人超凡入圣崇高之风格,而形成他独树一帜之书体。弘一法师为南山律宗第十一代宗师,而其律宗宗旨"奉持四分律之净戒,而以一乘圆顿之妙理为旨归。""圆"在佛教中是极其重要的思想,有圆满、圆融、圆足、圆顿等,是与生命宇宙的形态相联系的。弘一法师的书法从出家前的沉厚方折到出家后的圆融蕴藉,这其中对佛法的参悟渗透于书法中也是悟性使然。出家后的作品以楷书和小篆为主,笔画使转圆转。书作的线条很紧实,但却不死,看似平平淡淡,无大起大落,显得安静平实,每根线在静中都有内在的律动。

---

[1] 章用秀:《民国书法鉴藏录》,上海远东出版社 2013 年版,第 185 页。

三、弘体章法

弘一法师对于书法章法的论述散见于其书信和文章中,如刘质平在《弘一大师遗墨珍藏记》一文中讲:"先师所写字幅,每幅行数,由余预先编排。布局特别留意,上下左右,留空甚多。师常对余言:字之工拙,占十分之四,而布局却占十分之六。写时闭门,不许他人在旁,恐乱神也。"1941 年弘一法师六十二岁时写信给质平先生说:"朽人之写件四边所留剩之空白纸,于装裱时,乞嘱裱工万万不可裁去,因此四边空白皆有意义,甚为美观。若随意裁去,则大违朽人之用心计划矣。"大师用"万万""大违"之词来强调一幅字布局的重要性。所以从审美价值上看,"空白"是弘体书法作品章法的核心。故以"空白"为取向,藉以从多种角度来分析弘体书法作品章法之特质。

(一) 书法是分割空白的艺术

艺术本身是一个开放性的领域,故而艺术的内涵,也是不断扩展的,艺术的发展潜力是无限的,那么空白的界定是什么呢? 广义地说,空白是书画作品中笔墨未涉及之处。在书法艺术中空白的地位尤为重要,没有空白,就没有书法。

历代书家中对线条的质感有不同要求,但主要有圆,留,厚重等特征,就单纯线条与空白的关系来看,"曲而有直体,直而有曲致"的线条与西方造型艺术把曲线来表达才较为有味。

线条是构成书法的最小单位,其次便是结体,文字本身的组织结构已经是一种客观存在,并不需要艺术家去创造,但需要艺术家去结体成有美感有生命的单位,所以结体就是较小单位的章法。

在结体过程中,分割空白还是受到文字组织结构制约,书法家还不能获得充分自由,然而在章法谋篇过程中书家可以获得分割空白的充分自由,换句话说,空白为书法家提供了谋篇布局的自由活动的天地,书法家安排章法的活动其实完全是一种分割空白的活动,故章法又叫做"布白"。[①]

---

① 蒋天耕:《空白论》,载《书法研究》1992 年第 2 期。

（1）结体与章法的区别

结体是以单字为单位进行分布，章法是以篇幅为单位进行分布，其实它们的根本区别应在于，前者是以笔画结构为着眼点进行分布，后者是以空白为着眼点进行分布。章法的本质内涵应该是空白意识的参与，所谓章法，其实是分割空白之道，是从整体上对空白进行分割处理的意识。

（2）线条直与曲在弘体书法作品中运用

弘一法师在 1938 年致马冬涵信中讲，朽人写字皆依西洋画图案之原则，竭力配制，调和全字面之形状。于常人所注意之字画、笔法、笔力、结构、神韵乃至某碑、某帖、某派皆一致屏除，决不用心揣摩。故朽人所写之字，应作一张图案画观之则可矣。

西洋图案画造型艺术原理，如黄金分割率、主次分清率、多样统一率、直线与曲线率对照等原则中，十八世纪英国美学家荷加斯对"曲线"为什么是美的？作了如下解释：曲线具有装饰性，富有变化和吸引人，使眼睛得到满足，使人们自由想象等。从东方艺术以线造型的特征看，荷加斯的解释未更准确表达清楚，曲线美的原由并不仅仅在于曲线本身，它应归功于被曲线所分割的周围的环境，即称之为空白的视觉形态。

一张白纸，乃是"混混沌沌"的"无"，当然也无所谓运动与生命，但只要有笔墨形态落入它的怀抱，"无"便变成了"有"，当一条直线划过白纸时，两块空白紧紧的挤拥着它，由于空白阵型的用力比较平均，我们只能感受到线条两端的外射力（即气），而空白对直线挤压力（即息），是不容易感受到的，这样的视觉是处于相对平静的状态。如果把直线换成曲线，情形就大不相同了。线条两边的空白形成了冲撞进退的阵势，整个视觉式样立即运动起来，空白积极主动地参与视觉式样的气息，运动是曲线美的重要因素之一，在直线组成的视觉式样中，空白的参与更为重要，因为直线本身不如曲线美，直线的魅力几乎完全有赖于空白的参与，所以可这样说：书法艺术是一门分割空白的艺术。[①]

上文我们把直线和曲线作了分割空白的比较，曲线所分割的空白，同曲线一样更具有魅力，在以线条作为表现主体的造型艺术中，是离不开曲线的

---

① 蒋天耕：《空白论》，载《书法研究》1992 年第 2 期。

图 22

在弘一法师书法作品中线条直与曲之间运用非常默契，如 1937 年丁丑二月弘一大师写奉广洽法师一幅字，内容是自己的别号"二一老人"（图 22）。此件作品属行楷，其字形方面来看，横划较多，故每一笔横划曲度较大，打破了视觉中平衡，"人贵直，书贵曲"，曲与直相伴相随，相互包容。一横是直的，用了一波三折的笔法就有了曲意，从这幅作品看，每一笔线条的边是凹凸不平的，放大了看就是曲线，使得黑与白的结合同链条与齿轮一般相互契合，发生两种力的强烈摩擦与对抗，使气息既生动又沉着。

（二）弘体书法作品空白观

空白是弘一法师书法作品章法之核心，章法布白，如行军布阵须统揽全局。弘一大师在创作中更是胸有成竹，心手双畅，一气呵成，在书作中，笔法、字法、墨法各有神采又协调统一，在调整字面效果时，"计白当黑"，通过黑白的对比与布局来创造美感。此外题款字大小，书体是否协调，印章位置是否准确等均对一幅弘一体书法作品的整体效果与成败举足轻重，为了更加具体说明问题，从以下几个层面来分析一下"空白观"。

（1）空白的意识是弘体书法章法程式的重要标志

说到文字，其空白只是空隙，是笔与笔，字与字之间的分解。书法作为艺术，其空白是书法作品的一个重要组成部分，在章法上布局太满，就没有透气处，有板滞的感觉。究其原因，正是缺乏较大块的空白，使空白的张力太平均，太微弱，没有足够的力使笔墨文字灵动起来，所以无论行楷或方正的楷书，在最末一行往往都留下一段空白，几乎成了章法的一种程式。程式无处不在，传统戏曲有唱、念、做、打，传统山水画有完整的形象符号，任何一门艺术其在长期的发展中积淀下来的程式，本身就都构成了自己的学术体系，具有独立的审美意义，所以在书法作品中安排几排几处大块的空白，的确是视觉上一种需要。

四周空白小于行距的作品,总是有要瀑溢出来的感觉,而且显得很松散,无论加上多么宽的绫边和厚重的框架,还是无法阻止其外溢的趋势,行距的空白大于边框,在视觉上整个字面墨色向四周分散有瀑溢之感。唯一的办法就是增加边沿的空白量,使四周的空白有足够的张力,把墨色形态凝聚起来,组成一个紧密联系的整体,①在弘一法师书法作品中,我们可以看到其作品边沿的空白大于字距。

根据笔者近几年研习弘一体书法,体认章法的构成主要依赖气息,而气息的运动则有赖于黑白两方的作用与变化,弘一大师早年从事油画素描和篆刻,对白与黑,反反正正的揣摩过,也许能对空白的认识更理性深刻一些。

(2)因让的特色,遂使通幅留白更多,且形散而神不散

清刘熙载《艺概》卷五"书概"中言:"草书比之正书,要使画省而意存,可于争让相背间悟得。"而弘一大师自出家第二期书艺中,以中锋用笔一系的书作开始,一直至第三期止,其字之结体,均有笔画多不接笔,及字构和字幅的空间布白疏朗等特色,故弘一大师书作中因"让"的特色,遂使通幅的留白更多。② 就福建闽南各寺庙现存弘一大师墨迹及《华严集联》个幅字形长与宽对比在三比二左右,即长三分,宽二分。自一九四一年所书福林寺等楹联匾额字体就更瘦长了,一般在五比三左右,个别字达到二比一,显得更清劲。上列各字虽然写得笔断意连,不使有松散的感觉,意趣无常。(图 23)

图 23

"计白当黑"是清人包世臣提出来的,而对留白的注意是古已有之,所以空白意识是不可避免地受制于历史的,当文字尚处于象形阶段时,在单字结体中空白意识必然受到具象要求的束缚。随着字体的变革,空白意识也一步步得到释放,由隶书变形所带来的波磔是明显地从方块的囚笼中挣脱出来,而行草书的产生,使空白意识在单字结构中得到空

---

① 蒋天耕:《空白论》,载《书法研究》1992 年第 2 期。
② 李璧苑:《弘一法师出家后的书艺风格》,见《弘一法师翰墨因缘》,台北雄狮图书股份有限公司 1996 年版,第 118 页

前的解放。

管窥弘一法师书艺结构和笔法,它丰富多彩,能结合楷、隶、行,甚至还有个别草书的搭配,巧妙熔于一炉,以《华严集联》为例,集联中有大半为楷书,如参入个别草书,会产生唐突不和谐,由于巧妙安排得当,丝毫不影响整体而且有风动之感,平添篇幅无限生机,在结构中偏旁采用行书搭配,使结体更加密合,有利于长形字的创作,弘一法师在处理这方面可以说克服传统习惯树立了行楷结合以增进篇幅协调和谐。

(三) 中国传统文化思想对弘一法师书风之影响

人生的整体生存方式包含着思维方式,行为方式,和体验方式。而弘一大师出生儒门,早岁亦热心科举,并一直专研性理之学,近 40 岁,忽又热衷于研究道藏以至有断食 18 日之举,尔后即皈依佛门,投身宗教。以弘一大师赋之颖悟,不可谓不兼容儒释道于一身,其思维方式,亦当合神、圣、哲三者于一,这一切一旦落实到弘一法师的全部行为中,便始终闪亮着一种宗教式的虔诚与严肃的道德色彩,其于自身行为的体验,无论治事造艺及做人,无时无地不处于一种高度觉悟地,艺术化的精神状况与心智状态中,其对书法影响所见一斑。

(1) 空白无限,墨有限

漫步书林,中国书法数千年的演变与发展证实了中国书法艺术与中国其它文化是密切相关的,老子的哲学思想对中国书法的审美意识有着至关重要的影响,老子说"大朴不雕",庄子也说"即雕即琢,复归与朴",皆书法真谛之所在。

纸面是有限的,笔墨也是有限的,而人们的审美追求是无止境的,如何用有限的笔墨来表达无尽的境界?[1] 我们认为,弘一法师只有通过墨与白的演化表达无止境的内心情怀,空白也可以填补笔墨无法尽意而产生的缺憾,空白的无限性在弘一法师书作所起的作用不可低估。

第一,空白何以相对无限,原因是多方面的,空白的形质决定了空白的无限性。无论书画,空白往往处于虚处,没有如笔画线条较有具象稳定的形

---

[1] 蒋天耕:《空白论》,载《书法研究》1992 年第 2 期。

体,书法线条只具有在平面上的结构与变化,而空白则有向三维空间扩展的条件,看弘一法师书法,八大山人和石涛的画,当长时间注视其画面任何一块空白看,意会其深则深,意会其远则远,从面积上看,在书法作品中与笔墨线条比较,空白也占优势,再加上"象外空白"的渗入,空白的面积就更大了。

第二,从审美价值上看,空白不仅仅是对笔墨形态的衬托和补充,它往往是笔墨的延伸和拓展。"象外之象""韵外之致"是中国古典美学的重要范畴。象外问题系老庄哲学与魏晋玄学的重要内容,得鱼而忘筌,得意而忘言,庄子还认为语言是不能完全表白的,作为哲学思辨,应该穷尽象外之象,言外之意。弘一法师在出家前曾广读道书,断食期间所敬非佛,是天理教的神。日籍夫人虔信该教,曾一度夫唱妇随,把日本世俗民间信仰,用老庄高度理想化,入佛门后摒弃了天理教,但未忘道家,所书《大智若愚》《大巧若拙》《大音希声》《大器晚成》较之所书佛经章句分量很小。柯文辉先生在《论弘一大师的书法》一文中谈到:"王羲之的字集入圣教序之前,大抵只有道家情绪,集中之后在佛门弟子眼里,便有了佛教内容,一九八四年写小册子《李叔同》曾以道家思想为构成他作品的基调之一,他笔画结字,皆做到无为无不为。"

第三,清代蒋和《学画杂记》云:"实出之妙皆因虚处而生。"虚与藏只是把人的视线引向模糊,辨不出多少而产生"大"的感觉,其内涵实处是丰富了,但毕竟还是叫有限的空白,所起的作用远不止这些。它把人们的心灵引向象外之象,境外之境的一座桥梁。弘一法师书法空寂绝尘,内蕴宏深博大,其书作中若没有足够的空白参合,其境界又是另一回事。再有,从艺术技巧及审美效果来看,文字与图画皆有不着一字,尽得风流,羚羊挂角,无迹可求的追求。清人华琳《南宗抉密》中对空白一说,凡文之妙者,皆从无字处作来,凭空蹴起,方是海市蜃楼,玲珑剔透。弘一法师自己也曾说过,是字非思量分别之所能解了。并借一段公案为听他写字法者破执:记得古来有一位禅宗的大师,一次人家请他上堂说法,当时台下的听众很多,他登台后默默地坐了一会儿,以后即说:说法已毕。便下堂了。所以,今天就写字而论,讲到这里,我也只好说谈写字已毕了。假如诸位用了一张白纸(完全是白的),没有写上一个字,送给教你们写字的法师看,那么他一定说:善哉,善哉! 写得好,写得好!

（2）变化中求得和谐统一是弘一法师书法艺术表现形式

一幅作品是由字组成的，形状可以不同，但风貌需要一致，举例来说，在弘一大师书作中，既有碑体字形又有帖体字形的话，尽管每一字形的结构笔法都达到美的要求，但在一幅作品中同时出现给人的感觉，肯定是不美的。清代刘熙载在《艺概》中说：书之章法有大小，小如一字及数字，大如一行及数行，一幅及数幅皆须有相避相形相呼相应之妙。也就是说在一幅作品中要有对比呼应，通过对比求得变化，通过呼应互得联系，使整幅作品连贯一起。就弘一法师写给刘质平十六幅《阿弥陀经》而言，从整幅看《阿弥陀经》的章法，是有几条大体平行的线组成，而每一条线又由字形组成，这样字与字之间的左右呼应，联系就比较明显起来，而直线能给人安详平和稳重的感觉，故字与字组成的线就大致上要平。

在晚年书作中弘一法师采用有纵行，无横行的章法形式，这使得弘书作品生动活泼的特点，得以发挥，在一行之中，字形有大有小，取势可纵可横，显得参差错落，既有对比，又有呼应，使人有一气呵成的感觉，行与行间距与一行中字与字间距等宽，显得疏朗通畅，使每一行看起来比较整齐。这样在作品中字与字的参差和茂密，就跟行与行之间的整齐和疏朗，形成鲜明的对比，同时每一行的整齐、是大体而言，实际上不是机械的字、直齐，而是有变化的，这使得行与行之间也有呼应，通过对比呼应，整体就显得有变化，达到和谐统一。弘一法师自己也曾讲道："艺术上有三原则，即一、统一；二、变化；三、整齐。无论中堂对联，普通将字排起来，或横或直，首先需要能够统一，字与字之间，彼此必互相联络，相互关系才好。若变化得太厉害，当然不好看。"所以他强调"章法五十分；字三十五分；墨色五分；印章十分。这一百分没有平均的分配，我觉得其差异及分配当照上面所分配的样子才可以。章法说来虽甚简单，却不是一蹴可就的，这需要经验，多多地练习，多看古人的书法，以及碑帖，养成鉴赏艺术的眼光自己能常去体认。"弘一法师以上论述更说明在变化中求得和谐统一是他书法艺术表现形式。

（3）单纯明快之美，无意于佳的意境是弘一大师书法艺术灵魂

弘体书法家黄福海在上世纪八十年代曾总结"弘体"书法要诀，他说"学习高僧弘一法师书法，主要学其笔法，及其章法，笔法须要饱满有力，直线微曲，粗细均一，弯钩外圆；章法须要轮廓整齐，划白匀称，左右平衡，重心摆

稳。前贤有言,三分笔法,七分章法,掌握章法尤为重要,还须读帖、背帖、临帖、比帖,找差距,勤改正,坚持每天认真临写三四十字,写三年而不间断则庶近焉。"在进一步具体说,"这种书体是由于法师多年从事各种艺术,特别是西洋素描画法的影响。而把人体部分线条——世界上最美的线条(刘海粟艺术大师题人体美画册词,人体美是美中之美)渐熔化在法师书法的每一笔画中(笔法),而又按东西洋美的构图原理——例如黄金分割率,主次分清率,画面平横率,多样统一率,直线与曲线对照率等原理原则,组织成每一个字(结体,或曰章法,间架结构);而又把这些字按图案法则,根据字的大小,距离行款安排得妥帖合适全面和谐(布局,法师当年曾向我说,他写字好像在摆图案,其实写字不背图案原理),具有如上所说的美的笔法,美的结体,美的布局,而写成的书件,乃是一件艺术品,它使人看了得到一种美的享受,因它具有一种艺术上的魅力,这种魅力产生于它符合现代人的美感要求,现代人的美感是单、纯、明、快,因而弘一法师的书法耐看,使人久看不厌,而且越看越秀美。"

　　气韵之"气"指人格气概给艺术以力度感觉,"韵"指神行相融。气韵兼举在于对客观形象观察、体验理解和提炼的结晶。她不是肉眼所见的客观表象或局部再现,而是艺术家身有所感,心有所会的精神现象,是物象内涵的生命力和带有本质特点的本质美。[①] 弘一大师总是不倦地将各种艺术门类中自认为美的因素,不遗余力的铸熔于自己的书法作品中,虚实、浓淡、藏露、连断、聚散等在对比中求和谐,在变化中求统一,由此构成的章法产生变化而统一又精严的韵味十足。弘一法师通过书法作品把佛家庄严慈悲的精神表现出名士虽不信佛,但都是通过弘一法师书法而了解佛教。所以作品气韵生动,质朴精纯来自大师自身气韵生动,意在笔先,胸中之意有了气韵后下笔方有气韵。

　　作为书法作品,只要出于无意于佳而佳的作品,才具有最高的美。弘一法师书法传人黄福海先生,早岁在闽南泉州追随弘一法师研习弘体书法,法师在圆寂前数月,为黄福海抄录印光大师嘉言数则,草稿上的字不刻意求其美,却反而有奇特之美。也表现出大师虚怀若谷,空灵高洁的胸襟中出于无

① 苏如春:《书法艺术的学术性品格及其启示》,载《扬州文学》2001 年第 2 期。

意,是大师晚年不可多得的书法佳作。(图 24)

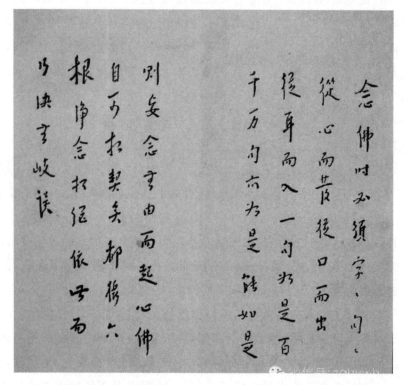

图 24

余论

一个有成就的书法家,不可能从小到老都是一副面孔,随着艺术见识的提高,当追求更高的书艺境界,书法家书艺变化如何,反映出他的艺术水平造诣的深浅,孙过庭所谓的"通会之际,人书俱老"(《书谱》),就是这个道理。弘一大师书法正如苏东坡给其侄子苏适的信札中讲:"凡文字,少小时须令气象峥嵘,彩色绚烂。渐老渐熟,乃造平淡,其实不是平淡,绚烂之极也。"

绚烂与平淡可谓是极不相同的两个境界。弘一法师学书由渐老渐熟,达到平淡是绚烂境界到极限的印证,具体地说平淡乃是经过艺术上千锤百炼后的,平淡是更高层次的绚烂,是转化后的绚烂,是弘一法师对书法艺术因通而变的辩证观。而进一步体味它,感受它,需要欣赏者本身的艺术修养和审美眼光。

（作者：泰州弘丰书画研习会会员）

李叔同文化思想的解读与传承探究

李 亚

一、李叔同文化思想的构成条件与内容分析

(一) 李叔同文化思想的形成条件

一个人所受到的教育形式,会对其思想文化认知产生明显的影响。李叔同年轻时所接受的教育,不仅有学堂的传统文化内容,也有蔡元培先生的现代思想理念。而在其文化思想成型的过程中,受到的多种文化思想内容的熏陶,便成为了构筑李叔同丰富、多元文化思想的基础条件。

1. 文化思想核心

究其文化思想核心,主要为少年时期所学习的儒家文化和佛教文化,并以儒学为主,佛教为辅。在"孔孟之道"的影响与教育中,"仁爱""性善"的观点,贯彻了先生的一生,也对其整个人生轨迹产生了明显的影响。正是由于这种思想道德观念的塑造,使得李叔同产生了"悲天悯人"的"忧世"情节。具体就表现在先生随时随地流露出的爱国情绪中,通过对时事的愤慨不断地警醒并影响着当时人们的思想。

同时,李叔同的思想也有明显的西方印记。在接受新时代思想的同时,将西方社会中"人本学"的思想与中国传统的儒家思想结合在一起,形成了"泛爱众,而亲仁"的自我道德准则。而这一内容,也是其提出"器识为先"思想的根基。

2. 蔡元培的影响

南洋公学的学习经历,对李叔同有着十分强烈的影响。1901 年,李叔同

与黄炎培、邵力子等考入了南洋公学。此时,作为中国新教育制度奠基人的蔡元培,正是李叔同的授课教师,虽然他尚未担任中华民国教育部长,也没有从宏观理论上建构其教育理念,但他的教育思想已经初步形成,并推行于他当时的教育活动之中。其对于新教育制度的推崇,在先生心里埋下了深深的种子,甚至在后期的音乐教育事业中,也能找到蔡元培思想的影子。尤其在建立"美育"教育精神品质内核的思想中,加入了大众化、实践性的发展条件,为实际的教育开放化发展奠定了基础,并由此形成了培育健全人格为目标的教育思想,对中国的近代社会变化起到了积极的影响①。

3. 明治维新的启示

日本的留学生活,开拓了李叔同的视野,也使其心中的世界变得更加广阔。在留学日本期间,他看到日本经过明治维新结束了长期的封建统治和锁国政策,深感日本政府重视学校艺术教育对社会变革的影响。日本明治维新的改革成果,让李叔同产生了强烈的思想震撼。观察到日本社会剧烈变化的同时,先生对这一变化成果进行归因分析,看到了人们心灵变化对于社会的影响。由此,也再次地明确了自己"教育救国"的决心,为其回国以后的工作指明了方向。

(二)"美育主张"与"救世理念"

李叔同对于艺术的理解,汇聚在对于人性的认知中,并表现在"先器识而后文艺"的艺术主张中。"器识"是指人格的修养,他把加强艺术家自身的道德修养放在了首位,作为创作优秀艺术作品的前提。简而言之,就是要在形成艺术素养之前,培育自身做人的品性,只有良好的人性道德品质,才能塑造出高尚的艺术品质与能力。一个艺术家如果没有伟大的人格和高尚的品格,即便技巧熟练精通也不足为道,应把"使文艺以人传,不可人以文艺传"作为培养艺术家的最高目标。而在李叔同参与的艺术教育中,也践行着这一思想,并对与其同时代的文化界人士产生了明显的影响。

诚如他在《音乐小杂志》序言中肯定了音乐的功能。他说:"欧美风靡,

---

① 钱章胜:《李叔同出家后的文学创作及其文风变化》,载《中国文学研究》2018年第3期。

东亚景从,盖琢磨道德,促社会之健全;陶冶性情,感精神之粹美。效用之力,宁有极矣!"这种对艺术道德意义及社会功能的重视是那个救亡图存时代的需求,体现了李叔同强烈的爱国情怀和社会责任感。在这一理念下,先生不仅强调基础的"美育"思想,在他出家之后,便上升到了"救世"的高度。李叔同的艺术教育和信仰并不冲突,他对艺术无功利的理解与他超脱的人生价值追求是契合的。当他意识到"救国必须改良人心"之后,李叔同的所有思想便向着这个方向进行汇聚与整合。在形成完整人格之后,还要保持对于现实世界的辩证态度,并在改造、批判的思想条件下,完成自我心态的塑造。也正是这一思想,逐渐形成了社会思潮,与当时的文化精英思想汇聚成共识,构筑了当时的"五四新文化运动"核心价值观念,对时代产生了剧烈影响[1]。

二、李叔同在各文化领域中的思想与内容传承

(一) 现代音乐的先行者

1840年鸦片战争以后,西方近代音乐传入中国,并在上海、广州等地得到了一定的发展。不过这种传播,仅局限在教会"圣歌"报刊记录"教会音乐"的范围条件下。在经历了"康梁变法"之后,"乐歌"在新社会环境中的地位得到了相应的改善,并在沈心工等留学青年的带动下,将西洋的音乐知识传入到国内,并在诸如《江苏》等杂志中,专门发表文章予以介绍。同时,在教育界,也出现了《学校唱歌集》《教育唱歌集》等近似教材的刊物,为中国现代音乐注入了新的动力。

李叔同所处的时代,正是学堂乐歌出现并开始流行的年代。这一社会现象的发展初期,大部分音乐作品,都是填词歌曲,在大量的西方、日本的歌谣中,重新填注中文词句,很少在有中国传统民间曲调的基础上重新填词。而此时的李叔同,表现了时代的先驱性与创新的精神品质[2]。

---

① 陈安琪:《李叔同于〈太平洋报〉时期的广告思想与实践》,载《美育学刊》2018年第1期。
② 邱玥:《爱国情怀扬天下——李叔同故居纪念馆馆藏弘一大师有关抗日誓言之信札赏析》,载《文物鉴定与鉴赏》2018年第1期。

1904 年，李叔同邀请沈心工加入其创办的"沪学会"，并专门开设了音乐课程，沈心工自己也加入了这一课堂的学习，接受了西方音乐的系统化教育。此时，中国正处在西方列强的欺凌与压榨中，国内的爱国主义精神也展现出了蓬勃的发展活力。李叔同正是受到这一社会环境的影响，结合自己所学的西方乐理知识，为"沪学会"创作了一首名为《祖国歌》的歌曲。这首曲子，与当时流行的西洋乐填词音乐不同，在四四拍减慢的节奏中，加入中国民间曲调"老六板"的节奏，使其艺术特征十分明显。而在歌曲的填词创作中，将民族特色的内容加入其中，更是表达出了坚韧不拔、自强不息的民族精神。在创作之后，《祖国歌》就从"沪学会"内部，逐渐传唱到了整个上海，乃至全国。这一歌曲，也定位了李叔同在音乐领域的艺术地位，使其成为了全国闻名的音乐家，使中国的文化内核，与西方的艺术形式有效地融合在了一起，为中国音乐艺术的现代化发展，开创出了一条新型的发展道路①。

1905 年科举制度的废除，使得前往日本留学的人数急速攀升。李叔同正是在清末留日风潮极盛时期的 1905 年 8 月赴日留学的。仅隔数月后，1906 年 2 月，李叔同主持创办了《音乐小杂志》这一音乐期刊。虽然《音乐小杂志》只出版一期后就停刊了，但作为中国近代第一本音乐杂志，在中国近代音乐史等研究领域一直备受关注。李叔同从艺术美学的角度，强调音乐对于陶冶性情的重要作用，并通过杂志，宣传自己的"美育救国"思想。同时，在向国人介绍西方音乐知识的过程中，完成了社会性的音乐启蒙教育。从日本归国以后，在担任浙江省立第一师范学校教师的这段时间，李叔同又不断地进行音乐创作，创作出了一批堪称中国学堂乐歌典范的校园艺术歌曲，如《送别》《春游》《早秋》等一系列脍炙人口的歌曲。1918 年李叔同披剃出家后，歌曲创作数量虽有所减少，但不乏佳作问世。如由他作曲的《三宝歌》及作词的《清凉歌集》都堪称佛教音乐的传世之作。李叔同对音乐教育最大的突出贡献是为我国培养出了第一批音乐教育与音乐创作人才，其中不乏有吴梦非、刘质平、曹聚仁、钱仁康、江定仙等大师级的音乐人。而在上世纪二、三十年代的音乐教育领域，绝大多数的音乐课程教员，都是李叔同

---

① 颜榴：《百年中国印象派画家群落（下）——从李叔同到罗尔纯》，载《荣宝斋》2017 第 10 期。

先生的弟子或再传弟子。大凡读过中国近代音乐史的人都知道,李叔同作为中国近代音乐教育启蒙者之一,他所创作的乐歌感动了整整一代人。夏丏尊在提及李叔同从事音乐教育的功绩时曾写道:"迄今全国为音乐教师者,十九皆其薪传。"

(二) 话剧运动的奠基人

话剧发展进程中,中国与其他文化戏剧形式有明显的差异条件。世界绝大多数国家的戏剧,都是以话剧为类型,而中国的戏剧形式,则始终保持着近似于歌舞剧的艺术形态。尤其演出人员基本素质,也由于其表现形式的歌唱化,而被称作"唱功",所以,人们"看戏"这一文化活动,又可以被称作"听戏"。即便是集合了我国多种戏剧形式,并进行百余年融合、转化、改造、发展的京剧,也没有摆脱传统戏剧的形式,仍然以自有的艺术特征进行文化传播。

而在战火纷飞、国难四起的二十世纪初期,虽然京剧舞台上,也创作出了《打渔杀家》《岳母刺字》等带有爱国主义思想的艺术剧目。但这种传统的戏剧形式,无法与人们呼吁新文化形态的艺术要求相适应,也就不足以成为引领中国艺术发展的原动力条件。此时的新文化倡导者中,如陈独秀,也在自己的文章中大肆呼吁新文化的风向,并在《二十世纪大舞台》等杂志中,强调对于新剧种的引进。此时虽然在戏剧的艺术题材上出现了明显的改观,但在表演形式上,仍然无法实现突破,甚至在"时装新戏""学生戏""文明戏"的一系列变化中,仍然保留着传统的"唱功"。

李叔同在主持"沪学会"时期,就将戏剧作为了移风易俗的重要手段,在新戏的创作中,尝试着组织了一出名为《文野婚姻》的剧目。在这出戏剧中,没有具体的图像留存下来,仅可凭借"系诗"的内容,确定其处在"学生戏"与"文明戏"中间的过渡剧种类型。在此之后,李叔同仍然坚持着进行中国新剧的探索,在借鉴并融合日本"新剧派"创新理念的同时,抱着通过艺术来"开通智识,鼓舞精神"的目的,与同学曾孝谷共同组织了"春柳社"。在组织多场演出活动的同时,为新戏剧的开发奠定了基础。

在 1907 年春节期间,数百名中国的留学生,在中国青年会的组织下,开展"游艺会"活动,在庆祝春节的同时,也为国内徐、淮两地的赈灾筹措资金。

在这次活动中,李叔同组织的"春柳社"进行了一次公开演出①。将小仲马的著名剧目《茶花女》,转变成中国版本。在剧中,李叔同扮演女主角"玛格丽特",曾孝谷扮演"阿芒之父——杜瓦"。演出在这场"游艺会"活动的映衬下,获得了巨大的成功。这次活动大大地激发了留学生的戏剧热情,甚至有大量的学生由于此次演出申请加入"春柳社",欧阳予倩、吴我尊、谢抗白、李涛痕等春柳干将都是在这一时期加入进来的,春柳社的规模也迅速发展到80余人。后来著名的戏剧大师欧阳予倩,更是由此在戏剧舞台上大放异彩,并走上了辉煌的艺术道路。

之后,李叔同为了扩大戏剧演出的影响效果,巩固文化转型的发展状态,在"春柳社"的多次活动中,分别设计并组织了《黑奴吁天录》等多种剧目。而经过了这一系列的发展与积累,"春柳社"在国内戏剧领域的影响地位也与日俱增,并成功地掀起了国内的新剧改革热潮。在1908年之后,以中国上海为中心,话剧团体如雨后春笋般兴起。其中革命党人王熙普创办的"春阳社"、"春柳社"成员任天知组织的"进化团"、陆镜若和欧阳予倩继承的"春柳社",都在新剧弘扬发展的进程中,起到了关键性的作用。而这系列文化行为的产生,以及整体话剧文化形式的发展,都是由李叔同组织的"春柳社",以及话剧《茶花女》为核心展开的。也正是这一标志性的文化内容,证明了李叔同在整体话剧成长与发展领域中的重要地位。

(三) 近代美术的开拓者

中国近代美术的发展,主要体现在西洋画的成长与壮大中。所谓西洋画,主要以油画为主,在素描、水彩、水粉等多种形式画法的支撑下,形成了新型的绘画艺术系统。在文化形式上,明显区别于中国传统绘画形式。

1906年,李叔同考取了东京美术学校,成为了中国第一批美术留学生。其所学的内容为"西画科",对于中国学生来说是史无前例的。因此,从入学开始,李叔同就受到了日本媒体的高度关注。在开学之初的10月份,日本的《国民新闻》更是直接发表了关于李叔同的专门采访,并形成《清国人志于洋

---

① 李轶南:《中国现代艺术思想的肇始:以李叔同、丰子恺、钱君匋为中心的考察》,载《艺术百家》2017年第5期。

画》这一文稿,配以李叔同的画作习稿共同发表。在后续的学习生涯中,李叔同还曾多次参与"白马会"年展活动,并将自己的《停琴》《朝》《静物》《昼》这四部作品作为参展作品进行展示。这是他的老师黑田清辉在1896年成立的外光派油画团体,能够跻身其中的都是日本一流画家。参加这种艺术评价较高的展会,就是对李叔同画作质量的客观评价,在一定程度上,说明了李叔同学习西洋绘画的成功之处。在展会活动的评语内容上,李叔同更是获得了"用笔、用色大胆"的评价,同时,也对李叔同这一"新时代清国人"作出肯定,评价其画法"新奇独特"。

而李叔同先生对于中国近代美术的贡献,还主要体现在其回国之后的教学及工作中。1912年,李叔同任《太平洋报》的美术编辑,兼管广告,宣传西洋画法。先生作为中国报纸广告画的创始人,他的广告画在中国美术史上是不应该被遗漏的。当时中国的报纸是有广告的,但均为文字广告,先生图文并茂的广告画达到了前所未有的广告宣传效果。在回国任职教师期间,李叔同先后在天津直隶模范工业学堂、浙江省立第一师范学校、南京高等师范学校担任教师。在教授西洋美术史、美术理论、美术知识的过程中,编著了《白阳》《文美》等多种报刊。在内容上,发表了关于新艺术形式的大量的文献。尤其在现代美术基础理论、美术教育思想的内容中,为开启中国艺术发展奠定了基础。他是中国现代版画艺术的最早创作者和倡导者,通过与夏丏尊先生的合作,共同编辑了《木刻版画集》。尤其在1914年,李叔同于浙江省立第一师范学校开设的裸体写生课,更是开创了中国绘画界裸体写生的先河。作为美术教育家,他在浙江一师授课采用现代教育法,培养出丰子恺、潘天寿、吴梦非、李鸿梁等一批负有盛名的画家。他与弟子丰子恺合作的《护生画集》,诗画合璧,图文并茂,为世人所称道。

综上,李叔同先生,是我国近代极具才华的文化界人物。在音乐、话剧、美术、教育等领域的近代化发展中,李先生都起到了积极的影响作用。当前,通过对先生文化思想理念的整理,结合先生在各文化艺术领域中所创作的优秀作品,确定李叔同先生在我国近现代文化发展中所起的积极作用,是我们每一位后学学习、思考、研究、借鉴的一种期盼。

(作者:浙江省平湖市李叔同纪念馆副研究馆员)

图书在版编目(CIP)数据

智慧如海：纪念弘一大师诞辰 140 周年论文集/杭州师范大
学弘一大师·丰子恺研究中心编.—上海：上海三联书店，
2021.12
　ISBN 978 - 7 - 5426 - 7519 - 4

　Ⅰ.①智… 　Ⅱ.①杭… 　Ⅲ.①李叔同(1880—1942)-纪念文集
Ⅳ.①B949.92 - 53

　中国版本图书馆 CIP 数据核字(2021)第 171386 号

智慧如海：纪念弘一大师诞辰 140 周年论文集

编　　者 / 杭州师范大学弘一大师·丰子恺研究中心

责任编辑 / 冯　　征
封面设计 / 一本好书
监　　制 / 姚　　军
责任校对 / 张大伟

出版发行 / 上海三联书店
　　　　　(200030)中国上海市漕溪北路 331 号 A 座 6 楼
邮购电话 / 021 - 22895540
印　　刷 / 上海惠敦印务科技有限公司

版　　次 / 2021 年 12 月第 1 版
印　　次 / 2021 年 12 月第 1 次印刷
开　　本 / 710 mm × 1000 mm　1/16
字　　数 / 250 千字
印　　张 / 20
书　　号 / ISBN 978 - 7 - 5426 - 7519 - 4/B·745
定　　价 / 78.00 元

敬启读者,如发现本书有印装质量问题,请与印刷厂联系 021 - 63779028